0026

A PROTEÇÃO JUDICIAL DA PROBIDADE PÚBLICA E DA SUSTENTABILIDADE

Conselho Editorial
André Luís Callegari
Carlos Alberto Molinaro
César Landa Arroyo
Daniel Francisco Mitidiero
Darci Guimarães Ribeiro
Draiton Gonzaga de Souza
Elaine Harzheim Macedo
Eugênio Facchini Neto
Giovani Agostini Saavedra
Ingo Wolfgang Sarlet
José Antonio Montilla Martos
Jose Luiz Bolzan de Morais
José Maria Porras Ramirez
José Maria Rosa Tesheiner
Leandro Paulsen
Lenio Luiz Streck
Miguel Àngel Presno Linera
Paulo Antônio Caliendo Velloso da Silveira
Paulo Mota Pinto

Dados Internacionais de Catalogação na Publicação (CIP)

P967   A proteção judicial da probidade pública e da sustentabilidade / Ingo Wolfgang Sarlet , Roberto José Ludwig (organizadores) ; Elaine Harzheim Macedo ... [et al.]. – Porto Alegre : Livraria do Advogado, 2017.
170 p. ; 23 cm.

Inclui bibliografia.
ISBN 978-85-69538-93-6

1. Improbidade administrativa - Brasil. 2. Sustentabilidade social. 3. Jurisdição. 4. Proteção judicial. I. Sarlet, Ingo Wolfgang. II. Macedo, Elaine Harzheim

CDU 343.35(81)
CDD 345.8102323

Índice para catálogo sistemático:
1. Improbidade administrativa : Brasil   343.35(81)

(Bibliotecária responsável: Sabrina Leal Araujo – CRB 10/1507)

Ingo Wolfgang Sarlet
Roberto José Ludwig
(organizadores)

A PROTEÇÃO JUDICIAL DA PROBIDADE PÚBLICA E DA SUSTENTABILIDADE

Elaine Harzheim Macedo
Fernanda Ajnhorn
José Eduardo Aidikaitis Previdelli
Leonardo Bofill Vanoni
Luis Clóvis Machado da Rocha Jr.
Marcos Henrique Reichelt
Roberto José Ludwig
Vânia Hack de Almeida

Porto Alegre, 2017

©
Elaine Harzheim Macedo
Fernanda Ajnhorn
José Eduardo Aidikaitis Previdelli
Leonardo Bofill Vanoni
Luis Clóvis Machado da Rocha Jr.
Marcos Henrique Reichelt
Roberto José Ludwig
Vânia Hack de Almeida
2017

Núcleo de Estudos de Direito Constitucional – Escola Superior da Magistratura

Capa, projeto gráfico e diagramação
Livraria do Advogado Editora

Revisão
Rosane Marques Borba

Direitos desta edição reservados por
Livraria do Advogado Editora Ltda.
Rua Riachuelo, 1300
90010-273 Porto Alegre RS
Fone: 0800-51-7522
editora@livrariadoadvogado.com.br
www.doadvogado.com.br

Impresso no Brasil / Printed in Brazil

— Apresentação —

Os artigos aqui reunidos resultam de uma constatação desconcertante, ocorrida no âmbito dos debates do Núcleo de Estudos de Direito Constitucional da Escola Superior da Magistratura (AJURIS): enquanto os jornais noticiam diariamente atuações de um Poder Judiciário provocado a enfrentar a corrupção e a improbidade pública com os instrumentos jurídicos disponíveis, raros são os estudos sistemáticos desses temas realizados na perspectiva do Estado-Juiz e da lavra de Magistrados.

A necessidade da reflexão conceitual, e, sobretudo, de interpretação da técnica jurídico-legal à luz da normatividade constitucional conduziu as análises aqui colacionadas, agregadas em três núcleos temáticos tripartidos: (1) moralidade, probidade e legalidade; (2) probidade pública, sustentabilidade social e democracia; e (3) improbidade, jurisdição e processo.

A par do notório objetivo analítico, os textos têm por escopo oferecer indicações relevantes para a solução de problemas concretos que se apresentam na atividade prática da jurisdição sobre a matéria, a exemplo das sugestões acerca dos limites da tutela jurídica da moralidade e da invocação do princípio da legalidade. Nessa linha, o leitor poderá, ainda, extrair importantes diretrizes para se orientar no campo conflituoso situado entre a proteção da probidade administrativa, a sustentabilidade social e a democracia, inclusive no plano eleitoral. Por fim, oferecem-se subsídios para o manejo concreto da ação de improbidade, como, em caráter ilustrativo e dada a sua relevância, a sua utilização para a proteção do patrimônio histórico-cultural, a participação da pessoa jurídica interessada, bem como as exigências especiais de fundamentação e prova em diferentes momentos da demanda.

O que se pretende, além do aqui sumariamente exposto, é marcar posição no quadro da luta legítima e necessária em prol da moralidade pública como condição da própria democracia e da sustentabilidade nas suas múltiplas dimensões (Juarez Freitas), sem a qual o marco normativo de um Estado Democrático e Socioambiental de Direito, tal como consagrado e formatado na Constituição Federal de 1988, seguirá tendo dificuldade de alcançar a sua desejável eficácia social.

Assim, o que se espera, por parte dos organizadores e ilustres autores, é que a presente obra possa contribuir para essa jornada e seja recebida com simpatia e atenção pelo público.

Porto Alegre, maio de 2017.

Ingo Wolfgang Sarlet
Desembargador do TJRS e Professor Titular da PUCRS

Roberto José Ludwig
Juiz de Direito/RS e Coordenador do Núcleo de
E. Constitucionais – ESM/AJURIS

— Sumário —

Parte I – MORALIDADE, PROBIDADE E LEGALIDADE...9

1. Reflexões sobre a tutela jurídica da moralidade
   Marcos Henrique Reichelt..11
2. Improbidade administrativa por violação ao princípio da legalidade
   José Eduardo Aidikaitis Previdelli..31

Parte II – PROBIDADE PÚBLICA, SUSTENTABILIDADE SOCIAL E DEMOCRACIA...........47

1. Improbidade administrativa e direito eleitoral
   Elaine Harzheim Macedo..49
2. A norma de sustentabilidade (social) na contratação pública: breves apontamentos em Portugal e Brasil
   Luis Clóvis Machado da Rocha Jr..67

Parte III – IMPROBIDADE, JURISDIÇÃO E PROCESSO..103

1. A pessoa jurídica interessada na ação de improbidade administrativa
   Vânia Hack de Almeida..105
2. A ação de improbidade administrativa como meio de proteção ao patrimônio histórico e cultural
   Fernanda Ajnhorn...116
3. Presunção de probidade administrativa – da fundamentalidade às repercussões probatórias
   Leonardo Bofill Vanoni..134
4. A "decisão fundamentada" do art. 17, § 8°, da Lei de Improbidade Administrativa: um enfoque constitucional
   Roberto José Ludwig...148

ns

Parte I

MORALIDADE, PROBIDADE E LEGALIDADE

—1—

Reflexões sobre a tutela jurídica da moralidade

MARCOS HENRIQUE REICHELT[1]

Sumário: 1.1. Introdução; 1.2. Reflexões sobre as relações e distinções entre Direito e Moral; 1.3. Relações entre direito e moral no ordenamento jurídico brasileiro. Uma primeira aproximação; 1.4. Relações entre direito e moral no trato da coisa pública. Uma decorrência de, no mínimo, expresso comando constitucional; 1.5. O ato de improbidade administrativa por ofensa ao princípio da moralidade na Lei nº 8.429/92; 1.6. Considerações finais; 1.7. Referências bibliográficas.

1.1. Introdução

A compreensão do alcance da tutela jurídica concedida à moralidade administrativa no Brasil, em respeito à exigência de obediência ao princípio da moralidade pela Administração Pública, expressamente previsto no *caput* do art. 37 da atual Constituição Federal brasileira, reclama análise do bem jurídico cuja integridade busca-se resguardar. A atenção ao conceito de Moral e ao seu conteúdo é condição para a boa interpretação e mensuração da extensão da incidência do aludido princípio constitucional e, no final das contas, dos textos normativos que a ele aludem – quer com sede constitucional, quer em plano inferior –, em especial quando estabelecidas sanções (como ocorre, em particular, com a chamada Lei de Improbidade Administrativa – Lei nº 8.429/92) ao descumprimento de tal comando de respeito à moralidade administrativa.

Não há como se pretender falar em configuração de ofensa ao princípio da moralidade sem que previamente se tenha ideia do que caracteriza tal princípio e, antes mesmo, a própria Moral.

Para se tentar alcançar o desiderato de maior compreensão da tutela jurídica da moralidade administrativa, parte-se de brevíssimas referências históricas sobre o estudo da Moral em termos filosóficos, a fim de, na sequência, serem feitos apontamentos a respeito das concepções sobre os liames eventualmente existentes entre a Moral e o

---
[1] Juiz de Direito.

Direito. Superado isso, faz-se incursão nos textos constitucionais brasileiros, desde o do período imperial até o hoje vigente, e em parte da atual legislação pátria, pretendendo-se aferir a possível juridicização da Moral em tais sistemas e, subsequentemente, de modo mais particular, no que é pertinente à Administração Pública. Esse estreitamento prossegue, para o fim de serem brevemente examinadas possíveis hipóteses de agasalho do princípio da moralidade pela Lei nº 8.429/92.

Natural de trabalhos como o presente, está-se longe da intenção de exaurimento do tema central, não apenas pelas históricas controvérsias que lhe são imanentes, mas também em função da complexidade e da pluralidade dos assuntos que o circundam e que aqui são noticiados com certa simplicidade unicamente em virtude dos limites da proposição dada.

Espera-se, mais do que a prestação de informações selecionadas e expostas com encadeamento pretendido lógico, colaborar para a formação de juízo crítico sobre questões que aparentemente não perdem o caráter atual.

1.2. Reflexões sobre as relações e distinções entre Direito e Moral

O estudo e a discussão a respeito da Moral remonta à Idade Antiga.[2] Aristóteles (384-324 ou 322 a.C.), seguidor de Platão e filho de Nicômaco, procurou compreender o mundo a partir da realidade concreta, e não de pensamentos etéreos. Definiu que a finalidade existencial humana é a busca do bem absoluto, da felicidade, o que diferenciaria a ação do homem da dos demais animais. Em sua obra *A Ética a Nicômaco* (*The Nicomachean Ethics*[3]), é indicada a virtude como um dos meios para se alcançar a felicidade. Pontuou, ainda, a existência de duas espécies de virtude, intelectual e moral. Enquanto a virtude intelectual é fruto do ensino – exigindo, por conseguinte, a experiência e o tempo –, a virtude moral advém do hábito. É justamente nessa linha que tal filósofo indica, na relação Estado-cidadãos, o relevante papel dos legisladores no sentido de deverem incutir no povo bons hábitos, de exercício, firme e constante, e não sua prática isolada

---

[2] No presente trabalho, faz-se mero e brevíssimo apontamento exemplificativo de relevantes estudos, no curso da história da humanidade, sobre a Moral, sem pretensão de seu aprofundamento e exaurimento em termos históricos e evolutivos. Inúmeras outras reflexões, igualmente de grande expressão, foram realizadas, o que, porém, também não comporta espaço de exame neste artigo, quer por sua alta complexidade e extensão – a merecer âmbito próprio de análise –, quer em função das limitações inerentes ao presente trabalho.

[3] Disponível em língua inglesa em <http://www.dominiopublico.gov.br/download/texto/Aristotle_Ethics.pdf>, acessado em 10/09/2016.

e esporádica. Chegou a afirmar que o legislador que não atinge tal escopo falha no desempenho de seu mister. Em apertadíssima síntese, as diferenças de caráter surgem de atividades semelhantes, de modo que se deve emprestar atenção à qualidade dos atos praticados para que se possa apontar eventual diferença de caracteres, bons ou maus.

São Tomás de Aquino (1225-1274), na Idade Média, em sua *Suma Teológica*,[4] seguiu a linha aristotélica no que pertine à busca da felicidade ser calcada em atos humanos que levam, direta ou indiretamente, ao fim almejado. A ideia de hábito moral proposta por São Tomás de Aquino no período medieval, que muito influenciou a teologia cristã subsequente, especialmente a da Igreja Católica, e também toda a filosofia ocidental em geral, toma como base a razão, que constitui meio disponível ao homem para alcançar a sua finalidade. Prega que a moralidade só se firma naquilo que seja tendente à consecução dos destinos do homem, realizado de forma racional, ainda que não alcance diretamente o fim. É a natural aptidão do ato racional de ir ao encontro da felicidade que o torna razoável e, mais do que isso, impositivo pelo prisma da Moral. Reconheceu, entretanto, que um ato de virtude, por si só, não atinge desde logo a felicidade, o que também não seria feito numa vida inteira, o que não retiraria da moralidade mandamentos concretos, ínsito ao ser, ao invés de simples satisfação de formalismos abstratos.

Na era moderna, especialmente no século XVIII, Immanuel Kant (1724-1804) desenvolveu filosofia moral lastreada no que denominou de *imperativo categórico*,[5] segundo o qual o ser humano deve agir em consonância com os princípios que quer que todos os demais seres humanos sigam. Diz que tal imperativo é incondicional, porque uma ação subjetivamente contingente deve ser pensada como objetivamente necessária. O imperativo categórico, em outros termos, corresponde a uma obrigação que independe de vontade ou de desejos, em contraposição ao *imperativo hipotético*, e é enunciado, em termos amplos, em três diferentes fórmulas (e suas variantes): 1) lei universal, segundo a qual a máxima da ação do homem devesse tornar-se, através da sua vontade, uma lei universal; 2) fim em si mesmo, de acordo com o que o agir deve ser de tal forma que se use a humanidade, tanto na sua pessoa, como na pessoa de qualquer outro, sempre e ao mesmo tempo como fim e nunca simplesmente como meio; e 3) legislador universal (ou da autonomia), pelo que se deve agir de tal maneira que sua von-

---

[4] AQUINO, São Tomás de. *Suma Teológica*. Vol. 13. Tradução de Alexandre Correia. São Paulo: Siqueira, 1954. p. 228-253.

[5] KANT, Immanuel. *Metafísica dos Costumes*. Tradução de Clélia Aparecida Martins, Bruno Nadai, Diego Kosbiau e Monique Hulshof. Bragança Paulista: Universitária São Francisco, 2013.

tade possa encarar a si mesma, ao mesmo tempo, como um legislador universal através de suas máximas.

Essa perspectiva histórico-filosófica, apesar de mínima, já apresenta o bastante para se perceber que, nada obstante a dificuldade objetiva da delimitação e do conteúdo da Moral nas suas mais diversas concepções,[6] a ideia de busca inexorável da felicidade, do bem, com caráter universal e por meios que intrinsecamente isso respeitem, permeia, em todos os exemplos mencionados, ao que é tido como agir virtuoso, preservação da Moral. Isso tudo não pode ter seu distinto quilate olvidado, na medida em que, de certo modo, se vincula a alguns dos possíveis fundamentos existenciais do Estado e do próprio Direito: realização do bem comum, das aspirações e grandezas do homem.[7]

Assim como a existência de diferentes concepções a respeito do conteúdo da Moral, a sua confusão e distinção em relação ao Direito comportam mais de uma teoria e, de igual forma, não é discussão recente.

Com efeito, também desde a antiguidade, no Império Romano, o jurisconsulto Paulo, em suas Digesta, já sustentava não se confundirem Direito e Moral. Daí que foi cunhado o brocardo latino *non omne quod licet honestum est*, ou seja, *nem tudo que é lícito é honesto*. Tal máxima significa, em outras palavras, que aquilo que é chancelado pelo Direito nem sempre o é pela Moral.[8]

O filósofo e jurista inglês Jeremy Bentham (1748-1832), no século XVIII,[9] estabeleceu a chamada Teoria dos Círculos Concêntricos, segundo a qual os círculos de abrangência do Direito e da Moral seriam, como sugerido pelo próprio nome como ficou conhecida a teoria, concêntricos, encontrando-se o Direito contido na esfera da Moral, que seria mais abrangente que aquele primeiro. Logo, ainda que inocorrente plena identidade entre Direito e Moral, todo o Direito tem, segundo a Teoria dos Círculos Concêntricos, conteúdo moral, enquanto nem toda norma moral apresentaria natureza também jurídica.

---

[6] Essa imprecisão deriva justamente do fato de as diretrizes indicativas do agir moral serem impregnadas de termos vagos, indeterminados, que necessitam do exercício de juízo de valor para a sua concretização (*e.g.*, bom, mau, felicidade, absoluto, relativo, dentre outros).

[7] A esse respeito, vide AZAMBUJA, Darcy. *Teoria Geral do Estado*. 42. ed. São Paulo: Globo, 2002. Em tal obra, o autor expõe a dificuldade existente sobre se saber se o Estado é meio para a realização da felicidade do social do homem, instrumento para se conseguir a paz e a prosperidade, ou se, modo oposto, *"o homem é um meio de que serve o Estado para realizar a sua grandeza"* (p. 121-122).

[8] GUSMÃO, Paulo Dourado. *Introdução ao Estudo do Direito*. 39. ed. Rio de Janeiro: Forense, 2007. p. 67.

[9] BENTHAM, Jeremy. *An Introduction to the Principles of Morals and Legislation*. Reprint of 1907 edition. New York: Dover, 2007.

De maneira diversa de Jeremy Bentham, o francês Claude du Pasquier (1886-1953) firmou, sobre os pontos de interseção entre o Direito e a Moral, a Teoria dos Círculos Secantes, de acordo com a qual apenas em parte tanto o Direito quanto a Moral confundem-se, persistindo aspectos que são exclusivamente jurídicos e outros apenas morais.

Existe ainda a concepção kelseniana sobre o Direito e a Moral. De autoria do austríaco Hans Kelsen (1881-1973), a Teoria Pura do Direito (*Reine Rechtslehre*)[10] propugna, inicialmente, que o objeto de estudo das ciências jurídicas sejam apenas as normas jurídicas positivas. Sustenta que se deve renunciar à defesa de ideais políticos, de natureza subjetiva, em prol de uma ciência eminentemente neutra, com resultados objetivos, de sorte que, se uma norma jurídica encontra fundamento de validade no que chama de *norma fundamental*,[11] desimporta o juízo de justiça ou de injustiça de seu teor, na medida em que integrante de sistema jurídico logicamente estruturado a partir de uma norma superior. Em decorrência disso, mesmo o fato costumeiro – hábitos, costumes – só é apto a gerar norma jurídica impositiva se for inserido ou logicamente pressuposto na constituição, na norma fundamental, como fato produtor de normas jurídicas.

Não se pode deixar de falar, ainda nesse ponto, do norte-americano Ronald Myles Dworkin (1931-2013). Em sua célebre obra *Levando os Direitos a Sério*, faz detida análise de argumentos debatidos a partir de pronunciamento de lorde Devlin, em 1958, na segunda Conferência aos Macabeus (*Maccabaean Lecture*) na Academia Britânica, quando, em síntese, este discute, segundo Dworkin, (1) "o direito da sociedade de proteger a sua própria existência" e (2) "o direito da maioria de seguir suas próprias convicções morais ao defender seu ambiente social de transformações que não aceita".[12]

A relevância existente na percepção sobre as possíveis relações entre o Direito e a Moral advém de características que são inerentes a cada uma dessas duas ciências. Diz-se que o direito é *heterônomo*, por ser imposto ou assegurado por terceiro, ainda que contra a vontade de seu destinatário; *bilateral*, porque transita em relações entre indiví-

---

[10] KELSEN, Hans. *Teoria Pura do Direito*. Tradução de J. Cretella Jr. e Agnes Cretella. 9. ed. São Paulo: Revista dos Tribunais, 2013.

[11] A *norma fundamental*, conforme Kelsen e sua Teoria Pura do Direito, é o pressuposto de todo o sistema jurídico, encontram-se no ápice da estrutura hierárquica de normas. Por ser considerada a norma superior máxima, não tem como ser verificado o seu fundamento de validade em contraste com outra norma, constituindo-se em norma pressuposta (KELSEN, Hans. *Teoria Pura do Direito*. Tradução de J. Cretella Jr. e Agnes Cretella. 9. ed. São Paulo: Revista dos Tribunais, 2013, p. 121-130).

[12] DWORKIN, Ronald Myles. *Levando os Direitos a Sério*. Tradução de Nelson Boeira. São Paulo: Martins Fontes, 2002. p. 375.

duos que se colocam como sujeitos; e *coercível*, porque passível de ser exigido o seu cumprimento por quem devido. Por seu turno, a Moral é caracterizada por ser *autônoma*, na medida em que originada do próprio indivíduo a quem se dirige; *unilateral*, dado que independente das relações estabelecidas com outros indivíduos para pautar o agir, sendo destinada ao próprio ser de quem originada; e *incoercível*, em função de não ser exigível o seu cumprimento forçadamente.[13]

1.3. Relações entre direito e moral no ordenamento jurídico brasileiro. Uma primeira aproximação

Independente da concepção que se adote, verifica-se na realidade brasileira, desde a primeira constituição – e, portanto, sob a forma de direito positivo –, indícios de que a Moral foi alçada, em diversos aspectos, à esfera jurídica. Esse dado histórico é relevante, na medida em que deve o intérprete apropriar-se dos contextos em que exsurgidas no ordenamento as normas, o que é crucial para uma adequada compreensão de suas razões de existir e de seus escopos.

Na Constituição Imperial de 1824, havia expressa previsão de consequências jurídicas advindas de questões de índole moral, a exemplo da suspensão do exercício de direitos políticos por *"incapacidade physica, ou moral"* (art. 8°, I); da impossibilidade para governar do *"Imperador por causa physica, ou moral, evidentemente reconhecida pela pluralidade de cada uma das Câmaras da Assembléa"* (art. 126); e, ainda, nas disposições atinentes às garantias dos direitos civis e políticos dos cidadãos brasileiros, como condição para o livre exercício da religião, ao haver estatuído que ninguém poderia ser *"perseguido por motivo de Religião, uma vez que* [respeitasse] *a do Estado, e não* [ofendesse] *a Moral Publica"* (art. 179, V).

A Constituição Republicana de 1891, igualmente em mais de uma passagem, tratou da Moral de modo expresso. Nesse sentido, falava-se que os direitos de cidadão brasileiro – em referência aos direitos políticos – só poderiam ser suspensos ou perdidos nas hipóteses especificadas no texto constitucional, dentre as quais a incapacidade moral ou física também caracterizava hipótese suspensiva (art. 71, § 1°, *a*). Da mesma sorte, sob a declaração de direitos, a prática de cultos religiosos exigia o respeito à moral pública e às leis (art. 72, § 5°), e o livre exercício profissional assegurado era de profissão *"moral, intellectual e industrial"* (art. 72, § 24).

---

[13] GUSMÃO, Paulo Dourado. *Introdução ao Estudo do Direito*. 39. ed. Rio de Janeiro: Forense, 2007. p. 70.

No Texto Constitucional promulgado em 1934, falou-se da Moral vinculada ao Poder Judiciário, especificamente à Justiça do Trabalho. A expressão *notória capacidade moral* caracterizava qualidade exigida como condição para alguém ser livremente nomeado pelo Governador como presidente de Tribunais do Trabalho e de Comissões de Conciliação (art. 122, parágrafo único). Tratou-se da Moral no âmbito das competências materiais concorrentes entre os entes federados ao se dispor sobre a proteção da juventude *"contra o abandono físico, moral e intelectual"* (art. 138, *e*), bem como sobre a adoção de *"medidas legislativas e administrativas tendentes a restringir a moralidade e a morbidade infantis"* (art. 138, *f*). No capítulo reservado à educação e à cultura, existia comando dirigido à família e aos Poderes Públicos no sentido de proporcionarem educação a todos os brasileiros e estrangeiros domiciliados no País, possibilitando *"eficientes fatores da vida moral e econômica da Nação"*, e desenvolvimento num espírito brasileiro da *"consciência da solidariedade humana"* (art. 149).

Na subsequente Carta Maior, de 1937, em dispositivo que tratava das competências materiais privativas da União relacionadas à educação nacional, constava o estabelecimento de *"diretrizes a que deve obedecer a formação física, intelectual e moral da infância e da juventude"* (art. 15, IX). Também se tratou de forma explícita da Moral ao se falar sobre a responsabilidade dos membros do Parlamento Nacional. Sobre esse ponto, constava que os parlamentares nacionais só responderiam perante a sua respectiva casa legislativa[14] pelas opiniões e votos que emitissem no exercício de suas funções; mas que não estariam isentos da responsabilidade civil e criminal por difamação, calúnia, injúria, ultraje à moral pública ou provocação pública ao crime (art. 43). Ademais, dentre os direitos e garantias individuais, constava a possibilidade de a lei prescrever *"medidas para impedir as manifestações contrárias à moralidade pública e aos bons costumes"* (art. 122, 15, *b*). Ao tratar da família, novamente se fez tocar ao Estado o dever de tomar todas as medidas destinadas a assegurar à infância e à juventude condições físicas e morais de vida sã e de harmonioso desenvolvimento das suas faculdades, caracterizando, o abandono moral, falta grave dos responsáveis pela guarda e educação, sem prejuízo do dever estatal de provimento do *"do conforto e dos cuidados indispensáveis à preservação física e moral"* (art. 127). No campo da educação e da cultura, mais uma vez foi colocada sobre a responsabilidade estatal a responsabilidade pela fundação, auxílio e proteção de instituições que te-

---

[14] Cabe lembrar, nesse aspecto, que o Parlamento Nacional, na organização do Estado feita pela Constituição Federal de 1937 (arts. 38 a 41), já era bicameral, dividindo-se, porém, em Câmara dos Deputados e Conselho Federal, cada qual funcionando separadamente.

nham por fim, dentre outros, promover, para a juventude, a disciplina moral (art. 132).

Seguindo, a Constituição Federal de 1946 fez expressa menção à Moral em um único dispositivo, inserido no capítulo pertinente à nacionalidade e à cidadania, especificamente ao estipular a *"idoneidade moral"* como uma das três exclusivas condições a serem exigidas dos portugueses para se nacionalizarem brasileiros (art. 129, IV).[15]

A Constituição Republicana de 1967, por seu turno, além de reprisar, em seu art. 140, II, *b*, 3, o teor do dispositivo de sua antecessora acima mencionado – atinente à naturalização dos portugueses –, apontou a *idoneidade moral* como condição para a ocupação de diversos cargos públicos (Ministros do Tribunal de Constas da União – art. 73, § 3º; Juízes Federais – art. 118; Ministros civis do Superior Tribunal Militar – art. 121, § 1º, *a*; membros do Tribunal Superior Eleitoral e dos Tribunais Regionais Eleitorais provenientes da advocacia – arts. 124, II, e 126, III, respectivamente; e integrantes de Tribunais que sejam provenientes da advocacia ou membros do Ministério Público – art. 136, IV). Foi nessa mesma constituição que a integridade moral do detento e do presidiário expressamente passou a dever ser respeitada por todas as autoridades (art. 150, § 14).

A Emenda Constitucional nº 01/1969 nada alterou a Constituição de 1967 no que diz respeito à mencionada exigência de idoneidade moral para a ocupação de determinados cargos públicos, nem para a naturalização dos portugueses, nem no tocante aos detentos e presidiários. Foi, porém, além: ao dispor sobre direitos políticos, definiu que causas de inelegibilidade e respectivos prazos seriam dispostos por lei complementar e visariam a preservar, dentre outros bens jurídicos, *"a moralidade para o exercício do mandato, levada em consideração a vida pregressa do candidato"* (art. 151, IV).[16] Sem embargo de ter assegurado a liberdade de pensamento, de convicção política ou filosófica, estavam constitucionalmente vedadas *"as publicações e exteriorizações contrárias à moral e aos bons costumes"* (art. 153, § 8º).

A atual Constituição Federal brasileira, promulgada em 1988, reconheceu, em seu texto, a possível existência de danos de natureza moral (diferenciando-os dos prejuízos de cunho patrimonial – arts. 5º, V e X, e 114, VI); manteve a garantia de respeito à integridade física e moral

---

[15] Nos termos do art. 129, IV, da Constituição Federal de 1946, para fins de naturalização como brasileiros, exigia-se dos portugueses apenas que tivessem residência no País pelo prazo mínimo de um ano ininterrupto, sanidade física e idoneidade moral.

[16] A respeito das causas de inelegibilidade, a *probidade administrativa* já figurava, desde a Constituição Federal de 1967, como um dos interesses a serem tutelados através de lei complementar, o que também foi feito pela Emenda Constitucional nº 01/1969, em seu art. 151, II – logo, não devendo ser objeto de simples confusão com a moralidade.

dos presos (art. 5º, XLIX); previu como hipótese a ensejar o ajuizamento de ação popular por qualquer cidadão o ato lesivo *"à moralidade administrativa"* (art. 5º, LXXIII); mais uma vez, estatuiu a exigência de idoneidade moral para a naturalização dos portugueses (art. 12, II, *a*) e para a ocupação de determinados cargos públicos (Ministros do Tribunal de Contas da União – art. 73, § 1º; e membros do Tribunal Superior Eleitoral e dos Tribunais Regionais Eleitorais provenientes da advocacia – arts. 119, II, e 120, § 1º, III, respectivamente); reiterou a proteção da *"moralidade para o exercício do mandato"* através do estabelecimento de causas de inelegibilidade e seus respectivos prazos, a ser feito por meio de lei complementar (art. 14, § 9º). Reconhecendo a moralidade como um princípio, determinou a sua observância pela *"administração pública direta e indireta de qualquer dos Poderes da União, dos Estados, do Distrito Federal e dos Municípios"* (art. 37, *caput*).

Pelo exposto, é fácil perceber que a história constitucional brasileira, expressamente, ocupou-se de modo farto de questões que chamou de moral. As figuras discriminadas bem ilustram o trato positivado do assunto em sede irradiante de efeitos sobre relações jurídicas das mais variadas no que pertine a seus sujeitos (*e.g., particular x particular; administrado x Estado-Administrador; Estado-Legislador x cidadão*).

Sob o enfoque do objeto, nota-se que, sem embargo de eventual discussão sobre a verdadeira natureza constitucional de algumas das normas citadas,[17] as disposições tratam de temas atinentes a mais de um ramo do Direito. Em outras palavras, há previsões ligadas ao Direito Penal e Processual Penal (quando se fala, por exemplo, na integridade moral dos detentos e presidiários); ao Direito Administrativo (ao se mencionar a moralidade administrativa); ao Direito Eleitoral (no que se refere à moralidade e sua relação com as hipóteses de inelegibilidade); ao Direito da Infância e Juventude (quanto à proteção da criança e do adolescente contra o abandono moral, exemplificativamente); ao Direito Civil (no reconhecimento da possibilidade de ocorrência de dano de natureza exclusivamente moral e sua devida reparação); ao Direito Processual Civil (no que toca, a título ilustrativo, à previsão de ações típicas para a tutela da moralidade administrativa); e ao próprio Direito Constitucional (como se vê nas disposições que cuidam da organização do Estado, fincando condições morais para a ocupação de relevantes cargos públicos, e naquelas que consubstanciam verdadeiros direitos fundamentais), dentre outros ramos do Direito.

---

[17] Tal ressalva é feita levando em consideração o conteúdo das normas constitucionais e a clássica divisão entre *normas formalmente constitucionais* e *normas materialmente constitucionais* proposta, dentre outros, por FERREIRA FILHO, Manoel Gonçalves. *Curso de Direito Constitucional*. 25. ed. São Paulo, Saraiva, 1999. p. 11-12.

Todas as hipóteses acima mencionadas são pertinentes a normas em cujo texto existente referência explícita, de alguma maneira, ao termo *Moral*, consubstanciando robusto indício da pretensão dos constituintes brasileiros conferirem natureza jurídica – e, portanto, com as pertinentes heteronomia, bilateralidade e coercibilidade – a temas primariamente de índole moral.

Ainda em sede constitucional e com foco no conteúdo normativo, é pujante o fenômeno da juridicização moral sem expressa menção a tanto. Sem que tenha sido feito uso a termos como *moral, moralidade* e seus derivados, é inegável que densa gama de outras normas constitucionais também dispensou tratamento a relações insertas primitivamente na esfera da moral. Nesse sentido, grande parte dos direitos e deveres individuais e coletivos insculpidos no art. 5º da Constituição Federal hoje vigente possuem verdadeiro conteúdo moral, a exemplo da vedação da tortura e de tratamento desumano ou degradante (inciso III). Seguindo essa linha, o direito fundamental social à segurança (art. 6º da Constituição Federal) é outro gritante exemplo de questão moral levada para o ápice jurídico-normativo brasileiro, o que também ocorre no âmbito dos direitos políticos, ao ser estabelecido, para a realidade brasileira, o sufrágio universal com igualdade de valor para todos os votos como meio de exercício da soberania popular (art. 14, *caput*). Existe inclusive mecanismo constitucional relativizador de outras normas da própria Constituição que pode ser acionado quando violadas certas normas jurídicas que agasalham intenso conteúdo moral, como na hipótese de intervenção da União nos Estados ou no Distrito Federal o fim de ser assegurada a observância dos direitos da pessoa humana (art. 34, VI, *b*), caso em que, enquanto persistirem os motivos da intervenção, a autonomia dos entes federados envolvidos pode ser mitigada (art. 36, § 4º).

Não bastassem as disposições constantes da Constituição Federal, a ordem infraconstitucional brasileira também contempla acervo normativo expressivo voltado à preservação da moral e seus valores nos mais diversos campos. Para ilustrar de modo singelo, no Direito Penal, a perturbação da tranquilidade de alguém, *por acinte ou motivo reprovável* – que são relacionados, pois, ao móvel do autor da conduta e, assim, ao seu aspecto moral – caracteriza contravenção penal (art. 65 do Decreto-Lei nº 3.688/41), sendo cominadas, por conseguinte, sanções jurídico-penais a tal agir, o que igualmente ocorre nos chamados crimes contra a honra, aos quais reservado capítulo próprio no Código Penal; e, no Direito Processual Civil, em respeito à liberdade religiosa, ao luto, ao casamento e por razões humanitárias, há casos especificados de vedação da realização do ato citatório (art. 244 do Código de Processo Civil), o que se dá por razões de preservação daqueles valores morais. Isso sem que preciso apontar exemplos mais gritantes presentes nesses mesmos ramos do Direito, como a tipificação de crimes contra a Administração Pública (Título XI, Capítulo I, do Direito Penal) e o dever de comportamento de acordo com a boa-fé por parte daqueles que de qualquer forma participem de processo na esfera cível (art. 5º do Código de Processo Civil).

O Código Civil de 2002 também corresponde a diploma de peso em matéria de reconhecimento, pelo direito positivo, do caráter jurídico de normas que outrora ficavam reservadas à Moral, mas que, paulatinamente, já vinham recebendo tratamento jurídico pela doutrina e pela jurisprudência. Nesse sentido, regra hermenêutica de interpretação dos negócios jurídicos em consonância com a boa-fé e os usos do lugar de sua celebração (art. 113) é verdadeira chancela jurídico-legal da Moral. De modo mais amplo ainda, o art. 187 daquele diploma legal estatui que *"comete ato ilícito o titular de um direito que, ao exercê-lo, excede manifestamente os limites impostos pelo seu fim econômico ou social, pela boa-fé ou pelos bons costumes"*, o que corresponde ao repúdio de todo agir que, a despeito da sua aparência de juridicamente legítimo, desgarrar-se das razões de sua existência e das finalidades a que destinado, em consonância com o contexto em que praticado. É a tipificação do abuso do exercício de direito como ato ilícito, que se consagra como cânone legal interpretativo baseado na Moral e com aplicabilidade a toda a ordem jurídica.

1.4. Relações entre direito e moral no trato da coisa pública. Uma decorrência de, no mínimo, expresso comando constitucional

Como assentado, a vinculação da ordem jurídica a preceitos de natureza moral é clara na realidade brasileira, abarcando os mais diversos ramos do Direitos e, mormente, servindo a Moral até mesmo como baliza de aferição de validade de ato jurídico.[18]

Não apenas por comandos explícitos, mas sobremaneira pelo teor, rico é o ordenamento pátrio em disposições que visam à preservação da moralidade relacionada à Administração Pública. Sobre esse ponto, a doutrina em geral costuma atribuir ao advogado e sociólogo francês Maurice Hauriou (1856-1929) os créditos pela concepção originária da expressão *moralidade administrativa*, tema cuja precisa

---

[18] Sustenta-se, no presente trabalho, como visto, a possibilidade de incidência da norma disposta no art. 187 do Código Civil sobre as mais variadas espécies de relações jurídicas, inclusive as de natureza processual. Nesse prisma, tal disposição pode exercer importante função hermenêutica na avaliação da validade ou não do exercício de dado direito subjetivo, em verdadeira atuação do diálogo das fontes.

definição, nos seus primórdios, era atrelada a duas hipóteses de excesso de poder: 1) o desvio de poder; e 2) a incompetência material.[19] Em lição posterior, porém, conforme Eurico Bitencourt Neto, Maurice Hauriou teria cunhado o conteúdo daquela expressão: "conjunto de regras de conduta tiradas da disciplina interna da Administração".[20]

Daí que, de longa data, ultrapassou-se a ideia de bastar em si o agir da Administração Pública calcado restritamente na prescrição legal, sem olhos para a substância da legalidade e, mais do que isso, para a moralidade administrativa. Nesse prisma, sustenta-se que a moralidade administrativa não fica exaurida na legalidade substancial, na medida em que a própria lei pode ter conteúdo imoral e, via de consequência, ser viciada de inconstitucionalidade.[21]

São padrões objetivos de conduta exigíveis do administrador público, guiados "pelo conjunto de princípios, de concepções doutrinárias, jurisprudenciais, hermenêuticas de um dado sistema", em seu todo, que integram a noção de moralidade administrativa, que tem em sua base os "conceitos de razoabilidade na condução da coisa pública" e "interesse público".[22]

A expressão *probidade administrativa*, tomada em amplo sentido, talvez seja a que, no direito pátrio atual, mais se aproxima do termo *moralidade* – este enquanto princípio da Administração Pública, nos moldes insculpidos no *caput* do art. 37 da Constituição Federal –, na medida em que aquela é traduzida, em grossa definição, na exigência de honestidade, observância das regras de boa administração, atendimento ao interesse público, boa-fé.[23] Certo que, no estrito sentido legal, não são expressões sinônimas, na medida em que existem atos de improbidade administrativa que visam a tutelar, precipuamente, valores outros que não à moralidade administrativa, nada obstante a indireta proteção desta.

Fábio Medina Osório, divergindo de Sylvia Maria Zanella Di Pietro, sustenta que, pela extrema dificuldade de *"estabelecer um parâmetro adequado ao juízo de moralidade comum, dadas as conhecidas controvérsias no campo filosófico"*, não há como, de forma direta, confundirem-se moral comum e moral administrativa, nada obstante a confusão conceitual em muitos casos.[24]

---

[19] OSÓRIO, Fábio Medina. *Improbidade Administrativa*. 2.ed. Porto Alegre: Síntese, 1998. p. 151.
[20] BITENCOURT NETO, Eurico. *Improbidade Administrativa e Violação de Princípios*. Belo Horizonte: Del Rey, 2005. p. 79.
[21] OSÓRIO, Fábio Medina. *Op. cit.*, p. 155.
[22] Idem. p. 156.
[23] DI PIETRO, Maria Sylvia Zanella. *Direito Administrativo*. 18. ed. São Paulo: Atlas, 2005. p. 711.
[24] OSÓRIO, Fábio Medina. *Op. cit.*, p. 153.

Independente da posição que se adote, certo é que, no Brasil, a moralidade ligada à Administração Pública vem há tempos expressa no direito posto, o que também ocorre com a probidade administrativa. No patamar constitucional, desde a primeira Constituição da República, de 1891, até a atual (nesta, em seu art. 85, V), os atos do Presidente da República que atentem contra a probidade na administração são tipificados como crime de responsabilidade. Logo, o agir escorreito para com a coisa pública, em acepção ampla, não constitui mero predicado a se desejar, desde o final do século XIX no Brasil, que o chefe do Poder Executivo Federal ostente. Trata-se, muito mais que isso, de um imperativo de ordem jurídico-moral, cujo descumprimento pode configurar, conforme dito, crime de responsabilidade, definido em lei especial (no caso, a Lei nº 1.079/50, art. 4º, V).

A exigência da probidade vinculada à Administração Pública, desde então, muito evoluiu, quer em sede constitucional, quer em grau legislativo, sendo proliferantes no direito positivo normas cominando consequências de variadas naturezas e muitas vezes pluri-incidentes sobre um mesmo fato. Houve, ainda, severa ampliação dos indivíduos sujeitos aos seus preceitos, não ficando mais a sua aplicabilidade restrita à figura de chefe de Poder. Nesse sentido, o art. 37, § 4º, da atual Constituição Federal prevê expressamente a multiplicidade de efeitos jurídicos que podem emanar da prática dos chamados atos de improbidade administrativa ao afirmar que estes *"importarão a suspensão dos direitos políticos, a perda da função pública, a indisponibilidade dos bens e o ressarcimento ao erário, na forma e gradação previstas em lei, sem prejuízo da ação penal cabível"*. Em outras palavras, e numa acurada análise, tem-se que a própria Constituição Federal autorizou o estabelecimento, pelo Poder Legislativo, de sanções de natureza eleitoral (*suspensão dos direitos políticos*, o que é autorizado constitucionalmente autorizado de forma expressa no art. 15, V, da Carta Maior), administrativa (como *a perda da função pública*, para aqueles que isso ostentem), processuais com índole cautelar (*indisponibilidade de bens*), civis (*ressarcimento ao erário*) e, inclusive, penais, tudo decorrente da infração ao dever de probidade administrativa. E tal mister foi feito, por excelência, através da Lei nº 8.429, de 1992, a chamada Lei de Improbidade Administrativa.

Releva notar que a tutela jurídica da probidade administrativa, consoante já possível perceber dos apontamentos até aqui feitos – como da indicação da Lei nº 1.079/50 –, não fica limitada, no plano infraconstitucional, à Lei nº 8.429/92. Há disposições que miram a proteção do mesmo bem jurídico em outros diplomas, também a partir de autorização constitucional. Nesse sentido, a Lei Complementar nº 94, de 1990, conferindo eficácia ao atual art. 14, § 9º, da Constituição

Federal, prevê, dentre outras hipóteses, a inelegibilidade, para qualquer cargo, daqueles *"que tiverem suas contas relativas ao exercício de cargos ou funções públicas rejeitadas por irregularidade insanável que configure ato doloso de improbidade administrativa"* (art. 1º, I, *g*). A chamada Lei Anticorrupção (Lei nº 12.846/13) é outro paradigmático exemplo da tutela da probidade administrativa, ao definir como ato que atenta contra a Administração Pública aqueles que firam os princípios desta (art. 5º, *caput*).

Não se pode olvidar, também, da disciplina do Decreto-Lei nº 201, de 1967, respeitante à responsabilização de Prefeitos e Vereadores Municipais. Além de tipificar crimes de responsabilidade dos Prefeitos Municipais e adotar outras providências, previu, como caso de possível cassação de mandato de Vereador, a utilização do *"mandato para a prática de atos de corrupção ou de improbidade administrativa"* (art. 7º, I). Trata-se de preocupação do sistema de ampla tutela da Administração Pública, inclusive quanto ao aspecto moral, desta vez com incidência sobre atos que possam ser praticados por integrantes do Poder Legislativo Municipal.

No âmbito do Poder Judiciário, a preservação da moralidade por parte de seus membros também teve atenção dispensada pela ordem infraconstitucional, especificamente pela Lei Complementar nº 35, de 1979, que faz o papel de Estatuto da Magistratura, este previsto no art. 93 da Constituição Federal. Tal estatuto, originariamente chamado de Lei Orgânica da Magistratura Nacional (ou simplesmente LOMAN), toma cuidado com a moralidade que deve pautar toda conduta do Estado-Julgador desde o processo seletivo de seus integrantes. A esse propósito, os candidatos do concurso público para ingresso na carreira da Magistratura são *"submetidos a investigação relativa aos aspectos moral e social, e a exame de sanidade física e mental"* (art. 78, § 2º, da LOMAN), até mesmo porque um dos deveres legais do magistrado consiste na manutenção de *"conduta irrepreensível na vida pública e particular"* (art. 35, VII, também da LOMAN).

Portanto, como corolário da exigência de observância do princípio da moralidade pela Administração Pública, todos os Poderes do Estado e os agentes que em seu nome atuam, em suas mais distintas esferas, devem respeito à administração honesta e moral, ao ideário vigente na sociedade sobre boa conduta, bons costumes, equidade e justiça, para a consecução do bem comum.[25] Não basta o agir meramente legal, que seja adequado apenas à fórmula prescrita em legislação.

---

[25] PAZZAGLINI FILHO, Marino. *Lei de Improbidade Administrativa Comentada. Aspectos Constitucionais, Administrativos, Civis, Criminais, Processuais e de Responsabilidade Fiscal; Legislação e Jurisprudência Atualizadas*. 5. ed. São Paulo: Atlas, 2011. p. 17.

Indispensável que à tal legalidade esteja atrelado ao pleno cuidado aos valores morais da sociedade, respeitada a proporcionalidade entre os meios e os fins, repudiando-se, conforme prevalentes parâmetros sociais atuais, condutas que importem corrupção, enriquecimento ilícito de agentes, lesão ao erário, tráfico de influências, uso da máquina pública em exclusive favor de interesses pessoais ou partidários, dentre outros. Desrespeitado, pelo administrador público, o senso comum de boa administração, honestidade, equilíbrio, justiça, em função do interesse público, está-se perante ato acoimado com imoralidade, que pode dar azo à aplicação de sanções quando também qualificado como ato de improbidade.[26]

1.5. O ato de improbidade administrativa por ofensa ao princípio da moralidade na Lei nº 8.429/92

Consoante anúncio prévio, a Lei nº 8.429, de 1992, dispõe a respeito da definição de atos de improbidade administrativa, seus objetos, seus possíveis sujeitos e suas respectivas sanções.

Sobre o espectro de abrangência da Lei de Improbidade Administrativa, cabe destacar, no que importa ao presente trabalho, a grande amplitude subjetiva, na esteira disposta primordialmente nos arts. 1º a 3º do diploma de regência da matéria, de sorte a seu amparo ser hábil a submeter qualquer agente público, servidor ou não, independente da espécie de vínculo que possa ter estabelecido com a Administração Pública, inclusive indireta ou fundacional. O intenso viés protetor da probidade da Administração pode ser evidenciado, ainda, na definição da aplicabilidade das disposições do mencionado diploma legal *"àquele que, mesmo não sendo agente público, induza ou concorra para a prática do ato de improbidade ou dele se beneficie sob qualquer forma direta ou indireta"* (art. 3º da Lei nº 8.429/92), do que se extrai que o respeito à coisa pública deve ser tamanho que, uma vez não

---

[26] A esse respeito, vale citar interessante precedente do egrégio Superior Tribunal de Justiça, em que reconhecida a prática de ato de improbidade administrativa, por afronta aos princípios da moralidade, da legalidade e da impessoalidade, decorrente utilização de recursos públicos na contratação de transporte escolar, sem licitação, sendo o contratado pai de um vereador, conduta vedada por lei orgânica municipal (STJ, REsp nº 1414757/RN, Segunda Turma, julgado em 06/10/2015, Rel. Min. Humberto Martins). Nessa mesma linha, o nepotismo, objeto de Súmula Vinculante nº 13, do Supremo Tribunal Federal, é tido pelo Superior Tribunal de Justiça como ato de improbidade que representa grave ofensa aos princípios da moralidade e da impessoalidade, *"sendo despicienda a existência de regra explícita de qualquer natureza acerca da proibição"* (STJ, AgRg no REsp nº 1362789/MG, Segunda Turma, julgado em 12/05/2015, Rel. Min. Humberto Martins). A nomeação de servidor comissionado, com designação para exercer, em desvio de função pública, atribuições afetas a cargo diverso, em preterição a aprovados em concurso público, também é considerada ofensa aos princípios da Administração Pública da legalidade, impessoalidade, moralidade e eficiência (STJ, REsp nº 1505360/SE, Segunda Turma, julgado em 03/05/2016, Rel. Min. Herman Benjamin).

observado – em grau a caracterizar ato de improbidade –, as consequências jurídicas a serem impingidas podem alcançar até mesmo particulares. Essa nota, por si só, expõe o tom moralizador do trato que se busca dar à máquina pública, em seus mais diversificados setores.

A própria sistemática adotada pela Lei nº 8.429/92 para a tipificação dos atos de improbidade administrativa e suas correspondentes penas também revela diretriz legislativa de vastamente combater *"a prática desenfreada e impune de atos de corrupção, no trato com os dinheiros públicos"* que, ao tempo de sua edição, afligiam o país, conforme lançado em sua exposição de motivos.[27] No *caput* de cada um dos dispositivos tipificadores (arts. 9º a 11), foram empregados conceitos jurídicos vagos, indeterminados, sem prejuízo, ainda, de deixar claro, a partir do uso do termo *notadamente*, que as hipóteses elencadas nos diversos incisos detêm caráter meramente exemplificativo, nelas não se esgotando os casos que podem ser enquadrados como de improbidade administrativa. Trata-se de tipificação aberta, expediente voltado a atingir toda e qualquer conduta que, em sua essência, em seu verdadeiro conteúdo – a despeito de possível perfeição de forma –, não se amolde ao que é legitimamente esperado de um administrador público e de todos aqueles que, de alguma maneira, possam com a Administração Pública manter relação. Tem o condão de funcionar como genuíno vetor principiológico a guiar a Administração.

Não fosse isso o bastante, a classificação legal dos atos de improbidade em três diferentes categorias, lançadas topologicamente em ordem decrescente de gravidade, também constitui indicativo do rigor que se quis imprimir contra o desrespeito à probidade na Administração Pública e, em última instância, à moralidade administrativa. No art. 9º, tipificaram-se os atos que importam enriquecimento ilícito, enquanto no art. 10, os que causam prejuízo ao erário e, por fim, no art. 11, os que atentam contra os princípios da Administração Pública. As sanções a cada uma das três espécies apontadas foram cominadas em um particular inciso do art. 12 daquele texto legal, em sequência que igualmente segue da mais severa para a mais branda, em respeito à proporcionalidade que devem guardar com as correspondentes condutas. Ora, pelas notas distintivas de cada um dos três blocos de condutas, fácil perceber a intensa inter-relação destes. Mais do que isso, há concurso aparente de normas, a ser solvido, sobremaneira, pelo critério da subsidiariedade, com primazia dos grupos precedentes – por requererem mais elementos para a sua configuração – sobre

---

[27] Disponível em <http://www2.camara.leg.br/legin/fed/lei/1992/lei-8429-2-junho-1992-357452-exposicaodemotivos-149644-pl.html>, acessado em 24/09/2016.

os grupos subsequentes – para cuja configuração menos se exige. A esse respeito, Fábio Medina Osório leciona que é "natural que uma conduta enquadrada em um dos tipos do art. 9º acabe agredindo o art. 10".[28] Segue dizendo que "é necessário que qualquer tipo de improbidade administrativa gere uma agressão ao art. 11, porque toda improbidade administrativa pressupõe uma lesão imaterial aos princípios e regras que presidem a Administração Pública, em conjunto com a agressão às normas setoriais aplicáveis ao caso".[29] Logo, a estrutura em que tipificados os atos de improbidade administrativa no texto legal denota a possibilidade de desclassificação de uma conduta de um tipo e sua nova subsunção a outro, em consonância com eventual exclusão ou acréscimo de circunstâncias ou, mais precisamente, elementares.

Soa inarredável, pois, a pretensão legislativa de sancionar, em função de ímprobo, aquele que praticar qualquer ato que, independente de sua roupagem, viole algum dos bens jurídicos tutelados por norma subjacente a algum dos tipos, de sorte a corresponder, inexoravelmente, à violação de algum dos princípios norteadores da Administração Pública e, dentre este, de forma inevitável a moralidade administrativa. Tanto é assim que, de acordo com Fábio Medina Osório, "a imoralidade administrativa resulta configurada a partir da agressão a outros princípios que regem a administração pública",[30] a exemplo da razoabilidade, economicidade, impessoalidade, supremacia do interesse público e publicidade.

Prudente notar, porém, que, quando a improbidade é restrita à violação de princípio da Administração Pública, é imprescindível perquirir-se a respeito do elemento subjetivo dos agentes envolvidos, em especial porque inexistente resultado material danoso – enriquecimento ilícito ou prejuízo ao erário. Daí que Eurico Bitencourt Neto propugna que a configuração das hipóteses tipificadas no art. 11 da Lei de Improbidade Administrativa reclama a presença de dolo, "já que o que a norma tem em vista é a desonestidade, a deslealdade, a má-fé do agente público para com os valores essenciais do sistema jurídico".[31] Esse entendimento também é comungado por Marino Pazzaglini Filho, que preleciona que nem toda violação à legalidade configura improbidade administrativa, por conta de que a caracteri-

---

[28] OSÓRIO, Fábio Medina. *Teoria da Improbidade Administrativa: má gestão pública: corrupção: ineficiência.* 3.ed. São Paulo: Revista dos Tribunais, 2013. p. 214.

[29] Idem, p. 214.

[30] OSÓRIO, Fábio Medina. *Improbidade Administrativa.* 2. ed. Porto Alegre: Síntese, 1998. p. 158.

[31] BITENCOURT NETO, Eurico. *Improbidade Administrativa e Violação de Princípios.* Belo Horizonte: Del Rey, 2005. p. 112.

zação desta reclama, intrinsecamente, "desonestidade, má-fé, falta de probidade no trato da coisa pública".[32]

Para que se possa falar, assim, em ato de improbidade por ofensa à moralidade administrativa, deve estar presente a intenção de agende de atuar de modo desonesto, em contrariedade com o que dele é esperado no cuidado com a coisa pública. Esse elemento subjetivo tem o condão de discriminar o ato administrativo objetivamente imoral cujas consequências podem ficar restritas ao campo da invalidade jurídica (quando, por exemplo, ausente o dolo, caso em que questionável inclusive o emprego do termo *imoralidade*, por sua direta relação com a intenção do sujeito) e o que reclama o sancionamento por ofensa à probidade administrativa (aquele derivado de agir doloso, intencional, verdadeira imoralidade, pelo compasso entre os seus elementos objetivo e subjetivo).

Os parâmetros a respeito da moral até aqui traçados auxiliam a conformar o que pode caracterizar a violação à moralidade administrativa para fins de punição enquanto ato de improbidade, não comportando, porém, definição estanque e apriorística, em razão justamente da vagueza e da indeterminação do conceito de moralidade. O exame casuístico, contrastando o ato com suas circunstâncias e moldando-os racionalmente no sistema, é que fornece pistas do que pode ser taxado como administrativamente ímprobo por ofensa à moralidade.

1.6. Considerações finais

A partir do quanto foi acima dito, é autorizado concluir que, depois de mais de vinte séculos de História envolvendo estudos e reflexões por filósofos, teólogos e aplicadores do Direito, a moralidade remanesce sem conceituação objetiva, precisa e com caráter universal, transitando as suas diversas concepções pelas ideias, dentre outras, de realização do bem comum, consecução das aspirações humanas e da vida boa.

É apto de ser concluído, outrossim, que, de longínquos tempos, questões de ordem moral recebem tratamento jurídico, com as consequências que a este são próprias. Vale dizer, não existem dois planos totalmente estanques, que não se traspassam, entre o Direito e a moral, de modo que um é hábil a implicar o outro, implicação essa que não deve ser enxergada como predatória do Direito, mas, sim, deste enriquecedora. Se, nos termos ditos, felicidade universal e bem comum

---

[32] PAZZAGLINI FILHO, Marino. *Lei de Improbidade Administrativa Comentada. Aspectos Constitucionais, Administrativos, Civis, Criminais, Processuais e de Responsabilidade Fiscal; Legislação e Jurisprudência Atualizadas.* 5. ed. São Paulo: Atlas, 2011. p. 101

são aspectos da moralidade, o seu envolvimento com o Direito pode servir como instrumento a lembrar a própria razão de ser das normas implicadas, tutelares de certos valores tidos como relevantes. Se, de outro norte, a outorga de força jurídica a questões morais é geradora de sentimento que acanha o direito positivo, essa diminuição deve ser sentida apenas por aqueles que não se pautam segundo a moralidade, em malversação da ordem jurídica. Para quem pretende o que é considerado honesto, justo, adequado ao seio social em que imerso, a moral deve funcionar como fiadora da boa aplicação do Direito, inclusive colmatando lacunas e aparando arestas que porventura haja na esfera estritamente jurídica.

Traduzida em direito, a moral incidente sobre a Administração Pública é algo que, no Brasil, provém de comando constitucional explícito, o que significa que seu respeito não se trata de mero favor a ser feito no âmbito das relações com a Administração Pública e mesmo pela ordem infraconstitucional. Ademais, pelo diálogo das fontes, o próprio Código Civil acaba dando permissão à moral laborar como baliza interpretativa dos atos administrativos, obrigando que a sua percepção seja operada além do que é posto no texto legal – que, sem embargo de sua elevada importância em matéria de Direito Administrativo, não afasta as determinantes colocadas por outras fontes do Direito.

No manejo da máquina pública, pois, a moral imbui missão que, se desrespeitada, não raro caracteriza ato de improbidade administrativa que não se limita ao disposto no art. 11 da Lei nº 8.429/92, podendo deflagrar sancionamento mais severo, como os estipulados em razão da prática de atos como os previstos nos arts. 9º e 10 daquela lei.

Não se descuida da vagueza e da indeterminação conceitual da moral e suas derivações, o que têm reflexos diretos sobre a compreensão da configuração de atos de improbidade administrativa que estritamente ofendam a moralidade administrativa sem danos de relevo de ordem diversa. A interpretação de tanto não é tarefa tão simples, especialmente quando em voga situações nebulosas e complexas, muitas vezes adredemente engendradas. Isso coloca em destaque o papel do interprete, sobremodo o do julgador, em função da gravidade das punições que podem daí advir. Portanto, necessária a franquia de adequados meios materiais para o controle da Administração Pública pelas vias constitucionalmente constituídas.

Por fim, à evitação de desmandos relacionados à máquina pública, cabe o acionamento responsável dos instrumentos disponibilizados pelo sistema jurídico. Previsões lastreadas em boas intenções, por si sós, não bastam, de nada adiantando, também, a descrença fundada na existência de costumes viciados. Cada operador deve dar a sua colaboração, não descurando, também nessa função, da moralidade.

1.7. Referências bibliográficas

AQUINO, São Tomás de. *Suma Teológica. Volume 13*. Tradução de Alexandre Correia. São Paulo: Siqueira, 1954.

ARISTÓTELES. *The Nicomachean Ethics*. Disponível em <http://www.dominiopublico.gov.br/download/texto/Aristotle_Ethics.pdf>. Acesso em 10/09/2016.

AZAMBUJA, Darcy. *Teoria Geral do Estado*. 42.ed. São Paulo: Globo, 2002.

BENTHAM, Jeremy. *An Introduction to the Principles of Morals and Legislation*. Reprint of 1907 edition. New York: Dover, 2007.

BITENCOURT NETO, Eurico. *Improbidade Administrativa e Violação de Princípios*. Belo Horizonte: Del Rey, 2005.

DI PIETRO, Maria Sylvia Zanella. *Direito Administrativo*. 18. ed. São Paulo: Atlas, 2005.

DWORKIN, Ronald Myles. *Levando os Direitos a Sério*. Tradução de Nelson Boeira. São Paulo: Martins Fontes, 2002.

FERREIRA FILHO, Manoel Gonçalves. *Curso de Direito Constitucional*. 25.ed. São Paulo, Saraiva, 1999.

GUSMÃO, Paulo Dourado. *Introdução ao Estudo do Direito*. 39. ed. Rio de Janeiro: Forense, 2007.

HABERMAS, Jürgen. *Comentários à Ética do Discurso*. Tradução de Gilda Lopes Encarnação. Lisboa: Instituto Piaget, 1991.

JELLINEK, Georg. Teoria General del Estado. Buenos Aires: Albatros, 1954.

KANT, Immanuel. *Principios Metafísicos de la Doctrina del Derecho*. México: Universidade Nacional Autônoma do México, 1968.

——. *Metafísica dos Costumes*. Tradução de Clélia Aparecida Martins, Bruno Nadai, Diego Kosbiau e Monique Hulshof. Bragança Paulista: Editora Universitária São Francisco, 2013.

KELSEN, Hans. *Teoria Pura do Direito*. Tradução de J. Cretella Jr. e Agnes Cretella. 9.ed. São Paulo: Revista dos Tribunais, 2013.

MACHIAVELLI, Niccolò. *O Príncipe: com notas de Napoleão Bonaparte*. Tradução de J. Cretella Jr. e Agnes Cretella. 6.ed. rev. São Paulo: Revistas dos Tribunais, 2013.

NALINI, José Renato. *Ética Geral e Profissional*. 11.ed. rev., atual. e ampl. São Paulo: Revista dos Tribunais, 2014.

OSÓRIO, Fábio Medina. *Improbidade Administrativa*. 2. ed. Porto Alegre: Síntese, 1998.

——. *Teoria da Improbidade Administrativa*: má gestão pública: corrupção: ineficiência. 3.ed. São Paulo: Revista dos Tribunais, 2013.

PAZZAGLINI FILHO, Marino. *Lei de Improbidade Administrativa Comentada. Aspectos Constitucionais, Administrativos, Civis, Criminais, Processuais e de Responsabilidade Fiscal; Legislação e Jurisprudência Atualizadas*. 5.ed. São Paulo: Atlas, 2011.

— 2 —

Improbidade administrativa por violação ao princípio da legalidade

JOSÉ EDUARDO AIDIKAITIS PREVIDELLI[1]

Sumário: 2.1. Considerações iniciais; 2.2. Improbidade administrativa; 2.2.1. Conceito; 2.2.2. Espécies de improbidade administrativa; 2.2.3. Elementos subjetivos: dolo ou culpa; 2.3. Improbidade administrativa e princípios da administração pública; 2.3.1. Os princípios da administração e o princípio da legalidade; 2.3.2. Violação ímproba ao princípio da legalidade; 2.4. Considerações finais; 2.5. Referências.

2.1. Considerações iniciais

No atual cenário nacional, com maior atenção dada pela sociedade à administração pública e com as sucessivas apurações de desvios de condutas dos administradores, o tema "improbidade administrativa" ganha especial fôlego e atenção da comunidade jurídica e em geral.

Dentre as "modalidades" de improbidade administrativa elencadas nos artigos 9º a 11 da Lei nº 8.429/92, aquela decorrente da violação dos princípios da administração pública (artigo 11 da Lei de Improbidade) reveste-se de maior carga subjetiva de análise, motivo pelo qual desperta maiores dúvidas e amplia o campo de debates.

E, considerando a significativa gama de princípios incidentes no direito administrativo, o princípio da legalidade adquire especial relevância, quer pela vinculação da atuação do administrador, quer pela notória e cotidiana ocorrência de "transgressões" aos estritos ditames da lei (em sentido amplo) nas atuações de cada administrador.

Justamente neste contexto, o objetivo do presente ensaio é a contribuição, por meio de apresentação de aspectos legais, doutrinários e jurisprudenciais, para a melhor compreensão do tema.

---

[1] Assessor de Desembargador da 4ª Câmara Cível do TJRS, Bacharel em Direito pela ULBRA. Pós-Graduando em Direito Processual Civil pela Uniritter e Pós-Graduado em Formação Pedagógica de Professores pela FAQI.

Parte-se dos aspectos gerais da improbidade administrativa, tais como conceito, espécies e elementos subjetivos, de sorte a reafirmar os alicerces necessários à compreensão do tema, com breve incursão no campo dos princípios da administração pública, em especial o da legalidade.

A par de tais elementos, busca-se problematizar, mais que pretensiosamente solver dúvidas, a questão da atenção às condições para o reconhecimento da violação ímproba do princípio da legalidade.

2.2. Improbidade Administrativa

2.2.1. Conceito

Probidade, decorrente da expressão latina *probitate*, é a qualidade do probo, assim considerada como a integridade de caráter, a retidão e a honradez. A improbidade (*improbitate*), por sua vez, é a negativa da conduta proba.

Em razão da vagueza destes significados – justamente pela decorrência de comportamentos e valores humanos – apresenta-se a dificuldade na definição da probidade no âmbito das condutas administrativas.

Aliás, Marcelo Figueiredo[2] aponta que a conceituação do ato de improbidade administrativa constitui uma das mais tormentosas questões para os juristas nacionais.

A Constituição Federal, mesmo prevendo que "os atos de improbidade administrativa importarão a suspensão dos direitos políticos, a perda da função pública, a indisponibilidade dos bens e o ressarcimento ao erário, na forma e gradação previstas em lei, sem prejuízo da ação penal cabível" (art. 37, § 4°), não apresenta definição destes atos.

Da mesma forma, a Lei nº 8.429/1992 (Lei de Improbidade Administrativa) não apresenta conceito de improbidade administrativa, em que pese arrole situações que a configuram, nos seus artigos 9°, 10 e 11.

Assim, resta buscar socorro na doutrina para a obtenção da definição de Improbidade Administrativa, observando a lição de Pedro Roberto Decomain,[3] por relevante, na adoção de: "(...) cautela de não produzir conceito por demais estrito, a conduzir ao eventual reconhecimento de que algumas das situações focadas pela lei como carac-

---

[2] FIGUEIREDO, Marcelo. *O controle da moralidade na Constituição*. São Paulo: Malheiros, 1999. p. 49.

[3] DECOMAIN, Pedro Roberto. *Improbidade administrativa*. 2. ed. São Paulo: Dialética, 2014. p. 22.

terizadoras de improbidade, na verdade não o seria, porque excluída do respectivo conceito constitucional."

Para Alexandre de Moraes:[4]

> Atos de improbidade administrativa são aqueles que, possuindo natureza civil e devidamente tipificados em lei federal, ferem direta ou indiretamente os princípios constitucionais e legais da Administração Pública, independentemente de importarem enriquecimento ilícito ou de causarem prejuízo material ao erário público.

Neste contexto, Celso Ribeiro Bastos[5] leciona que "os atos de improbidade, é dizer, desonestidade, ofensa à moralidade administrativa", e Waldo Fazzio Júnior[6] aponta a "(...) inobservância de um dever, o de exercer a função pública com objetivos públicos".

Inegavelmente, a improbidade administrativa acaba por aproximar-se das noções de moralidade administrativa e legalidade, a exemplo da conceituação de José Afonso da Silva,[7] agregando fundamentos às ponderações de Marcelo Caetano, no sentido de que:

> A probidade administrativa é uma forma de moralidade administrativa que mereceu consideração especial na Constituição, que pune o ímprobo com a suspensão dos direitos políticos (art. 37, § 4º). A probidade administrativa consiste no dever de o "funcionário servir a Administração com honestidade procedendo no exercício de suas funções, sem aproveitar os poderes ou facilidades delas decorrente em proveito pessoal ou de outrem a quem queira favorecer". O desrespeito a esse dever é que caracteriza a improbidade administrativa. Cuida-se de uma imoralidade administrativa qualificada.

Todavia, deve-se atentar que a noção de improbidade administrativa apresenta maior amplitude em relação à moralidade, por abranger uma gama de condutas que transcende a violação da moralidade, por ser forma qualificada daquela, conforme observa Maria Sylvia Zanella Di Pietro:[8]

> No entanto, quando se fala em improbidade como ato ilícito, como infração sancionada pelo ordenamento jurídico, deixa de haver sinonímia entre as expressões improbidade e imoralidade, porque aquela tem um sentido muito mais amplo e muito mais preciso, que abrange não só atos desonestos ou imorais, mas também e principalmente atos ilegais. Na lei de improbidade administrativa (Lei nº 8. 429, de 2-6-92), a lesão à moralidade administrativa é apenas uma das inúmeras hipóteses de atos de improbidade previstos em lei.

---

[4] MORAES. Alexandre. *Direito constitucional administrativo*. São Paulo: Atlas, 2002.p. 320.

[5] BASTOS. Celso Ribeiro. *Comentários à Constituição do Brasil*. Vol. 3º. Tomo III, arts. 37 a 43. São Paulo: Saraiva, 1992, p163.

[6] FAZZIO JÚNIOR, Waldo. *Atos de Improbidade Administrativa*: doutrina, legislação e jurisprudência. São Paulo: Atlas, 2007. p. 71.

[7] SILVA. José Afonso. *Curso de Direito Constitucional Positivo*. 23. ed. São Paulo: Malheiros, 2004. p. 650.

[8] DI PIETRO, Maria Sylvia Zanella. *Direito administrativo*. 27. ed. São Paulo: Atlas, 2014. p. 901.

Igualmente, a jurisprudência busca distanciar a definição de improbidade com a de legalidade, igualmente por sua maior amplitude, a exemplo do versado no REsp 1416313/MT, da lavra do Ministro Napoleão Nunes Maia Filho, julgado pela Primeira Turma do STJ, em 26/11/2013, com o seguinte trecho ementado:

> A ilegalidade e a improbidade não são – em absoluto, situações ou conceitos intercambiáveis, não sendo juridicamente aceitável tomar-se uma pela outra (ou vice-versa), eis que cada uma delas tem a sua peculiar conformação estrita: a improbidade é, destarte, uma ilegalidade qualificada pelo intuito malsão do agente, atuando sob impulsos eivados de desonestidade, malícia, dolo ou culpa grave.

De tais ponderações, é permitida a definição de ato de improbidade administrativa como aquela conduta praticada em violação qualificada às condutas esperadas nas relações com a administração pública.

2.2.2. Espécies de Improbidade Administrativa

Ainda que o presente tenha por finalidade principal a análise da Improbidade Administrativa pela violação dos princípios administrativos, é imperativo registrar que a Lei de Improbidade disciplina três situações em que é qualificada a conduta ímproba.

A primeira modalidade decorre das situações previstas no artigo 9º da Lei nº 8.429/92 e está relacionada ao enriquecimento ilícito no sentido de auferir qualquer tipo de vantagem patrimonial indevida.

Ainda, à luz do artigo 10 da mesma lei, é prevista a improbidade por ato que enseje lesão ao erário qualquer ação ou omissão, dolosa ou culposa, que enseje perda patrimonial, desvio, apropriação, malbaratamento ou dilapidação dos bens ou haveres.

Finalmente, a modalidade objeto do presente estudo é a decorrente do disposto no artigo 11 da Lei de Improbidade, em razão de atentado contra os princípios da administração pública qualquer ação ou omissão que viole os deveres de honestidade, imparcialidade, legalidade e lealdade.

Sobre as formas de Improbidade Administrativa, Hely Lopes Meirelles[9] leciona que: "A Lei 8.429/92 classifica e define os atos de improbidade administrativa em três espécies: a) os que importam enriquecimento ilícito (art. 9º); b) os que causam prejuízo ao erário (art. 10) e c) os que atentam contra os princípios da Administração Pública".

---

[9] MEIRELLES, Hely Lopes. *Direito administrativo brasileiro*. 41. ed. São Paulo: Malheiros, 2015. p. 608.

Nesse passo, vale observa resto de decisão do TJRS sobre o tema, arrolando as modalidades de improbidade administrativa, sob a indicação de "elementos constitutivos" do ato, *in verbis:*

> EMBARGOS INFRINGENTES. DIREITO PÚBLICO. IMPROBIDADE ADMINISTRATIVA. AQUISIÇÃO DE COMBUSTÍVEIS AUSENTE LICITAÇÃO. ELEMENTOS CONSTITUTIVOS DO ATO DE IMPROBIDADE ADMINISTRATIVA. PROVA. ÔNUS. **São elementos constitutivos que integram o ato compreendido como improbidade administrativa sua antijuridicidade que importe em enriquecimento ilícito (art. 9º), provoque dano ao erário (art. 10º), viole os princípios da Administração Pública (art. 11º), praticado com dolo ou culpa (elementos subjetivos), conforme a imputação, liame de causalidade entre o fato e o enriquecimento ilícito ou entre o ato ilícito (ímprobo) e a lesão ao erário.** Ausente prova a respeito da lesão e sua extensão ao erário público, não se desincumbindo do ônus da prova o órgão do Ministério Público também relativamente ao elemento subjetivo integrador do tipo em que deu como incursos demandados (art. 333, I, do Código de Processo Civil), não encontra amparo legal o elaborar juízo de desvalor de conduta com base no art. 10º, inc. VIII, da Lei nº 8.429/92. Ato ímprobo pode ser considerado em tese em in concreto. Para a concretude do ato ímprobo e para ser reconhecido como tal, necessário se faz que as elementares descritas na lei se façam todas presentes a autorizar um juízo de desvalor de conduta, pena de se incorrer em juízo desautorizado constitucionalmente. (...) Embargos desacolhidos. (Embargos Infringentes nº 70008721490, Primeiro Grupo de Câmaras Cíveis, Tribunal de Justiça do RS, Relator: Carlos Roberto Lofego Canibal, Julgado em 04/06/2004) (grifei e suprimi).

Sobre o tema, leciona Maria Di Pietro[10] que são elementos constitutivos e improbidade administrativa:

> (...) ocorrência do ato danoso descrito na lei, causador de enriquecimento ilícito para o sujeito ativo, prejuízo para o erário ou atentado contra os princípios da Administração Pública; o enquadramento do ato pode dar-se isoladamente, em uma das três hipóteses, ou, cumulativamente, em duas ou nas três.

No mesmo sentido, Arnaldo Rizzardo:[11]

> Quanto à categoria de atos de improbidade, discrimina a Lei 8.429 três tipos, como as espécies carregadas de alto conteúdo pena, e revelando mais que simples irregularidades: os que importam em enriquecimento ilícito do agente público ou de outrem, não importando se resultar ou não dano ao erário; os que causam prejuízo ao erário e podem importar enriquecimento indevido de terceiro; e os que atentam contra os princípios da administração pública, mediante a violação dos deveres administrativos.

Sob tal norte, o presente escrito – oportunamente – se debruçará com maior ênfase sobre os atos de improbidade por inobservância dos princípios norteadores da Administração Pública.

---

[10] DI PIETRO, Maria Sylvia Zanella. Ob. cit. p. 909.
[11] RIZZARDO, Arnaldo. *Ação civil pública e ação de improbidade administrativa.* 3. ed. rev., atual. e ampl. Rio de Janeiro: Forense, 2014. p. 464.

2.2.3. Elementos subjetivos: dolo ou culpa

O reconhecimento do ato de improbidade exige – além do enquadramento da conduta nas hipóteses dos artigos 9º a 11 da Lei de Improbidade – a constatação de que o agente obrou com dolo ou culpa naquelas situações.

Sobre a questão, Di Pietro[12] elucida que:

> O enquadramento na lei de improbidade exige culpa ou dolo por parte do sujeito ativo. Mesmo quando algum ato ilegal seja praticado, é preciso verificar se houve culpa ou dolo, se houve um mínimo de má-fé que revele realmente a presença de um comportamento desonesto. A quantidade de leis, decretos, medidas provisórias, regulamentos, portarias torna praticamente impossível a aplicação do velho princípio de que todos conhecem a lei. Além disso, algumas normas admitem diferentes interpretações e são aplicadas por servidores públicos estranhos à área jurídica. Por isso mesmo, a aplicação da lei de improbidade exige bom-senso, pesquisa da intenção do agente, sob pena de sobrecarregar-se inutilmente o Judiciário com questões irrelevantes, que podem ser adequadamente resolvidas na própria esfera administrativa. A própria severidade das sanções previstas na Constituição está a demonstrar que o objetivo foi o de punir infrações que tenham um mínimo de gravidade, por apresentarem consequências danosas para o patrimônio público (em sentido amplo), ou propiciarem benefícios indevidos para o agente ou para terceiros. A aplicação das medidas previstas na lei exige observância do princípio da razoabilidade, sob o seu aspecto de proporcionalidade entre meios e fins.

Aliás, este é o posicionamento apresentado pelo STJ no julgamento da questão, a exemplo:

> PROCESSUAL CIVIL E ADMINISTRATIVO. AGRAVO REGIMENTAL NO AGRAVO EM RECURSO ESPECIAL. IMPROBIDADE ADMINISTRATIVA. EXIGÊNCIA DO DOLO, NAS HIPÓTESES DO ARTIGO 11 DA LEI 8.429/92 E CULPA, PELO MENOS, NAS HIPÓTESES DO ART. 10. ACÓRDÃO RECORRIDO QUE CONSIGNA AUSÊNCIA DE CULPA E DE DOLO, AINDA QUE GENÉRICO, A CARACTERIZAR ATOS DE IMPROBIDADE. ALTERAÇÃO DAS PREMISSAS FÁTICAS CONSIGNADAS PELA INSTÂNCIA ORDINÁRIA. IMPOSSIBILIDADE. APLICAÇÃO DA SÚMULA N. 7/STJ. 1. **O STJ ostenta entendimento uníssono segundo o qual, para que seja reconhecida a tipificação da conduta do réu como incurso nas previsões da Lei de Improbidade Administrativa, é necessária a demonstração do elemento subjetivo, consubstanciado pelo dolo para os tipos previstos nos artigos 9º e 11 e, ao menos, pela culpa, nas hipóteses do artigo 10.** Precedentes: AgRg no AREsp 20.747/SP, Relator Ministro Benedito Gonçalves, Primeira Turma, DJe 23/11/2011; REsp 1.130.198/RR, Relator Ministro Luiz Fux, Primeira Turma, DJe 15/12/2010; EREsp 479.812/SP, Relator Ministro Teori Albino Zavascki, Primeira Seção, DJe 27/9/2010; REsp 1.149.427/SC, Relator Ministro Luiz Fux, Primeira Turma, DJe 9/9/2010; e EREsp 875.163/RS, Relator Ministro Mauro Campbell Marques, Primeira Seção, DJe 30/6/2010. (...) 4. Agravo regimental não provido. (AgRg no AREsp 55.315/SE, Rel. Ministro BENEDITO GONÇALVES, PRIMEIRA TURMA, julgado em 19/02/2013, DJe 26/02/2013) (grifei e suprimi).

---

[12] DI PIETRO, Maria Sylvia Zanella. Ob. cit. p. 919.

No mesmo sentido, o Tribunal de Justiça do Estado do Rio Grande do Sul assentou posicionamento, *in verbis:*

EMBARGOS INFRINGENTES. DIREITO PÚBLICO NÃO ESPECIFICADO. AÇÃO CIVIL PÚBLICA. IMPROBIDADE ADMINISTRATIVA. OFICIAL DE JUSTIÇA. SISTEMA DE BONIFICAÇÃO. 1. **Para fins de configuração do ato ímprobo, necessária a configuração do elemento subjetivo (dolo) do agente que, de forma deliberada, tenha incorrido em uma das condutas tipificadas nos arts. 9º e 11 da Lei de Improbidade Administrativa, ou, ao menos, com culpa, no caso do art. 10 da mesma lei.** 2. Possível inferir ter o servidor agido com dolo ao permitir que o depósito efetuado em sua conta bancária pelo Escritório de Advocacia servisse de estímulo para o cumprimento do mandado judicial, independentemente do resultado da diligência, o que caracteriza ato de improbidade administrativa, segundo dispõe o art. 9º, inciso I, da Lei nº 8.429/92. 3. Situação fática que revela desvio de conduta pessoal do servidor que, ao perceber quantia depositada em sua conta, ainda que irrisória naquelas condições deveria, por imperativo moral, perquirir a origem e tentar a devolução ou, no mínimo, dada a sua experiência nas funções, comunicar o fato ao magistrado responsável pelo processo. Inteligência do art. 4º da Lei nº 8.429/92. 4. Se o agente público cometeu ato de improbidade, possível a responsabilização do terceiro, na forma do art. 3º da Lei nº 8.429/92. POR MAIORIA, DESACOLHERAM OS EMBARGOS INFRINGENTES. (Embargos Infringentes Nº 70053683306, Segundo Grupo de Câmaras Cíveis, Tribunal de Justiça do RS, Relator: Matilde Chabar Maia, Julgado em 12/04/2013) (grifei).

EMBARGOS INFRINGENTES. DIREITO PÚBLICO NÃO ESPECIFICADO. AÇÃO CIVIL PÚBLICA. PREFEITO MUNICIPAL. MUNICÍPIO DE SÃO FRANCISCO DE PAULA. RESSARCIMENTO AO ERÁRIO POR OMISSÃO EM BUSCAR DIREITO DE REGRESSO. AUSÊNCIA DE CULPA OU DOLO ATRIBUÍVEIS AO ADMINISTRADOR. IMPROCEDÊNCIA DA AÇÃO. 1. **Caso em que não há sustentação probatória eficiente para a convicção de que o agente político teria concorrido com dolo ou culpa para o evento danoso**, nos termos do que assentou o douto voto majoritário. 2. Simples demora no ajuizamento de ação regressiva contra ex-servidor, sem evidência de responsabilidade subjetiva do gestor municipal, não possibilita a responsabilização pessoal deste pelo prejuízo sofrido pelo erário. EMBARGOS INFRINGENTES DESACOLHIDOS. (Embargos Infringentes Nº 70063668891, Segundo Grupo de Câmaras Cíveis, Tribunal de Justiça do RS, Relator: Eduardo Uhlein, Julgado em 10/07/2015) (grifei).

Neste lume, a Lei nº 8.429/92 expressamente prevê reprovação às condutas culposa ou dolosa somente nas hipóteses de seu artigo 10, *in verbis*:

Art. 10. Constitui ato de improbidade administrativa que causa lesão ao erário qualquer ação ou omissão, **dolosa ou culposa**, que enseje perda patrimonial, desvio, apropriação, malbaratamento ou dilapidação dos bens ou haveres das entidades referidas no art. 1º desta lei, e notadamente: (grifei).

Por outro lado, o disposto nos artigos 9[13] e 11[14] da mesma Lei, diante da ausência de previsão expressa de sancionamento das condutas culposas, restringe a sua aplicação exclusivamente naquelas dolosas.

Sobre a questão, Rizzardo[15] aponta que "se bem examinados os tipos de atos de improbidade descritos no caput dos arts. 9°, 10 e 11, ver-se-á a necessidade de dolo na conduta do agente, à exceção do art. 10, por fazer referência expressa à culpa (...)".

E, vale observar que não se aplica teoria da culpa objetiva aos atos de improbidade, no magistério de Hely Lopes Meirelles:[16]

> **Embora haja quem defenda a responsabilidade objetiva dos agentes públicos em matéria de ação de improbidade administrativa, parece-nos que o mais acertado é reconhecer a responsabilidade apenas na modalidade subjetiva.** Nem sempre um ato ilegal será um ato ímprobo. Um agente político eventualmente incompetente, atabalhoado ou negligente não é necessariamente um corrupto ou desonesto. O ato ilegal, para ser caracterizado como ato de improbidade, há de ser doloso ou, pelo menos, de culpa gravíssima. Já começa a haver jurisprudência sólida a respeito da matéria, exigindo-se a demonstração de má-fé do agente público para que ele seja responsabilizado com base na Lei da Improbidade Administrativa, aplicando-se o princípio da razoabilidade, pois nem sempre a mera ilegalidade de um determinado ato é suficiente para caracterizar a improbidade do agente. Na feliz expressão do STJ "a lei alcança o administrador desonesto, não o inábil" (REsp n. 213.994-MG, Rel. Min. Garcia Vieira, DJU 27.9.99, p. 59) (grifei).

2.3. Improbidade administrativa e princípios da administração pública

2.3.1. Os princípios da administração e o princípio da legalidade

José Cretella Júnior[17] define que "princípios de uma ciência são as proposições básicas, fundamentais, típicas que condicionam todas as estruturações subsequentes. Princípios, neste sentido, são os alicerces da ciência".

---

[13] Art. 9° Constitui ato de improbidade administrativa importando enriquecimento ilícito auferir qualquer tipo de vantagem patrimonial indevida em razão do exercício de cargo, mandato, função, emprego ou atividade nas entidades mencionadas no art. 1° desta lei, e notadamente

[14] Art. 11. Constitui ato de improbidade administrativa que atenta contra os princípios da administração pública qualquer ação ou omissão que viole os deveres de honestidade, imparcialidade, legalidade, e lealdade às instituições, e notadamente:

[15] RIZZARDO, Arnaldo. *Ob. cit.*. p. 518.

[16] MEIRELLES, Hely Lopes. *Mandado de Segurança*. 26. ed. São Paulo: Malheiros, 2003. p. 210/211.

[17] CRETELLA JÚNIOR, José. *Os cânones do direito administrativo*. Revista de Informação Legislativa. Brasília, ano 25, n° 97:7.

Como bem explica Robert Alexy,[18] tanto os princípios quanto as regras são normas porque ambos dizem o que deve ser, podendo, ainda, ser auxiliadas pelas expressões deônticas de permissão e proibição.

Marco Aurélio Greco, utilizando-se, aparentemente, do critério da abstração, ensina que:

> (...) os princípios incorporam valores que transcendem a simples técnica positiva do direito, e exprimem algo além das características da incidência, validade e eficácia. Ademais, são formulações abstratas que o tomador da decisão deve levar em conta e apresentam um caráter eminentemente fuzzy, impreciso, indeterminado, que abrange situações aparentemente opostas e diferenciadas por graus e não por exclusões. Eles são ponderados, conjugados, na busca de um equilíbrio dinâmico e não simples frutos de uma estética ou de uma arquitetura jurídica.[19]

A conduta da administração pública é orientada por um rol de princípios explícitos e implícitos na legislação pátria, com o objetivo de "orientar a ação do administrador na prática dos atos administrativos e (...) garantir a boa administração, que se consubstancia na correta gestão dos negócios e no manejo dos recursos públicos".[20]

Dentre os princípios explícitos – aqueles cuja violação incontroversamente são hábeis a possibilitar a ocorrência de ato ímprobo –, a doutrina e jurisprudência sobre o tema conferem maior atenção àqueles arrolados no artigo 37 da Constituição Federal, a saber:

> Art. 37. A administração pública direta e indireta de qualquer dos Poderes da União, dos Estados, do Distrito Federal e dos Municípios obedecerá aos **princípios de legalidade, impessoalidade, moralidade, publicidade e eficiência** e, também, ao seguinte. (grifei).

A Constituição do Estado do Rio Grande do Sul, em seu artigo 19 reforça os princípios acima apontados (à exceção do princípio da eficiência), alargando o rol deles (com a inclusão dos princípios da legitimidade, participação, razoabilidade, economicidade e motivação), na seguinte forma:

> Art. 19. A administração pública direta e indireta de qualquer dos Poderes do Estado e dos municípios, visando à promoção do bem público e à prestação de serviços à comunidade e aos indivíduos que a compõe, observará **os princípios da legalidade, da moralidade, da impessoalidade, da publicidade, da legitimidade, da participação, da razoabilidade, da economicidade, da motivação** e o seguinte: (grifei).

---

[18] ALEXY, Robert. *Teoria de los derechos fundamentales*. Madri: Centro de Estúdios Políticos y Constitucionales, 2002. p. 83

[19] GRECO, Marco Aurélio. *Contribuições: uma figura sui generis*. São Paulo: Dialética, 2000, p. 47.

[20] SILVA. José Afonso. *Curso de Direito Constitucional Positivo*. 23. ed. São Paulo: Malheiros, 2004. p. 666.

Para que não remanesçam dúvidas, a própria Lei de Improbidade, em seu artigo 4º estabelece que "os agentes públicos de qualquer nível ou hierarquia são obrigados a velar pela estrita observância dos **princípios de legalidade, impessoalidade, moralidade e publicidade** no trato dos assuntos que lhe são afetos" (grifei).

Segundo Arnaldo Rizzardo, "não se esgota a relação, já que jamais se exaurem os princípios e as normas supremas que devem servir de parâmetros gerais, variando segundo as novas problemáticas que surgem com a evolução e o transformar da vida".[21]

O princípio da legalidade, elemento central do presente estudo, "é o mais relevante princípio a nortear e orientar todos os atos praticados pela Administração, sendo que qualquer ato administrativo só será legítimo, e assim, somente produzirá efeitos jurídicos se seguir fielmente todas as prévias determinações contidas na lei em sentido lato".[22]

José Afonso da Silva defende que a legalidade é "nota essencial do Estado Democrático de Direito. É, também, (...) um princípio basilar do Estado Democrático de Direito porquanto é da essência do seu conceito subordinar-se à Constituição e fundar-se na legalidade democrática".[23]

A relevância de tal princípio, segundo Di Pietro, decorre da condição de princípio fundamental qual, mesmo não sendo específico do Direito Administrativo, a partir do qual se constroem todos os demais.[24]

O princípio da legalidade, nas palavras de Diógenes Gasparini:[25]

> (...) significa estar a Administração Pública, em toda a sua atividade, presa aos mandamentos da lei, deles não se podendo afastar, sob pena de invalidade do ato e responsabilidade do seu autor. Qualquer ação estatal sem o correspondente calço legal ou que exceda ao âmbito demarcado pela lei, é antijurídica e expõe-se à anulação. Seu campo de atuação, como se vê, é bem menor que o do particular. De fato, este pode fazer tudo o que a lei permite e tudo que a lei não proíbe; aquela só pode fazer o que a lei autoriza e, ainda assim, quando e como autoriza.

No mesmo sentido, é a doutrina de Hely Lopes Meirelles:[26]

---

[21] RIZZARDO, Arnaldo. *Ação civil pública e ação de improbidade administrativa*. 3. ed. rev., atual. e ampl.. Rio de Janeiro: Forense, 2014. p. 454.
[22] COPOLA, Gina. *Os princípios e a Lei de Improbidade Administrativa (Lei federal nº 8.429/92, art. 4º, e art. 11, caput)*. Fórum Administrativo: Direito Público, Belo Horizonte, v.8, n.93, p. 56-59, nov. 2008. p. 56.
[23] SILVA. José Afonso. Ob. cit., p. 420.
[24] DI PIETRO, Maria Sylvia Zanella. Ob. cit., p. 64.
[25] GASPARINI, Diógenes. *Direito Administrativo*. 13. ed. São Paulo: Saraiva, 2008. p. 07/08.
[26] MEIRELLES, Hely Lopes. *Direito Administrativo Brasileiro*. Ob. cit., p. 90.

A legalidade, como princípio de administração (CF, art. 37, caput), significa que o administrador público está, em toda a sua atividade funcional, sujeito aos mandamentos da lei e às exigências do bem comum, e deles não se pode afastar ou desviar, sob pena de praticar ato inválido e expor-se a responsabilidade disciplinar, civil e criminal, conforme o caso.

Em outras palavras, na Administração Pública, não há espaço para a realização das vontades particulares do administrador, mas apenas a busca da satisfação dos interesses públicos, sob o norte do disposto na lei.

Por tais razões, verifica-se que o princípio da legalidade é *"certamente a diretriz básica da conduta dos agentes da Administração"*,[27] limitando o agir da administração, em atenção ao Estado Democrático de Direito.

2.3.2. Violação ímproba ao princípio da legalidade

Pelo prisma do já apontado até o presente momento, inegavelmente a violação ao princípio constitucional da legalidade é uma das formas de caracterização do ato de improbidade administrativa, na forma do disposto no artigo 11 da Lei n° 8.429/1992.

Todavia, a questão não pode ser encarada de forma superficial, demandando observância detida, ao passo que não se pode imputar ato de improbidade a qualquer violação ao princípio da legalidade que, de qualquer forma, autoriza a anulação do ato pelo Poder Judiciário ou mesmo pela própria Administração, em atenção ao seu poder de autotutela, conforme afirmado no verbete da Súmula n° 473 do STF, *in verbis*:

A Administração pode anular os seus próprios atos, quando eivados de vícios que os tornem ilegais, porque deles não se originam direitos; ou revogá-los, por motivo de conveniência ou oportunidade, respeitados os direitos adquiridos, e ressalvada, em todos os casos, a apreciação judicial.

Na lição de Ruy Pereira Camilo Junior,[28] "se todo ato ilegal fosse ímprobo, qualquer concessão de mandado de segurança deveria ser acompanhada de ofício ao Ministério Público para que aforasse ação judicial de improbidade quanto à autoridade impetrada". E prossegue o aludido autor, que "no limite, em *reductio ad absurdum*, todo o provimento de recurso judicial igualmente implicaria a constatação da prática de improbidade administrativa pelo juízo *a quo*".

---

[27] CARVALHO, José dos Santos. *Manual de Direito Administrativo*. 22. ed. Rio de Janeiro: Lumen Juris, 2009. p. 19.
[28] CAMILO JUNIOR, Ruy Pereira. *A improbidade administrativa e os princípios constitucionais*. Revista do Instituto dos Advogados de São Paulo, São Paulo, v. 14, n. 27, p. 171-185, jan./jun. 2011. p. 177.

Sob tal ponto, o Ministro Luiz Fux, Relator do REsp 721.190/CE, já na abertura de seu voto apontou que:

> A questão positivista resta superada pela mais odiosa das exegeses, qual, a literal, por isso que se impõe observar se realmente toda ilegalidade encerra improbidade, sob pena de, em caso positivo, em qualquer esfera dos poderes da República, ressoar inafastável a conclusão inaceitável de que o *errores in judicando* e *in procedendo* dos magistrados implicam sempre e sempre improbidade, o que sobressai irrazoável.

Não dissonantes de tal posicionamento, são os julgados do Tribunal de Justiça deste Estado, a exemplo:

> APELAÇÃO CÍVEL. AÇÃO CIVIL PÚBLICA. IMPROBIDADE ADMINISTRATIVA. ARTIGO 11, INCISO I, DA LEI Nº 8.429/92. MUNICÍPIO DE SANTO ANTÔNIO DO PALMA. VICE-PREFEITO EXERCENDO ADVOCACIA. INCOMPATIBILIDADE TOTAL. ARTIGO 27, *CAPUT* E ARTIGO 28, INCISO I, AMBOS DA LEI Nº 8.906/94. DOLO. AUSÊNCIA. IMPROCEDÊNCIA DA AÇÃO. (...) 2. O contexto dos autos, sobretudo o conjunto probatório que o instrui, não aponta para a presença do dolo. Este, conforme vem decidindo o Superior Tribunal de Justiça, deve estar presente para que se evidencie a improbidade administrativa. A improbidade administrativa não decorre de mera ilegalidade, sendo certo que a Lei nº 8.429/92 dá ênfase ao elemento subjetivo do agente, que deve ser demonstrado. **3. Apesar de ter sido perpetrada ilegalidade, tal não configurou ato de improbidade administrativa, passível de enquadramento no artigo 11, inciso I, da Lei nº 8.429/92. Não se pode confundir ilegalidade com improbidade. Esta é caracterizada pelo intuito malsão do agente, atuando sob impulsos eivados de desonestidade, malícia, dolo ou culpa grave** (Recurso Especial nº 1.193.248/MG). 4. Ação julgada improcedente na origem. APELAÇÃO DESPROVIDA. (Apelação Cível nº 70069063840, Quarta Câmara Cível, Tribunal de Justiça do RS, Relator: Eduardo Uhlein, Julgado em 27/07/2016) (grifei).

> APELAÇÃO CÍVEL. DIREITO PÚBLICO NÃO ESPECIFICADO. AÇÃO CIVIL PÚBLICA. IMPROBIDADE ADMINISTRATIVA. PREFEITO MUNICIPAL. (...) ATOS DE IMPROBIDADE ADMINISTRATIVA DO ART. 11, CAPUT, DA LEI Nº 8.429/92. O art. 11 da Lei da Improbidade Administrativa tem aplicação residual (cláusula de reserva), isto é, incide somente quando não configurados os tipos legais dos artigos 9º e 10 do mesmo diploma legal. **Deve-se ter presente, todavia, que nem toda violação do Princípio da Legalidade implica a incidência do art. 11 da Lei nº 8.429/92. Conforme adverte Pazzaglini Filho, se tal premissa fosse verdadeira, qualquer ação ou omissão do agente público contrária à lei seria alçada à categoria de improbidade administrativa, independentemente de sua natureza, gravidade ou disposição de espírito que levou o agente público a praticá-la.** Consoante orientação do Eg. Superior Tribunal de Justiça: "Não se pode confundir improbidade com simples ilegalidade. A improbidade é ilegalidade tipificada e qualificada pelo elemento subjetivo da conduta do agente. Por isso mesmo, a jurisprudência do STJ considera indispensável, para a caracterização de improbidade, que a conduta do agente seja dolosa, para a tipificação das condutas descritas nos artigos 9º e 11 da Lei 8.429/92, ou pelo menos eivada de culpa grave, nas do artigo 10". No caso do eventual ou genérico de atentar contra os princípios da Administração Pública. Houve, sim, uma falta de habilidade do administrador ao tentar reaver créditos da Municipalidade. Pode-se concluir, portanto, que houve inabilidade no agir do réu, contudo, não se configurou desvirtuação da

finalidade pública, afastando a incidência do art. 11, caput, da Lei de Improbidade Administrativa. APELAÇÃO DESPROVIDA. (Apelação Cível nº 70064499379, Terceira Câmara Cível, Tribunal de Justiça do RS, Relator: Leonel Pires Ohlweiler, Julgado em 23/06/2016) (suprimi e grifei).

A par de tais condições, deve-se traçar o norte para a aferição da improbidade, quando a conduta versar sobre alegado desrespeito à legalidade.

Aparentemente, a questão pode ser resolvida nas palavras do Ministro Teori Zavascki, que, proferindo voto-vista no Resp. 827.445/SP, pontuou que "(...) *não se pode confundir ilegalidade com improbidade. A improbidade é ilegalidade tipificada e qualificada pelo elemento subjetivo da conduta do agente*".

Todavia, não se pode simplificar tal conclusão, de sorte a reconhecer a improbidade pela mera violação dolosa (elemento subjetivo) do administrador, sob pena de importar, por exemplo, reconhecimento de ato ímprobo do Prefeito de pequeno Município que, por incapacidade financeira, livre e conscientemente, deixa de reajustar os vencimentos do magistério, em violação ao disposto na Lei 11.738/08 (Lei do Piso).

Nesse contexto, na busca da melhor interpretação do julgado antes citado, o elemento subjetivo exigido para a configuração do ato ímprobo deve incidir quanto à *finalidade* da violação da legalidade, e não quanto a sua própria violação.

A conduta a ser reprovada – com a aplicação das sanções previstas para a prática de ato de improbidade – é aquela decorrente da maliciosa violação da lei, com finalidade diversa da esperada do administrador, contrária aos interesses públicos.

2.4. Considerações finais

O artigo 11 da Lei nº 8.429/1992 (Lei de Improbidade Administrativa) estabeleceu, dentre outras hipóteses, a prática de improbidade administrativa pela violação dos princípios da Administração Pública. Todavia, em que pese tal previsão legal, surgem diversas questões práticas quanto à efetiva violação ímproba do rol de princípios explícitos que norteiam as condutas do administrador.

A partir de tal constatação, construiu-se o presente estudo, com ênfase na improbidade por violação ao princípio da legalidade, iniciando-se pela conceituação de improbidade, assim considerada como o desrespeito aos deveres daquele que exerce função pública, dentre outras acepções.

Superado tal proêmio, de forma breve foi traçada a distinção entre as espécies de improbidade previstas na legislação aplicável, com a definição dos elementos subjetivos (dolo e culpa) necessários ao reconhecimento daquelas condutas.

A par de tais constatações, e, traçados nortes sobre os princípios da administração pública, com definição do princípio da legalidade, passou-se ao estudo das situações em que a sua violação corresponde a ato de improbidade, socorrendo-se principalmente da análise jurisprudencial.

De tais elementos, conclui-se que a legalidade, norte da administração pública como base do Estado Democrático, quando violada, somente ensejará ato de improbidade quando qualificado pelo elemento subjetivo do agente, relacionado à finalidade daquela violação.

2.5. Referências

ALEXY, Robert. *Teoria de los derechos fundamentales*. Madri: Centro de Estudios Políticos y Constitucionales, 2002.

BASTOS, Celso Ribeiro. *Comentários à Constituição do Brasil*. Vol. 3º. Tomo III, ats. 37 a 43. São Paulo: Saraiva, 1992.

BERTONCINI, Mateus. *Ato de improbidade administrativa: 15 anos da Lei 8.429/1992*. São Paulo: Editora Revista dos Tribunais, 2007.

BITENCOURT NETO, Eurico. *Improbidade administrativa e violação de princípios*. Belo Horizonte: Del Rey, 2005.

CAETANO, Marcelo. *Manual de Direito Administrativo*. Tomo II. Rio de Janeiro: Forense, 1970.

CAMILO JUNIOR, Ruy Pereira. A improbidade administrativa e os princípios constitucionais. *Revista do Instituto dos Advogados de São Paulo*. São Paulo, v. 14, n. 27, p. 171-185, jan./jun. 2011.

CARVALHO, José dos Santos. *Manual de Direito Administrativo*. 22. ed. Rio de Janeiro; Lumen Juris, 2009.

COPOLA, Gina. *Os princípios e a Lei de Improbidade Administrativa (Lei federal nº 8.429/92, art. 4º, e art. 11, caput)*. Fórum Administrativo: Direito Público, Belo Horizonte, v.8, n.93, p. 56-59, nov. 2008.

CRETELLA JÚNIOR, José. *Os cânones do direito administrativo*. Revista de Informação Legislativa. Brasília, ano 25, nº 97.

DECOMAIN, Pedro Roberto. *Improbidade administrativa*. 2 ed. São Paulo: Dialética, 2014.

DI PIETRO, Maria Sylvia Zanella. *Direito administrativo*. 27 ed. São Paulo: Atlas, 2014.

FAZZIO JÚNIOR, Waldo. Atos de Improbidade Administrativa: doutrina, legislação e jurisprudência. São Paulo: Atlas, 2007.

FIGUEIREDO, Marcelo. *O controle da moralidade na Constituição*. São Paulo: Malheiros, 1999.

GASPARINI, Diógenes. *Direito Administrativo*. Editora Saraiva. 13. ed. São Paulo: Saraiva, 2008.

GUERRA FILHO, Willis Santiago. *Processo constitucional e direitos fundamentais*. São Paulo: Celso Bastos, 1999.
GRECO, Marco Aurélio. *Contribuições: uma figura sui generis*. São Paulo: Dialética, 2000.
LENZA, Pedro. *Direito Constitucional Esquematizado*. 9 ed. São Paulo: Método, 2006.
MEIRELLES, Hely Lopes. *Direito administrativo brasileiro*. 41. ed. São Paulo: Malheiros, 2015.
——. *Mandado de Segurança*. 26 ed. São Paulo: Malheiros, 2003.
MORAES. Alexandre. *Direito constitucional*. 17. ed. São Paulo: Atlas, 2005.
——. *Direito constitucional administrativo*. São Paulo: Atlas, 2002.
PRADO, Francisco Octavio de Almeida. Improbidade administrativa. São Paulo: Malheiros, 2001.
RIZZARDO, Arnaldo. *Ação civil pública e ação de improbidade administrativa*. 3. ed. rev., atual. e ampl. Rio de Janeiro: Forense, 2014.
SILVA. José Afonso da. *Curso de Direito Constitucional Positivo*. 23. ed. São Paulo: Malheiros, 2004.

Parte II

PROBIDADE PÚBLICA, SUSTENTABILIDADE SOCIAL E DEMOCRACIA

— 1 —
Improbidade administrativa e direito eleitoral

ELAINE HARZHEIM MACEDO[1]

Sumário: 1.1. Introdução: direito eleitoral e inelegibilidades; 1.2. A improbidade administrativa como impedimento ao exercício de direitos fundamentais políticos passivos: ser e manter-se candidato; 1.2.1 Improbidade administrativa no julgamento de contas do administrador público; 1.2.2. Decisão em ação de improbidade administrativa: ato doloso com lesão ao patrimônio público e enriquecimento ilícito; 1.3. Ações eleitorais com potencial para interferir no resultado das eleições: moralidade x verdade eleitoral; 1.3.1. Registro de candidaturas; 1.3.2. Ação de impugnação ao registro de candidatura (AIRC); 1.3.3. Ação de recurso contra expedição de diploma (RCED); 1.3.4. Outras ações com vistas à probidade administrativa; 1.4. À guisa de considerações finais; 1.5. Referências Bibliográficas.

1.1. Introdução: direito eleitoral e inelegibilidades

A legislação eleitoral, nas últimas década evoluiu significativamente ao efeito de construir um modelo normativo que regule não somente as eleições enquanto fenômeno de exercício dos direitos fundamentais políticos ativos – capacidade de eleger seus governantes – e passivos – capacidade de ser eleito a cargo político eletivo, mas todo o processo que se inicia com o alistamento eleitoral e o registro dos partidos políticos; prossegue acompanhando o período pré-eleitoral com a campanha interpartidária e a realização de convenções; enfrenta o processo de registro de candidaturas e a subsequente campanha eleitoral; executa a realização das eleições em datas predeterminadas pela própria Constituição; cuida da organização da apuração e, posteriormente, da diplomação; e, o que mais revela para o espaço deste trabalho, abarca a resolução dos conflitos eleitorais, consagrando o poder jurisdicional de decidir tanto demandas de repercussão menor,

---

[1] Doutora em Direito (UNISINOS); Mestre em Direito e Especialista em Direito Processual Civil (PUC/RS). Desembargadora do TJ/RS aposentada e ex-Presidente do Tribunal Regional Eleitoral do RS. Professora dos Cursos de Graduação, Mestrado e Doutorado em Direito da PUC/RS. Professora da Escola Superior da Magistratura/AJURIS. Membro do Instituto dos Advogados do Rio Grande do Sul (IARGS), do Instituto Brasileiro de Direito Processual e da Academia Brasileira de Direito Processual Constitucional (ABDPC). Presidente do Instituto Gaúcho de Direito Eleitoral (IGADE). Advogada. E-mail: elaine@fhm.adv.br.

como eventuais excessos no período da campanha eleitoral, como aquelas que influenciam diretamente no resultado do pleito, mantendo ou excluindo candidaturas, diplomação e até o próprio mandato.

Concentrando, por tradição constitucional e prática de política eleitoral, na Justiça Eleitoral, os poderes de administração do processo eleitoral, o poder consultivo de orientar em abstrato temas relevantes e que podem influenciar no processo eleitoral, o poder normativo através de instruções e resoluções não só implementando as leis eleitorais, mas avançando, por vezes, em casos de lacuna na lei ou de difícil tomada de posição pelo Poder Legislativo (opção pelo silêncio ou mora legislativa), e, por derradeiro, o poder jurisdicional para compor os conflitos eleitorais, desenhou-se no Brasil um modelo de Justiça Eleitoral único.

Trata-se a constituição da Justiça Eleitoral como órgão eleitoral afeto ao Poder Judiciário, como defendido por Michelle Pimentel Duarte,[2] de uma escolha constitucional que se mantém desde 1932, "sem alterações relevantes que desnaturem o tipo: um órgão do Poder Judiciário, especializado, gere o processo eleitoral e o processo judicial eleitoral, com magistrados oriundos de diversas carreiras, os quais atuam por tempo certo", sujeita, por certo, a encômios e críticas.

O Direito Eleitoral, como um conjunto de normas, princípios, competências e procedimentos que regulam o processo eleitoral, não pode afastar-se do vetor maior que é a soberania popular, cláusula pétrea da Constituição. Eleições e soberania popular é um diálogo e uma conexão permanente, mas que não prescinde da eventual – e por isso mesmo sempre restritiva – intervenção judicial, que se admite exatamente para assegurar direitos que, no âmbito do processo eleitoral, se revestem da natureza de direitos fundamentais. Embora o tema não encontre consenso na doutrina, como destaca André Ramos Tavares,[3] ilustrando com as posições que se dividem entre o procedimentalismo – severos críticos dessa liberação à intervenção judicial, por carecer de produção democrática – e o substancialismo – cujo pêndulo se inclina pela concretização dos princípios jurídicos, traduzidos por enunciados constitucionais que, mais de serem proclamados, precisam ser realizados, tarefa essa que encontra no Poder Judiciário o seu espaço,

---

[2] DUARTE, Michelle Pimentel. Processo judicial eleitoral – jurisdição e fundamentos para uma teoria geral do processo judicial eleitoral, Curitiba: Juruá, 2016, p. 29. No mesmo sentido, MACEDO, Elaine Harzheim e SOARES, Rafael Morgental. A criação do direito pela Justiça Eleitoral: um estudo sobre o seu poder normativo. In: *Jurisdição eleitoral e direitos políticos fundamentais*. Elaine Harzheim Macedo e Juliana Rodrigues Freitas (orgs.). Rio de Janeiro: Forense; São Paulo: Método; Belém: CESUPA, 2015, p. 45-78.

[3] TAVARES, André Ramos. Princípios constitucionais do processo eleitoral. In: *O direito eleitoral e o novo Código de Processo Civil*. André Ramos Tavares, Walber de Moura Agra, Luiz Fernando Pereira (coords.). Belo Horizonte: Fórum, 2016, p. 24-25.

o fato é que cada vez mais, eleição a eleição, se percebe a judicialização do processo eleitoral. Não basta conquistar o eleitor e obter sucesso nas urnas, é preciso vencer batalhas judiciais que por vez ocupam o maior protagonismo.

Não se trata aqui de discutir se isso é bom ou ruim, mas de analisar juridicamente as causas e consequências desse embate, e, mais precisamente, pelos limites impostos à pesquisa, quando o mesmo se dá à luz da (im)probidade administrativa.

Entre os princípios que inspiram o Direito Eleitoral, ao que importa ao foco deste trabalho, é de se destacar o princípio da moralidade eleitoral.

Em artigo sobre o tema, Amandino Teixeira Nunes Júnior[4] destaca entre os princípios constitucionais eleitorais o da autonomia dos partidos, o da igualdade ou isonomia da disputa eleitoral, o da anualidade da lei eleitoral, e o princípio da moralidade eleitoral. Discorrendo sobre esse último, lembra que o mesmo está inscrito no art. 14, § 9º, da Constituição, ao delegar à lei complementar casos de inelegibilidade e os prazos de sua cessação, a fim de proteger a probidade administrativa, a moralidade para o exercício do mandato, merecendo consideração a vida pregressa do candidato, estendendo, ainda, tal proteção à normalidade e legitimidade das eleições contra a influência do poder econômico ou o abuso do exercício de função, cargo ou emprego na administração direta ou indireta. Prossegue o articulista expressando, com ênfase na ética das relações públicas e eleitorais, nos seguintes termos:

> Significa dizer que o mandato obtido por meio de práticas ilícitas, antiéticas, imorais, não goza de legitimidade. Mais que isso, implica que o mandato político deve ser sempre conquistado e exercido dentro dos padrões éticos aceitos pela civilização. A sociedade brasileira clama, a cada dia, a defesa da ética na política, razão pela qual revela-se fundamental a proteção do princípio da moralidade eleitoral, consubstanciada em lei complementar que tenha por escopo a possibilidade de decretação da inelegibilidade daqueles que não guardam as condições necessárias, a partir da análise das suas vidas pregressas, para o exercício de cargos ou funções públicas, conforme prevê o referido art. 14, § 9º, do texto constitucional.

A Constituição de 1988 não inovou na preocupação com a probidade administrativa e a moralidade para o exercício do mandato, pois embora a Constituição de 1946 cuidasse da matéria de inelegibilidade, em seus arts. 138 a 140, sem qualquer previsão para hipóteses que implicassem ilícitos administrativos ou eleitorais, o fato é que

---

[4] NUNES JÚNIOR, Amandino Teixeira. Princípios constitucionais eleitorais, *in* Revista Jurídica Consulex, Ano XVI, nº 37,15 de julho/2012, <http://www.tre-rs.gov.br/arquivos/ARMANDO_JUNIOR_principios_constitucionais_eleitorais.PDF>, acesso em 08.10.16.

pela Emenda Constitucional nº 14/65, por seu art. 2º, houve delegação para que o tema fosse regulamentado por lei infraconstitucional, que resultou na Lei n. 4.738/65, e que passou a ser conhecida como Lei das Inelegibilidades, a primeira a tratar especificamente da matéria, criando casos de inelegibilidade-sanção, hipóteses essas que acabaram se perpetuando no tempo.

Ainda que a moralidade eleitoral seja um vetor inalienável da democracia, não se pode deixar de criticar, como Marcelo Ramos Peregrino Ferreira,[5] na passagem que segue, que o legislador contemporâneo manteve algumas cláusulas em aberto, perigosas se defrontadas com o direito fundamental político e a capacidade passiva eleitoral:

> O modelo inaugurado no regime militar de definição das inelegibilidades por lei foi seguido na atual Carta. Muitas das definições e hipóteses de inelegibilidade inauguradas, ali, no regime militar, permanecem na redação da novel Lei n. 64/90. Hoje, em pleno regime democrático, vive-se em torno de padrões de comportamento e contornos de inelegibilidade criados, exatamente, para suprimir e abafar o pluralismo político, permitindo o afastamento de candidatos sob os mais variados argumentos entoados no mesmo cântico desafinado da "moralidade" e da sua "vida pregressa", conforme Artigo 151 da Constituição de 1967.

Essa situação de indefinição constitucional e infraconstitucional aumenta consideravelmente a responsabilidade – e, de outro lado, a intervenção no universo político-eleitoral – dos tribunais eleitorais, ampliando o seu espaço de poder, quando chamados a enfrentar tais conflitos, em especial considerando a Lei Complementar n. 135/10, que não só previu novos casos de inelegibilidades como também criou a figura, no dizer do autor catarinense, do candidato "ficha-limpa", por vezes explorada e bem assim o seu antônimo, "ficha-suja", indevidamente, com objetivos não tão meritórios no jogo eleitoral.

No restrito espaço deste trabalho, pretendem-se enfocar tanto as ações eleitorais que gozam desta potencialidade de eliminar ou manter o candidato no pleito ou de desconstituir a sua diplomação ou, por via de consequência, o próprio mandato, quanto o fundamento específico, voltado para a caracterização de improbidade administrativa.

Ponto de partida, portanto, é a disposição da Lei Complementar n. 64/90, quando, em seu art. 1º, alíneas *g* e *l*, com redação dada pela Lei Complementar n. 135/10, dispõe sobre duas hipóteses de inelegibilidade, a primeira no âmbito de julgamento de contas do administrador público, pelo Tribunal de Contas, e a segunda no julgamento de ações de improbidade administrativa, proferido por órgãos ou tribunais do Poder Judiciário.

---

[5] FERREIRA, Marcelo Ramos Peregrino. *O controle de convencionalidade da Lei da Ficha Limpa*: direitos políticos e inelegibilidades, 2ª ed. Rio de Janeiro: Lumen Juris, 2015, p. 238.

Cediço que o tema, por si só, não esgota o debate, pois outras hipóteses poderiam também ser enfrentadas, ainda que de forma indireta, à luz dos vetores mencionados: a moralidade administrativa e a verdade eleitoral, mas a opção se impõe pelos indispensáveis cortes cognitivos da proposta, que é bem definida.

1.2. A improbidade administrativa como impedimento ao exercício de direitos fundamentais políticos passivos: ser e manter-se candidato

A improbidade administrativa, valor constitucional assegurado pelos princípios que inspiram a administração pública conforme art. 37 da Constituição republicana, também se faz presente no processo eleitoral, sendo inúmeras as ações que visam a tutelar esse bem maior, caminhando a moralidade eleitoral e a improbidade administrativa lado a lado, embora a primeira seja mais ampla do que a segunda.

Contudo, o Tribunal Superior Eleitoral, através da Súmula 13, firmou entendimento de que não é autoaplicável o § 9º, art. 14, da Constituição, com a redação que lhe foi dada pela EC 04/94. Isso significa dizer que apenas no devido processo legal, asseguradas as garantias constitucionais do processo e da jurisdição, a exemplo do contraditório e da ampla defesa, pode-se reconhecer a ofensa à probidade administrativa, à moralidade para o exercício do mandato, considerada a vida pregressa do candidato, refletindo-se tal decisão na candidatura. De registrar, todavia, que o Ministério Público tem legitimidade para deflagrar as ações impugnativas aos pedidos de registros de candidaturas ou ainda à própria diplomação com esses fundamentos. Outros interessados, como os partidos políticos, as coligações e os candidatos também se legitimam a buscar em juízo a efetividade deste princípio, até porque se está falando de um valor maior, que é a democracia brasileira.

Mais objetivamente, a Lei Complementar n. 64/90, com a redação que lhe foi dada pela Lei Complementar n. 135/10, contemplou duas hipóteses bem definidas onde passa a haver um ponto de conexão entre a defesa da probidade administrativa e o princípio da moralidade eleitoral, que são mais precisamente as hipóteses do art. 1º, inciso I, alíneas *g* e *l*, criando causas de inelegibilidades, conforme alhures colocado.

1.2.1. Improbidade administrativa no julgamento de contas do administrador público

A Lei Complementar n. 64/90, em seu art. 1º, inciso I, alínea *g*, dispõe expressamente prevendo a inelegibilidade para qualquer cargo eletivo em relação àquele administrador público que tiver suas contas rejeitadas, nos seguintes termos:

> Os que tiverem suas contas relativas ao exercício de cargos ou funções públicas rejeitadas por irregularidade insanável que configure ato doloso de improbidade administrativa, e por decisão irrecorrível do órgão competente, salvo se esta houver sido suspensa ou anulada pelo Poder Judiciário, para as eleições que se realizarem nos 8 (oito) anos seguintes, contados a partir da data da decisão, aplicando-se o disposto no inciso II do art. 71 da Constituição Federal, a todos os ordenadores de despesa, sem exclusão de mandatários que houverem agido nessa condição.

Impõem-se algumas considerações. O art. 71 da Constituição prevê o exercício do controle externo dos poderes constituídos pelo Congresso Nacional (ou, considerando a formação federativa, Assembleia Legislativa ou a Câmara dos Vereadores), será exercido com o auxílio do Tribunal de Contas da União (ou, mais uma vez considerando a formação federativa, Tribunal de Contas do Estado e, onde houver, do Município), e, em seu inciso II, prevê expressamente as contas a serem prestadas por todos os administradores, configurando o que se identifica como contas de gestão, em contrapartida com as contas de governo, previstas no inciso I, do predito dispositivo constitucional.

Estão-se, na alínea *g*, ora em estudo, focando, portanto, as contas de gestão, que devem ser avaliadas e julgadas pelo respectivo Tribunal de Contas.[6]

Trata-se, de qualquer sorte, de julgamento administrativo, por isso o próprio estatuto de regência prevê a hipótese de suspensão ou anulação pelo Poder Judiciário, até porque vigora constitucionalmente o mais amplo acesso à justiça, conforme art. 5º, inciso XXXV, da Carta Maior.

Não basta, outrossim, a reprovação das contas. É preciso a implementação de três requisitos, que são cumulativos: a) insanabilidade do vício, ou seja, não é possível o administrador público corrigir o erro, porquanto ele já se esgotou no tempo, produzindo seus resultados nefastos; b) o mal feito nas contas deve configurar ato doloso de improbidade administrativa, ou seja, a mera culpa no agir do administrador não provocará a inelegibilidade; c) a decisão do Tribunal de Contas deve ter esgotado todas as vias recursais internas.

De qualquer forma, tem-se constado uma certa tolerância na jurisprudência do TSE, ao efeito de reconhecer ou não a inelegibilidade proclamada pela lei de regência, exigindo do acórdão administrati-

---

[6] Há uma discussão no STF, em sede de recurso extraordinário, sobre a competência para julgamento (e não apenas emissão de parecer) dessas contas, mas o tema foge aos limites deste trabalho: <http://www.stf.jus.br/portal/cms/verNoticiaDetalhe.asp?idConteudo=322262>, acesso em 10.10.16.

vo não apenas a conclusão pela desaprovação das contas, mas também enfrentamento exauriente dos requisitos de ordem material, isto é, manifestação expressa e fundamentada sobre a insanabilidade do vício e o enquadramento do ato do administrador como doloso de improbidade administrativa.

Exemplo dessa tendência, o julgamento que ora se colaciona, proferido em sede de embargos de declaração que foram providos inclusive com efeito infringente, a saber:

> ELEIÇÕES 2014. REGISTRO DE CANDIDATURA. EMBARGOS DE DECLARAÇÃO EM RECURSO ORDINÁRIO. ADOÇÃO DE PREMISSA FÁTICA EQUIVOCADA. EFEITOS INFRINGENTES. POSSIBILIDADE. INELEGIBILIDADE. ART. I, INCISO 1 ALÍNEA G, DA LEI COMPLEMENTAR N° 64/90. DANO OBJETIVO. PREJUÍZOS CONCRETOS. CORTE DE CONTAS. NÃO APLICAÇÃO DE SANÇÃO PECUNIÁRJA. NÃO DETERMINAÇÃO DE RECOMPOSIÇÃO DO ERÁRIO. NÃO CONFIGURAÇÃO DE INELEGIBILIDADE. RECURSO ORDINÁRIO. PROVIMENTO. DEFERIMENTO DO REGISTRO.
>
> 1. São cabíveis embargos de declaração, com efeitos modificativos, para a correção de premissa fática equivocada adotada no acórdão embargado, mormente em meio a julgamento de recurso de índole ordinária, que permite o amplo reexame das provas. Precedentes.
> 2. A inelegibilidade prevista na alínea g do inciso 1 do art. 1º da Lei Complementar n° 64/90 só se caracteriza com a existência da rejeição das contas do administrador público por irregularidade insanável, configuradora de ato doloso de improbidade administrativa, que implique dano objetivo, isto é, prejuízos concretamente verificados.
> 3. No caso, a decisão do Tribunal de Contas limitou-se a determinar o arquivamento dos autos, sem aplicar sanção pecuniária ou determinar a recomposição do Erário. Em momento algum se apontou comprometimento ou aplicação fraudulenta de verba pública, mas apenas questões formais, as quais, embora possam levar à desaprovação das contas no âmbito do TCE, cujo mérito da decisão não se está a discutir, por se tratar de competência daquele órgão, não preenchem os requisitos da inelegibilidade do ad. 11, 1, g, da LC n° 64/90.
> 4. Embargos de declaração acolhidos, com efeitos modificativos, para o fim de prover o recurso ordinário e deferir o registro do candidato.[7]

Explica-se a orientação jurisprudencial porque a inelegibilidade, nos limites impostos pela letra *g* ora em estudo, pode-se tornar um limitador do direito político fundamental de concorrer a cargos públicos eletivos. E o que é mais preocupante, por decisão de órgão administrativo e não jurisdicional. Já Walber de Moura Agra denunciava o risco da cultura moralista, na seguinte passagem:

---

[7] EMBARGOS DE DECLARAÇÃO NO RECURSO ORDINÁRIO Nº 703-11. 2014.6.26.0000 – CLASSE 37 – SÃO PAULO/SP. Relatora originária: Ministra Maria Thereza de Assis Moura. Redator para o acórdão: Ministro Tarcísio Vieira de Carvalho Neto. Brasília, j. 10 de outubro de 2015.

A exacerbação do moralismo provoca um arrefecimento da densidade normativa e torna o ordenamento jurídico imprevisível, podendo propiciar que vetores morais de determinados grupos sociais sobreponham-se aso ditames agasalhados pela Carta Magna, inclusive maculando a estabilidade das relações jurídicas. Dessa forma, preceitos morais mesmo que introduzidos normativamente no sistema jurídico, por intermédio de mandamentos infraconstitucionais, chocando-se frontalmente com garantias constitucionais, devem ser considerados inconstitucionais e expulsos da vida normativa.[8]

Em apertada síntese, ainda que não haja reexame da decisão administrativa reprovando as contas pela justiça especializada, o enquadramento na hipótese de inelegibilidade da letra *g*, passa, necessariamente, pela valoração da Justiça Eleitoral, a quem compete, ao fim e ao cabo, dizer se o candidato está ou não habilitado a concorrer.

1.2.2. Decisão em ação de improbidade administrativa: ato doloso com lesão ao patrimônio público e enriquecimento ilícito

A outra hipótese de inelegibilidade com expressa referência à improbidade administrativa está contemplada na alínea *l* do inciso I do art. 1º da Lei Complementar n. 64/90, nos seguintes termos:

> Os que forem condenados à suspensão dos direitos políticos, em decisão transitada em julgado ou proferida por órgão judicial colegiado, por ato doloso de improbidade administrativa que importe lesão ao patrimônio público e enriquecimento ilícito, desde a condenação ou o trânsito em julgado até o transcurso do prazo de 8 (oito) anos após o cumprimento da pena.

Também aqui se verifica a indispensabilidade, para fins de aplicação da inelegibilidade, de requisitos cumulativos: a) a decisão judicial estar transitada em julgado ou ter sido proferida por órgão judicial colegiado; b) sobrevier suspensão dos direitos políticos; c) tipificado ato doloso de improbidade administrativa com lesão ao patrimônio público; d) comprovação do enriquecimento ilícito do administrador faltoso.

Considerando tratar-se de inelegibilidade-sanção, é preciso que todos esses requisitos estejam implementados na decisão judicial, que os reconheça por inteiro. A ausência de um deles autoriza a plena eficácia da decisão judicial e, nos limites temporais de sustação de direitos políticos implicará, entre outros efeitos, o impedimento de candidatura, porém, a inelegibilidade de 8 (oito) anos após o cumprimento da pena (leia-se, após decorrida a suspensão dos direitos políticos) decorre do expresso reconhecimento pela justiça especializada

---

[8] AGRA, Walber Moura. *Temas polêmicos de direito eleitoral*. Belo Horizonte: Forum, 2012, p.14/15.

relativamente à implementação de todos os requisitos constantes na lei de regência.

Nesse fio, o acórdão que segue:

ELEIÇÕES 2014. RECURSO ORDINÁRIO. IMPUGNAÇÃO AO REGISTRO DE CANDIDATURA. INELEGIBILIDADE. ART. 1º, I, ALÍNEA L, DA LEI COMPLEMENTAR Nº 64/90.

1. Nos termos da jurisprudência desta Corte Superior, reafirmada para as Eleições de 2014, a caracterização da hipótese de inelegibilidade prevista na alínea l do inciso I do art. 1º da Lei Complementar nº 64/90 demanda a existência de condenação à suspensão dos direitos políticos transitada em julgado ou proferida por órgão colegiado, em decorrência de ato doloso de improbidade administrativa que tenha importado cumulativamente enriquecimento ilícito e lesão ao erário.

2. A análise da causa de inelegibilidade deve se ater aos fundamentos adotados nas decisões da Justiça Comum, visto que "a Justiça Eleitoral não possui competência para reformar ou suspender acórdão proferido por Turma Cível de Tribunal de Justiça Estadual ou Distrital que julga apelação em ação de improbidade administrativa" (RO nº 154-29, rel. Min. Henrique Neves, PSESS em 27.8.2014).

3. Hipótese em que o Tribunal de Justiça foi categórico ao assentar a inexistência de dano ao erário e ao confirmar a condenação apenas com base na violação a princípios da administração pública (art. 11 da Lei nº 8.429/92), o que não enseja o reconhecimento da inelegibilidade prevista no art. 1º, I, l, da Lei Complementar nº 64/90. Precedentes: RO nº 1809-08, rel. Min. Henrique Neves da Silva, PSESS em 1º.10.2014; AgR-RO nº 2921-12, rel. Min. Gilmar Mendes, PSESS em 27.11.2014.

Recurso ordinário provido, para deferir o registro de candidatura.[9]

Percebe-se o mesmo cuidado na averiguação dos requisitos impostos pela Lei Complementar que na hipótese anterior. Ainda que neste caso o julgamento seja jurisdicional, não será reconhecida a inelegibilidade se a decisão ensejadora do controle não os exaurir por inteiro.

1.3. Ações eleitorais com potencial para interferir no resultado das eleições: moralidade x verdade eleitoral

A democracia compromete-se com a verdade eleitoral. O resultado das urnas deve ser respeitado como valor maior de todo o processo eleitoral. Ao tutelar o voto como secreto, direto e universal, a Constituição, em seu art. 14, expressamente ressalva "com valor igual para todos", ou seja, está-se respeitando a verdade eleitoral e o próprio eleitor, com acatamento de suas opções.

Mas o sistema eleitoral adquiriu complexidades que, lado a lado de outros vetores, também merecendo igual tutela constitucional,

---

[9] Recurso Ordinário nº 87513, Acórdão de 11/06/2015, Relator Min. Henrique Neves da Silva. Publicação: DJE – Diário de justiça eletrônico, Volume –, Tomo 188, Data 02/10/2015, p. 16.

legal ou judicial, levam à judicialização do processo eleitoral, onde aparecem com força de alterar o resultado das urnas, as ações qualificadas como "típicas" eleitorais ou ainda como ações cíveis-eleitorais ao escopo de preservar a liberdade do voto e a legitimidade e normalidade do pleito, como destaca Rodrigo López Zílio[10] nesta passagem:

> Os ilícitos eleitorais representam o maior entrave ao desenvolvimento hígido do processo eleitoral, na medida em que sua incidência causa interferência indevida na manifestação de vontade do corpo eleitoral.

E prossegue:

> São considerados como ilícitos eleitorais os atos de abuso, corrupção, fraude, falsidade ou coação revelando-se possível o combate a tais atos através de um diversificado espectro de ações eleitorais, que possuem requisitos e consequências jurídicas próprias.

Aprofundando o tema, reconhece o autor, no caso, dois grupos de ações eleitorais que se desenvolveriam na esfera cível-eleitoral (excluindo os ilícitos penais e suas respectivas ações penais, que também podem produzir o resultado de excluir o candidato da disputa): as que se voltam a combater aos ilícitos eleitorais e as de arguição de inelegibilidade, com foco na ausência de condição de elegibilidade ou registrabilidade ou por incidir uma causa de inelegibilidade, seja com fundamento na Constituição ou na lei complementar. Para o autor gaúcho, tratam-se essas últimas de "um *déficit* na capacidade eleitoral passiva", existente no passado e que se reflete na sua candidatura.[11]

Portanto, ao lado das ações que se voltam contra os ilícitos eleitorais compareçem, com a mesma dignidade jurídica, aquelas que tratam de situações pretéritas, mas que se refletem ou podem refletir igualmente no resultado do pleito. O candidato não responde apenas por seu comportamento no curso do processo eleitoral, mas responde também por seu passado, situação que não se esgota, mas que encontra expressa previsão, na sua postura como e quando administrador público. Se, de um lado, aquele que exerceu funções, cargos ou empregos na administração direta ou indireta carrega seu patrimônio curricular pelos bons feitos e por sua experiência, também maculará sua candidatura caso tenha sido enquadrado nas hipóteses legais de improbidade administrativa antes apontadas.

De sorte que para coibir, evitar ou sanar as consequências da indevida intervenção do candidato ou daqueles que detêm o poder político, econômico, ou de informação sobre o eleitor, inclusive no to-

---

[10] ZILIO, Rodrigo López. *Direito eleitoral*: noções preliminares, elegibilidade e inelegibilidade, processo eleitoral (da convenção à diplomação), ações eleitorais, 4ª ed. Porto Alegre: Verbo Jurídico, 2014, p. 465.

[11] Idem, p. 466.

cante à vida pregressa, o ordenamento jurídico opta por transferir a perquirição e o enquadramento de tais condutas ao Poder Judiciário, mais propriamente aos órgãos judiciais do Justiça Eleitoral, seja o Juiz Eleitoral do primeiro grau, sejam os Tribunais Regionais Eleitorais ou o Tribunal Superior Eleitoral, sempre com a presença do Ministério Público em todas as instâncias judiciais, que atua como protagonista de tais ações, na condição de autor, ou como fiscal da ordem jurídica. Da intervenção ilícita para a intervenção judicializada. Contudo, entre o veneno e o remédio, tudo se mede pela dose. A exagerada intervenção judicial, como adiante se verá, também não é salutar para a manutenção do sistema eleitoral hígido e para a democracia.

Embora significativo o rol de ações eleitorais, para o objeto deste trabalho interessa aquelas que podem se refletir no registro, na candidatura, na diplomação e, por via de consequência, no próprio mandato, que passam a ser, ainda que brevemente, a seguir analisadas, sempre com foco na questão da eventual improbidade administrativa.

1.3.1. Registro de candidaturas

O registro de candidaturas é judicializado. Só será candidato aquele que a Justiça Eleitoral assim o decretar. Para tanto, a lei eleitoral trata minuciosamente desta fase do processo eleitoral, conforme arts. 94, c/c art. 87, do Código Eleitoral, e arts. 10, *caput*, e seus parágrafos, e 11 da Lei n. 9.504/97, revestindo-se de natureza postulatória perante o órgão judicial competente, conforme se tratar de eleições municipais, gerais ou presidenciais. Tal postulação submete-se à rígida regulamentação, inclusive com a juntada de inúmeros documentos ao efeito de demonstrar o preenchimento de todos os requisitos para a candidatura, que tanto atingem o próprio partido político ou coligação, como a nominata individual dos candidatos.[12]

Entre os documentos exigidos, mais precisamente quanto à vida pregressa, estão as certidões, assim definidas no art. 94 do CE, em seu inciso V: "com fôlha-corrida fornecida pelos cartórios competentes, para que se verifique se o candidato está no gozo dos direitos políticos", enquanto a Lei 9.504/97, em seu art. 11, agrega, nos seus incisos VI e VII, as certidões de quitação eleitoral e as criminais fornecidas

---

[12] A doutrina eleitoralista, majoritariamente, defende tratar-se o registro de candidatura de procedimento de natureza administrativa, posição com a qual não concordamos. Para aprofundamento do tema, remete-se o leitor para MACEDO, Elaine Harzheim; SOARES, Rafael Morgental: O procedimento do registro de candidaturas no paradigma do processo eleitoral democrático: atividade administrativa ou jurisdicional? In: *Direitos Fundamentais IV*. SANTIAGO, Mariana Ribeiro; MARCO, Christian Magnus de; TEIXEIRA, João Paulo Fernandes (orgs.). Florianópolis: CONPEDI, 2014, p. 514-543.

pelos órgãos de distribuição das Justiças Eleitoral, Federal e Estadual. Ainda nesse dispositivo, o § 5º impõe:

> Até a data a que se refere este artigo, os Tribunais e Conselhos de Contas deverão tornar disponíveis à Justiça Eleitoral relação dos que tiveram suas contas relativas ao exercício de cargos ou funções públicas rejeitadas por irregularidade insanável e por decisão irrecorrível do órgão competente, ressalvados os casos em que a questão estiver sendo submetida à apreciação do Poder Judiciário, ou que haja sentença judicial favorável ao interessado.

Esse conjunto de informações tem por objetivo instruir o juiz eleitoral para que possa deferir ou indeferir a candidatura, no caso, por máculas da vida pregressa, entre as quais eventual enquadramento nas condutas tidas como ímprobas em detrimento da administração pública.

Em recente julgamento, o TSE, no reexame de registro de candidatura a deputado estadual, no Estado do Ceará, proferiu a seguinte decisão:

> ELEIÇÕES 2014. REGISTRO. DEPUTADO ESTADUAL. INELEGIBILIDADE. ART. 1º, I, G, DA LC Nº 64/90.
> 1. Nos termos da alínea g do art. 1º, I, da Lei das Inelegibilidades, cabe à Justiça Eleitoral verificar se a falha ou irregularidade constatada pelo órgão de contas caracteriza vício insanável e se tal vício pode ser, em tese, enquadrado como ato doloso de improbidade.
> 2. Nesse exame, não compete à Justiça Eleitoral:
> a) decidir sobre o acerto ou desacerto da decisão que rejeitou as contas; ou b) afirmar a existência, em concreto, de ato doloso de improbidade administrativa, pois, em ambas as situações, ocorreria invasão da competência do órgão de controle de contas ou do juízo natural para o processamento e julgamento da ação de improbidade administrativa, com manifesta violação ao devido processo legal e às garantias da defesa.
> 3. Para que se possa cogitar minimamente da prática de ato doloso de improbidade administrativa, é necessário que, na decisão que rejeitou as contas, existam elementos mínimos que permitam a aferição da insanabilidade das irregularidades apontadas e da prática de ato doloso de improbidade administrativa, não sendo suficiente a simples menção a violação à Lei nº 9.790/99 e à Lei de Responsabilidade Fiscal.
> Recurso ordinário provido.[13]

A partir desta orientação fica claro, a uma, que não cabe à Justiça Eleitoral o reexame ou juízo de valor sobre a conclusão do colegiado de contas nem sobre a afirmação de ato doloso de improbidade administrativa, sob pena de invasão de competência.

A duas, reserva-se a Justiça Eleitoral a verificar se a falha ou a irregularidade reconhecida representa vício insanável e se o ato possa ser qualificado como doloso de improbidade não se prestando a tanto

---

[13] Recurso Ordinário nº 88467, Acórdão de 25/02/2016, Relator(a) Min. HENRIQUE NEVES DA SILVA, Publicação: DJE – Diário de justiça eletrônico, Data 14/04/2016, Página 20-21.

apenas a referência à Lei 9.790/00 ou à Lei de Responsabilidade Fiscal, mas por elementos constantes do próprio acórdão administrativo.

No teor do voto do Relator, observa-se a seguinte fundamentação:

> No caso dos autos, a Corte de Contas mencionou a ocorrência de violação aos arts. 4º, VII, d; 10, § 1º; e 11, §§ 10 e 2º, da Lei nº 9.790/99, relativa às Organizações da Sociedade Civil de Interesse Público e ao Termo de Parceria. Entretanto, o Tribunal de Contas não consignou as circunstâncias em que as falhas teriam ocorrido nem forneceu elementos a partir dos quais se possa identificar a insanabilidade das irregularidades. Além disso, não afirmou a ocorrência de dano ao erário na espécie.
>
> Note-se, a propósito, que não houve a imputação de débito ao responsável pelas contas.
>
> O mesmo se diga quanto à apontada ofensa à Lei de Responsabilidade Fiscal, pois consta do acórdão apenas referência à "inobservância da previsibilidade exigida pela LRF no que tange à transferência de recursos ao CADS" (fl. 33).
>
> Desse modo, não é possível, a partir da análise do acórdão do TCM/CE, a perfeita identificação da prática de irregularidade insanável e de ato doloso de improbidade administrativa por parte do candidato, o que resulta na impossibilidade de serem certificados todos os requisitos para a incidência da inelegibilidade do art. 1º, 1, g, da LC nº 64/90.

Ou seja, embora no exercício da jurisdição eleitoral – que diz com os direitos políticos fundamentais – a decisão do julgamento das contas pelo TCE não seja reexaminada ou reavaliada (como se os órgãos da Justiça Eleitoral fossem instância superior), mas para que ela produza os efeitos previstos na Lei Complementar n. 64/90, é preciso que ambos os requisitos presentes na letra *g* do inciso I do art. 1º, isso é, "irregularidade insanável" e "configuração de ato doloso de improbidade administrativa", tenham sido devidamente concretizados em relação às condutas do gestor tidas como ensejadoras de reprovação das contas.

Cuida-se, em última análise, da exigência da fundamentação minuciosa, a partir dos fatos concretos que, se não foram exauridos pela Corte de Contas, liberam a Jurisdição Eleitoral a firmar sua compreensão e conclusão, afastando, se for o caso, a inelegibilidade.

Na verdade, o alinhamento da orientação encontra fundamento no Código de Processo Civil de 2015, quando, em seu art. 489, § 1º, inciso I, não considera fundamentação decisão judicial que se limite à indicação, à reprodução ou à paráfrase de ato normativo, sem explicar sua relação com a causa ou a questão decidida. E, por força do art. 15 desse estatuto, aplicam-se também ao processo administrativo suas disposições, subsidiária ou supletivamente.

1.3.2. *Ação de impugnação ao registro de candidatura (AIRC)*

Independentemente do agir de ofício pelo juiz responsável pelos registros de candidatura, a lei eleitoral contempla provocação por legitimados impugnando a candidatura. Trata-se de ação incidental ao procedimento de registro de candidatura, de procedimento contencioso, que encontra previsão no art. 3º da Lei Complementar n. 64/90 e no art. 97 do Código Eleitoral, com vistas à impugnação de registro de candidato. Funda-se em imputações pessoais, voltadas ao candidato, deduzindo-se inelegibilidades, ausência de condição de elegibilidade ou, ainda, ausência de registrabilidade.

Entre as inelegibilidades que podem ser deduzidas, por certo estão aquelas que dizem com a improbidade administrativa, ou seja, o eventual enquadramento do candidato nas alíneas *g* e *l* do inciso I do art. 1º da Lei Complementar n. 64/90.

Legitimam-se a tutelar a moralidade da eleição com o pedido de afastamento de candidato inelegível qualquer candidato, partido político ou coligação, Ministério Público. Embora o art. 97, § 3º, do Código Eleitoral autorize o eleitor a propor a AIRC com fundamento em causa de inelegibilidade, o fato é que o TSE se inclinou a limitar a atuação do eleitor a apresentar notícia ao juízo eleitoral, conforme art. 44 da Resolução n. 23.373/11. Nítida a preocupação de evitar excessos de impugnação eventualmente motivadas mais por razões políticas do que jurídicas.

Em sede de AIRC a Justiça Eleitoral vale-se de todo o espectro jurisdicional para, analisando a concretude do caso *sub judice*, concluir pelo enquadramento ou não da conduta impugnada no paradigma legal. Assim, em sede de eleição suplementar, mais precisamente em hipótese de impugnação com fundamento na alínea *g* da previsão legal de contas desaprovadas pelo Tribunal de Contas, decidiu o TSE, em grau recursal, pela não configuração de causa de inelegibilidade mesmo que as contas tenham sido rejeitadas pelo TCE, afastando a tipificação capaz de cassar a candidatura, a saber:

IMPUGNAÇÃO AO REGISTRO DE CANDIDATURA. ELEIÇÕES SUPLEMENTARES. 2015. PREFEITO E VICE-PREFEITO. INELEGIBILIDADE. ART. 1º, I, g, DA LEI COMPLEMENTAR Nº 64/90. CONTAS REJEITADAS PELO TCE. IRREGULARIDADE. AQUISIÇÃO DE DOIS *SOFTWARES* SEM LICITAÇÃO. PREMISSAS FÁTICAS DO ARESTO REGIONAL. AUSÊNCIA DE GRAVIDADE. FALHA DE NATUREZA FORMAL. ATO DE IMPROBIDADE ADMINISTRATIVA DOLOSO. NÃO CONFIGURADO. DECISÃO MANTIDA. DESPROVIMENTO.

1. A Justiça Especializada Eleitoral detém competência constitucional e legal complementar para aferir, in concreto, a configuração de irregularidade de cariz insanável, *ex vi* dos arts. 14, § 9º, da CRFB/88 e 1º, I, g, da LC nº 64/90, outrossim examinar se aludido vício qualifica-se juridicamente como ato doloso de improbidade administrativa.

2. *In casu*, o Tribunal de origem assentou que i) a irregularidade relativa à realização de despesa sem a devida licitação não tem implicação na seara eleitoral, na medida

em que não ficou caracterizado ato doloso de improbidade administrativa, e que ii) a irregularidade não se revelou grave, daí porque não se verifica a hipótese de inelegibilidade insculpida no art. 1°, I, g, da LC n° 64/90.
3. O descumprimento da Lei de Licitações constitui irregularidade insanável que configura ato doloso de improbidade administrativa, com exceção de falhas de caráter formal (AgR-REspe n° 925-55/PR, Rel. Min. Maria Thereza de Assis Moura, PSESS de 20.11.2014 e AgR-RO n° 2094-93/RJ, Rel. Min. João Otávio de Noronha, DJe de 24.10.2014).
4. No caso *sub examine*, não se verifica a hipótese de inelegibilidade insculpida no art. 1°, I, g, da LC n° 64/90, porquanto as premissas do acórdão não revelam elementos capazes de evidenciar a configuração, ainda que em tese, do ato de improbidade administrativa praticado na modalidade dolosa, na medida em que a irregularidade não se revelou grave na espécie, embora tenha contribuído para a rejeição das contas do Recorrido pelo TCE/RN.
Agravo regimental desprovido.[14]

No aresto, além de avaliar a competência da Justiça Eleitoral para aferir no concreto a configuração de irregularidade, chancelou o Tribunal Superior Eleitoral juízo de valor para afastar a inelegibilidade, ainda que presente o pressuposto de reprovação de contas, na medida em que não foi afirmado no acórdão de origem nem o mesmo revela elementos de convicção de que a conduta irregular tenha sido na modalidade dolosa, afastando igualmente a gravidade da conduta rechaçada.

1.3.3. Ação de recurso contra expedição de diploma (RCED)

Embora a equivocada denominação de "recurso", a doutrina é pacífica em entendê-lo como ação, com previsão no art. 262 do CE, com redação atualizada pela Lei n. 12.891/13. Seu cabimento restringe-se aos casos de inelegibilidade superveniente ou de natureza constitucional e de falta de condição de elegibilidade.

Relativamente à inelegibilidade superveniente – considerando que os casos anteriores deveriam ser decididos ou suscitados em sede de pedido de registro ou na ação de impugnação ao registro de candidatura –, tem-se entendido que a sua ocorrência deverá se dar entre o deferimento do registro e a data das eleições. Em tendo-se configurado inelegibilidade após este prazo, não será mais o recurso contra expedição de diploma a via adequada para provocar a retirada do candidato do pleito, na medida em que esta ação é expressamente voltada para a fase da diplomação.

---

[14] Agravo Regimental em Recurso Especial Eleitoral n° 3964, Acórdão de 23/06/2016, Relator Min. LUIZ FUX, Publicação: DJE – Diário de justiça eletrônico, Volume –, Tomo 182, Data 21/09/2016, p.31.

Nesse sentido, o julgamento do TSE ora colacionado:

ELEIÇÕES 2012. RECURSO ESPECIAL. RECURSO CONTRA EXPEDIÇÃO DE DIPLOMA (RCED). REJEIÇÃO DE CONTAS. INELEGIBILIDADE SUPERVENIENTE. OCORRÊNCIA. LIMINAR. SUSPENSÃO DOS EFEITOS. DECISÃO. TCM/CE. REVOGAÇÃO POSTERIOR AO PLEITO. DESPROVIMENTO.
1. O RCED, fundado no inciso I do art. 262 do CE, é cabível em face da inelegibilidade superveniente, a qual surge após o registro de candidatura, mas antes da data do pleito.
2. A inelegibilidade decorrente de revogação de liminar que a suspendia pode ser arguida em RCED como superveniente, desde que tal revogação ocorra entre a data do registro e a da eleição.
3. Na espécie, contudo, a revogação da medida liminar que suspendia a possível inelegibilidade da alínea g do inciso I do art. 1º da LC nº 64/90 ocorreu somente após a data da eleição, tornando inviável o pedido de cassação do diploma.
4. Recurso especial a que se nega provimento.[15]

No caso julgado, o candidato havia tido contra si julgamento de desaprovação de suas contas pelo Tribunal de Contas, mas concorreu com liminar que suspendia os efeitos daquela decisão, liminar essa que veio a ser cassada – configurando, pois, pelo menos em tese, a inelegibilidade – mas posteriormente à eleição, a afastar a incidência do RCED.

Essa compreensão se justifica porque as eleições se sucedem em um espaço temporal definido e curto, não podendo trazer-se indefinidamente o resultado das urnas para o processo judicializado, que, ao contrário da oferta da segurança jurídica tão almejada, provocaria resultado inverso, isto é, insegurança jurídica.

1.3.4. Outras ações com vistas à probidade administrativa

Apenas para registrar, também se destinam a tutelar a probidade administrativa e a moralidade das eleições, vacinando eventual mandato eletivo, as ações de investigação judicial (AIJE), com previsão no art. 22 da Lei Complementar n. 64/90, e a de impugnação ao mandado eletivo (AIME), prevista no art. 14, § 11, mas nenhuma delas se volta para as hipóteses aqui em estudo, isso é, inelegibilidade a qualquer cargo eletivo por força de (*i*) enquadramento da rejeição de contas relativas ao exercício de cargos ou funções públicas por irregularidade insanável que configure ato doloso de improbidade administrativa ou (*ii*) condenação à suspensão dos direitos políticos por ato doloso de improbidade administrativa que importe lesão ao patrimônio

---

[15] Recurso Especial Eleitoral 1371, Canindé/CE, julgamento em 10.11.2015, Relatora Min. Luciana Christina Guimarães Lóssio, publicação no Diário de Justiça Eletrônico em 15.12.2015, página 29.

público e enriquecimento ilícito. No mais das vezes, trata-se de ilícitos ocorridos no período eleitoral e em decorrência da própria campanha eleitoral, o que escapa ao objeto deste estudo.

1.4. À guisa de considerações finais

O tema da improbidade administrativa e o Direito Eleitoral encontram inúmeras conexões que podem ser enfrentadas à luz de impedimentos ao exercício da capacidade eleitoral passiva, configurando, em tais casos, situação de inelegibilidade-sanção, porque, ao fim e ao cabo, o candidato enquadrado nas hipóteses proibitivas terá o seu registro negado ou cassado, conforme a averiguação da causa de inelegibilidade se der em sede de registro ou em sede de impugnação ao registro de candidatura, podendo, ainda, se estender a momento posterior ao registro, nas hipóteses de inelegibilidade superveniente, encontrando nesses casos limite temporal até o dia das eleições, o que deverá ser abordado em sede de recurso contra expedição de diploma.

Outras hipóteses também permitiriam a exploração dessa conexão, em especial no período da campanha eleitoral e de eventuais abusos por parte daquele que está no exercício de cargo, função ou emprego público. Não foi essa, porém, a linha seguida neste trabalho.

As duas hipóteses de inelegibilidade contempladas na Lei Complementar n. 64/90, com a redação que lhe foi dada pela Lei Complementar n. 135/10, dizem com julgamento prévio ou pelo Tribunal de Contas, no plano administrativo de controle das contas de gestão do administrador público, ou por força de decisão jurisdicional, trânsita em julgado ou proferida por órgão colegiado, em sede de ação de improbidade administrativa.

A Justiça Eleitoral, ainda que não funcione como órgão superior ou de reexame dessas decisões e suas respectivas instâncias, é a que detém a legítima competência para decidir se tais pronunciamentos geram ou não a inelegibilidade proclamada pela lei de regência, não se tratando de mera aplicação automática. Impõe-se, e nesse sentido a jurisprudência atual do Tribunal Superior Eleitoral tem seguido esta orientação, que os demais requisitos impostos pela Lei das Inelegibilidades tenham ficado objetiva, clara e precisamente afirmados em toda a sua concretude nos acórdãos de origem.

Há, aqui, um forte equilíbrio entre a atuação moralizadora da administração pública, com fundamento no art. 37 da Constituição, e a garantia dos direitos fundamentais políticos, em especial o de ser candidato, nos termos do art. 14 da Constituição, inclusive, se for o caso, com respeito à vontade da soberania popular proclamada pelo resultado das urnas. Este equilíbrio, ao fim e ao cabo, embora sujeito a equívocos porque não assegura perfeição, sustenta o Estado democrático e a liberdade de o povo escolher seus governantes.

1.5. Referências Bibliográficas

AGRA, Walber Moura. *Temas polêmicos de direito eleitoral*. Belo Horizonte: Forum, 2012.

DUARTE, Michelle Pimentel. *Processo judicial eleitoral* – jurisdição e fundamentos para uma teoria geral do processo judicial eleitoral, Curitiba: Juruá, 2016.

FERREIRA, Marcelo Ramos Peregrino. *O controle de convencionalidade da Lei da Ficha Limpa*: direitos políticos e inelegibilidades, 2ª ed. Rio de Janeiro: Lumen Juris, 2015.

MACEDO, Elaine Harzheim; SOARES, Rafael Morgental. A criação do direito pela Justiça Eleitoral: um estudo sobre o seu poder normativo. In: *Jurisdição eleitoral e direitos políticos fundamentais*. Elaine Harzheim Macedo e Juliana Rodrigues Freitas (orgs.). Rio de Janeiro: Forense; São Paulo: Método; Belém: CESUPA, 2015, p. 45-78.

——; ——. O procedimento do registro de candidaturas no paradigma do processo eleitoral democrático: atividade administrativa ou jurisdicional? In: *Direitos Fundamentais* IV, SANTIAGO, Mariana Ribeiro; MARCO, Christian Magnus de; TEIXEIRA, João Pualo Fernandes (orgs.). Florianópolis: CONPEDI, 2014, p. 514-543.

NUNES JÚNIOR, Amandino Teixeira. Princípios constitucionais eleitorais, *in* Revista Jurídica Consulex, Ano XVI, nº 37,15 de julho/2012, <http://www.tre-rs.gov.br/arquivos/ARMANDO_JUNIOR_principios_constitucionais_eleitorais.PDF>, acesso em 08.10.16.

TAVARES, André Ramos. Princípios constitucionais do processo eleitoral. In: *O direito eleitoral e o novo Código de Processo Civil*. André Ramos Tavares, Walber de Moura Agra, Luiz Fernando Pereira (coords.). Belo Horizonte: Fórum, 2016.

ZILIO, Rodrigo López. *Direito eleitoral*: noções preliminares, elegibilidade e inelegibilidade, processo eleitoral (da convenção à diplomação), ações eleitorais, 4ª ed. Porto Alegre: Verbo Jurídico, 2014.

— 2 —

A norma de sustentabilidade (social) na contratação pública: breves apontamentos em Portugal e Brasil

LUIS CLÓVIS MACHADO DA ROCHA JR.[1]

Sumário: 2.1. Introdução; 2.2. A contratação pública sustentável; 2.3. O princípio da sustentabilidade: proposta de um modelo dogmático; 2.3.1. Sustentabilidade: regra, princípios ou metanorma?; 2.3.2. Conteúdo material do princípio da sustentabilidade: estado ideal de coisas exigido; 2.3.3. Subprincípios da sustentabilidade: fins parciais que conformam o fim total; 2.3.3.1. O subprincípio da sustentabilidade ambiental na contratação pública; 2.3.3.2. O subprincípio da sustentabilidade econômico-financeira nas contratações; 2.3.3.3. O subprincípio da sustentabilidade social; 2.3.3.3.1. Fundamento moral e político do princípio; 2.3.3.3.2. Uma teoria da justiça como base do princípio da sustentabilidade; 2.3.3.3.3. Fundamentos normativos do princípio da sustentabilidade social; 2.4. Considerações finais; 2.5. Referências bibliográficas.

2.1. Introdução

O presente artigo visa a responder à seguinte questão: considerando que a Administração Pública se vincula ao princípio da sustentabilidade, segundo um novo paradigma do Direito Administração, qual seu conteúdo e sua base normativa?

Para este fim, inicialmente, trabalhar-se-á a construção do conceito de contratação pública sustentável, além da fundamentação moral e jurídica da norma da sustentabilidade – isto é, de um princípio mais geral e amplo – bem como dos subprincípios (sustentabilidade social, ambiental e econômica), explicitando seus âmbitos de aplicação e sua eficácia jurídica. Para este fim, adota-se o método de revisão bibliográfica, além de estudo de jurisprudência, portuguesa e brasileira, partindo de uma postura positiva-metodológica, isto é, construindo um modelo dogmático a partir do que o Direito é.

---

[1] Mestre em Direito do Estado (UFRGS). Doutorando em Direito Jurídico Político (Universidade de Lisboa). Juiz de Direito do TJRS. Professor.

2.2. A contratação pública sustentável

A *noção de contrato público*,[2] mais ampla do que contrato administrativo conhecida ainda no Direito Brasileiro[3] – deriva da influência das Diretivas da União Europeia sobre o Direito português e dos demais países e, de fato, tende à unificação das disciplinas dos contratos realizados pela Administração Pública, sejam contratos administrativos em sentido clássico (marcados pelos poderes exorbitantes do direito comum ou por atividades materialmente administrativas), sejam contratos de direito privado.[4] Ela é influência direta da tentativa de publicização de toda atividade administrativa, que tendencialmente busca fugir à normatização legal, valendo-se do Direito Privado, ao mesmo tempo em que reflete a busca por flexibilidade, efetividade e resolutividade das ações administrativas.

De notar, inicialmente, que a legislação portuguesa (Decreto-Lei 18/2008 – CCP) manteve resquícios da tradicional doutrina francesa, remetendo ao conceito de contratos administrativos (veja-se o art. 1º), como espécie do gênero contratos públicos. De igual forma, no Brasil, a doutrina costuma distinguir *"contratos da Administração Pública"*, como gênero, dos quais são espécie os contratos celebrados sob o regime de direito administrativo (contrato administrativo), com uma finalidade pública, e contratos celebrados sob o regime de direito privado.[5] Assim, para DI PIETRO, dentre os contratos celebrados pela Administração, há os de direito privado, regidos pelo Direito Civil, há os contratos administrativos, *tipicamente* administrativos, porque sem paralelo no direito comum e inteiramente regidos pelo direito público (concessão de obra, de serviço público, etc.) e, finalmente, há contratos administrativos com *paralelo* no direito comum, tais como o mandato, o empréstimo ou a empreitada, mas que cujo regime jurídico de direito privado é derrogado por normas de direito público.[6]

---

[2] GONÇALVES, Pedro. *O Contrato Administrativo. Uma instituição do Direito Administrativo do Nosso Tempo.* Coimbra: Almedina, 2003, p. 53. Ensina o autor: "trata-se de um conceito juridicamente neutro, que se tem desenvolvido essencialmente por força do Direito Comunitário da Contratação Pública e que corresponde, na língua francesa, ao conceito de marchés publics".

[3] No Brasil, ensaiou-se um conceito mais amplo do que contrato administrativo, qual seja, contrato público ou contratos da Administração Pública, segundo parece ser o disposto no art. 2º, parágrafo único, da Lei Federal 8.666/93: *Para os fins desta Lei, considera-se contrato todo e qualquer ajuste entre órgãos ou entidades da Administração Pública e particulares, em que haja um acordo de vontades para a formação de vínculo e a estipulação de obrigações recíprocas, seja qual for a denominação utilizada.*

[4] ESTORNINHO, Maria João. *Curso de Direito dos Contratos Públicos.* Lisboa: Almedina, 2014. p. 315-320.

[5] DI PIETRO, Maria Sylvia Zanella. *Direito Administrativo.* 23. ed. São Paulo: Atlas, 2010. p. 251 e seguintes.

[6] Idem, p. 256.

Ora, em Portugal, a assimilação das diretivas europeias e as reformas legislativas incorporaram a distinção entre o contrato público – naquele sentido mais amplo, próximo do conceito de "contrato da Administração Pública", e a *contratação pública*, esta última como o conjunto de procedimentos[7] aplicáveis à formação dos contratos públicos – que incluem, aqui, tanto os tradicionais contratos administrativos como outras modalidades de contratações realizadas pela Administração. Por sua vez, o art. 1º, nº 2º, do Código de Contratação Pública de Portugal define o contrato público pelo critério orgânico, isto é, define-se-o independentemente da designação e da natureza (critério material), levando em conta apenas a entidade adjudicante, listadas no CCP. Em alguma medida, sepulta-se a celeuma francesa dos diversos critérios de classificação dos contratos administrativos.[8]

Prescreve o nº 4 do art. 1º do Código de Contratação Pública Portuguesa, que à contratação pública (como atividade contratual, portanto, seja qual for a natureza do pacto) são *especialmente aplicáveis os princípios da transparência, da igualdade e da concorrência*. Especialmente aplicáveis significa uma imposição adicional, reforçada, para além da norma do art. 266 da Constituição Portuguesa e o art. 2º, nº 5º, do Código de Processo Administrativo,[9] notadamente quanto à proporcionalidade, à igualdade e à imparcialidade no agir administrativo. Tais princípios são normas de conteúdo deontológico-teleológico (prescrevem condutas e fins) que estabelecem autorizações, proibições e obrigações à Administração Pública.

Além de tais princípios, e dos constantes do Tratado da União, a Administração Pública (fala-se aqui da realidade portuguesa) – da União ou dos Estados-Membros ou as entidades locais – deve atender às determinações contidas nas Diretivas Europeias, às demais normas constitucionais e, ainda, aos documentos políticos firmados pelos Estados-Membros, pelo conteúdo de compromissos que eles assumem.[10] Esse conjunto de normas constitui o *"bloco de constitucionalidade"*

---

[7] MEIRELLES, Hely Lopes. *Direito Administrativo Brasileiro*. 32. ed. São Paulo: 2004. O saudoso professor leciona que a distinção entre processo e procedimento, também no âmbito administrativo, está na circunstância de aquele é um conjunto lógico de atos interligados, para uma finalidade; por outro lado, este é a exteriorização dos atos, a forma como eles ocorrem. Daí que, na sua lição, todo agir administrativo é procedimentalizado – ao contrário do que, no Brasil, como dizer-se (atividade administrativa como sinônimo de "processo administrativo"). Em homenagem a ele, e acreditando na cientificidade da sua distinção entre processo e procedimento, adotamos a nomenclatura, também usada em âmbito processualístico (penal ou civil).

[8] Sobre o tema dos critérios de classificação dos contratos, leia-se a inolvidável ESTORNINHO, Maria João. *Requiem pelo Contrato Administrativo*. Almedina, 2003.

[9] "... são aplicados a toda a atuação da Administração Pública, ainda que meramente técnica ou de gestão privada".

[10] Não apenas as normas, mas os objetivos gerais e os valores da União Europeia, derivados dos documentos, devem ser observados.

(como pensou Louis FAVOREU), cuja *ratio* (razão substancial) também aplicável à Administração brasileira (veja-se a ADI 595-ES, Rel. Min. Celso de Mello, 18/02/02), porém sem as idiossincrasias derivadas do Direito da União Europeia. De todas estas normas, em especial, deve-se atentar à norma da sustentabilidade, que vem permeando as contratações públicas, assim como toda atuação administrativa.[11]

Nessa linha, tendo em vista as normas e objetivos da União Europeia, define-se a contratação pública sustentável como a atividade tendente ao acordo de vontades, realizado entre a entidades adjudicantes e os cocontratantes, que visa – em si mesmo ou como fim – à concretização de ideais social, ambiental ou economicamente sustentáveis. Portanto, é possível analisar, já de pronto, a contratação pública e a sustentabilidade sob duas perspectivas – como duas finalidades:[12]

I – Contratação Pública *em si mesma* sustentável (contratação sustentável categórica[13]): Ocorre quando a Administração respeita a norma da sustentabilidade no exercício da autonomia de contratar ou não,[14] bem como na decisão sobre qual procedimento a seguir para a contratação *(em Portugal – concurso público, ajuste direto, diálogo concorrencial)*, respeitadas as imposições legais, ou, ainda, nos atos executórios do acordado, independentemente do objeto da contratação. Também o Direito brasileiro conhece tal "noção" de contrato sustentável categórico, ao prever, no art. 3º da Lei 8.666/93 que a licitação (procedimento de escolha do contratante e de proposta) deverá promover o princípio do desenvolvimento nacional sustentável.[15] Igualmente, no art. 29, inciso X, da Lei 8.987/95 (Lei brasileira das Concessões Públicas) e no art. 4º, inciso VII, e art. 10, inciso VII, da Lei 11.079/04 (Lei das Parcerias Público-Privadas) há idênticos imperativos de sustentabilidade a serem observados na contratação.

---

[11] A seguir, discutiremos o conteúdo moral/axiológico da sustentabilidade, bem como a sua significação normativa.

[12] Uma tal divisão tem, com todos os defeitos e críticas, a inspiração *kantiana*, mas, mais especificamente na formulação de KELSEN entre normas categóricas (que visam um comportamento em si mesma) e normas hipotéticas, que visam à um fim, impondo uma conduta como meio para fim. Considerando que o contrato é, também, uma fonte de norma, poder-se-ia classificá-lo assim. KELSEN, Hans. *Teoria Geral das Normas*. Porto Alegre: Sérgio Antônio Fabris, 1986. p. 25.

[13] A referência à contratação pública sustentável categórica dá-se à consecução dos fins sustentáveis pela própria atividade de contratação em si.

[14] A autonomia negocial pode ser definida como a capacidade de autorregulação do interesse, voltado a uma finalidade (pública, no caso). Ela é, sem dúvida, mais limitada do que a autonomia privada, mas deve ser reconhecida, principalmente em face do poder discricionário que acompanha a Administração Pública.

[15] Esta, porém, não é a única disposição normativa a respeito da sustentabilidade (ambiental, social ou econômica), da conduta da Administração Pública brasileira, havendo outras Leis e dispositivos constitucionais com tal finalidade, conforme se verá no decorrer deste trabalho. Contudo, a preocupação com a sustentabilidade é muito recente na República do Brasil, remontando há pouco tempo o debate sobre o tema.

Dessa forma, o próprio procedimento pré, infra e pós-contratual – cumprimento dos deveres, principais e acessórios, pré-contratuais, contratuais e pós-contratuais – deve ser, em si, orientado pela sustentabilidade – social, ambiental e financeira. Nestes casos, ou há uma norma-regra que determina a conduta sustentável (p.ex. exigência de regularidade fiscal das contribuições sociais, impostos ou outros tributos) ou há deveres de conduta, produto de argumentação/interpretação a partir das normas, orientadas pelo princípio da sustentabilidade.

Assim, por exemplo, quando se realiza o gerenciamento dos bens e serviços dos contratos (aquisição de energia, de serviços de telefonia, de papel, etc. economizando recursos, fazendo "mais" com "menos"), está-se sendo financeiramente sustentável; quando se decide não contratar por meio físico, mas simplesmente por via digital/eletrônica, independentemente do objeto da contratação, ela será, em si mesma, sustentável – por ser amiga do meio ambiente. Em Portugal, o Código de Contratação Pública, no art. 43, nº 5, prescreve regras de sustentabilidade, pois em determinados contratos de obra

> o projecto de execução deve ser acompanhado, sempre que tal se revele necessário: (...) c) Dos estudos ambientais, incluindo a declaração de impacto ambiental, nos termos da legislação aplicável; d) Dos estudos de impacto social, econômico ou cultural, nestes se incluindo a identificação das medidas de natureza expropriatória a realizar, dos bens e direitos a adquirir e dos ónus e servidões a impor; (...) f) Do plano de prevenção e gestão de resíduos de construção e demolição, nos termos da legislação aplicável.

É, aliás, dispositivo semelhante ao art. 12, inciso VIII, da Lei 8.666/93, que exige estudos ambientais prévios às contratações públicas, quando pertinentes, ou no já referido art. 10, inciso VII, da Lei das Parcerias Público-Privadas.

Ainda, o art. 55 do CCP (Portugal) estabelece impedimentos subjetivos à contratação, vinculados à idoneidade e à honra do contratante privado, como forma de prevenir eventual insustentabilidade financeira dos contratos (necessidade de resolução ou de extinção do contrato, portanto, por inaptidão). Há, ainda, outras normas sobre o gerenciamento eficiente dos contratos públicos,[16] com vistas à sua

---

[16] Recentemente: CONSELHO DE PREVENÇÃO DA CORRUPÇÃO (Junto ao Tribunal Constitucional Português) Recomendação nº 1/2015 Recomendação do Conselho de Prevenção da Corrupção, de 7 de janeiro de 2015 sobre Prevenção de riscos de corrupção na contratação pública. Considerando o peso e a importância dos contratos públicos na economia e, em particular, na despesa do Estado e demais entidades gestoras de recursos públicos, o Conselho de Prevenção da Corrupção (CPC) sublinha que os riscos de corrupção aumentam na medida dos elementos materiais presentes e da sua relevância financeira e económica, como vem sendo sublinhado por Organizações internacionais, em especial, a OCDE. Estes riscos de corrupção e infrações conexas apresentam especificidades que exigem conhecimento teórico e prático dos procedimentos,

sustentabilidade financeira e social, não gerando externalidades sociais negativas.

II – Contratação Pública como *instrumento* de sustentabilidade (contratação pública hipotética): Nesse caso, a atividade contratual tem como *objeto material* (finalidade, objetivo) um bem da vida (bem, serviço, atividade), cuja circulação econômica ou realização redundará a *promoção* das finalidades públicas sustentáveis. É que a Administração Pública, no exercício do seu poder-dever de intervenção, fomento e regulação econômica e social,[17] a partir da realização dos direitos fundamentais, deve ter como objetivo a promoção da sustentabilidade – segundo os princípios comunitários e constitucionais estabelecem. Assim, por exemplo, ocorrerá ao estabelecer que serão adquiridos apenas produtos com "ciclo de vida" superior a 05 anos, ou amigos da natureza; quando o objetivo da contratação perpassa pela reinserção de pessoas com mais de 60 anos no mercado de trabalho ou de pessoas com deficiência.

Nos dois casos, conquanto o princípio da sustentabilidade seja fundamental, ele não é o único a pautar a Administração – e sua realização pode implicar a restrição (não realização) de outros princípios igualmente caros ao Estado-adjudicante.[18] Essa postura ativa do Estado, em prol dos objetivos da sustentabilidade, intervindo na atividade econômica, na sociedade e no modo de vida da comunidade política, coloca-o como potencial restringidor (não realizador) das normas

---

à luz, nomeadamente, do Código dos Contratos Públicos e das Diretivas europeias aplicáveis. Nestes termos, ao abrigo do artigo 2º da Lei nº 54/2008, de 4 de setembro, em reunião de 7 de janeiro de 2015, o Conselho de Prevenção da Corrupção aprova a presente Recomendação dirigida a todas as entidades que celebrem contratos públicos, nos seguintes termos: 1 – Reforçar a atuação na identificação, prevenção e gestão de riscos de corrupção e infrações conexas nos contratos públicos, quanto à sua formação e execução, devendo, em especial, fundamentar -se sempre a escolha do adjudicatário; 2 – Incentivar a existência de recursos humanos com formação adequada para a elaboração e aplicação das peças procedimentais respetivas, em especial, do convite a contratar, do programa do concurso e do caderno de encargos; 3 – Garantir a transparência nos procedimentos de contratação pública, nomeadamente através da publicidade em plataformas eletrónicas, nos termos legais; 4 – Assegurar o funcionamento dos mecanismos de controlo de eventuais conflitos de interesses na contratação pública; 5 – Reduzir o recurso ao ajuste direto, devendo quando observado, ser objeto de especial fundamentação e ser fomentada a concorrência através da consulta a mais de um concorrente; 6 – Solicitar aos órgãos de fiscalização, controlo e inspeção do Setor Público nas suas ações, especial atenção à matéria objeto desta Recomendação. 7 de janeiro de 2015.

[17] O Estado pode ser agente normatizador (regulador) ou partícipe (fomentador) das atividades econômicas. SILVA, José Afonso da. *Curso de Direito Constitucional Positivo*. São Paulo: Malheiros, 2000 p. 770.

[18] A Administração Pública humanizada e constitucionalizada é marcada pela vinculação a diversos princípios constitucionais (Democracia Humana, Estado de Direito, Soberania Internacionalizada, Unidade Descentralizada), mas essencialmente pelo respeito a este pluralismo de fins e de concepções de vida, que devem ser harmonizadas e consideradas na construção do bem comum, do interesse público (OTERO, Paulo. *Manual de Direito Administrativo*. Vol. I. Lisboa: Almedina, 2014. p. 350)

da imparcialidade e da igualdade, igualmente relevantes na contratação pública, como se observa do referido art. 1º, nº 2º, do Código das Contratações. Em outras palavras: promover a sustentabilidade significa restringir a igualdade e a imparcialidade, muitas vezes. É que, não se pode olvidar, as imposições geradas pela imparcialidade (impessoalidade) e pela igualdade são conquistas do Estado de Direito, inafastáveis da conceção (concepção, no português do Brasil) de Administração Pública moderna.[19]

Da mesma forma, quando, a pretexto de promover algum fim social ou ambiental, se estabelecem critérios técnicos do objeto a ser contratado, na execução deste contrato ou sobre a pessoa do contratante (contratado), seja, ainda, no programa do procedimento (Edital, como é denominado no Brasil), seja no cadernos de encargos, ou, finalmente, quando se fixam regras de adjudicação "amigas de fins sociais", há sérios riscos de violar a igualdade entre os possíveis candidatos/cocontratantes e a própria impessoalidade do agir administrativo. Isso ocorre porque, ao fixar critérios de comparação entre sujeitos privados, que influenciam as escolhas administrativas, a Administração estabelece preferências entre eles, o que coloca a questão de saber se há limites neste agir. Este tema desenvolvi noutro lugar,[20] que aqui não é trabalhado por limitações de espaço. Neste artigo, definir-se-á o conteúdo do princípio da sustentabilidade, que vincula a Administração Pública, mormente na sua atividade contratual.

2.3. O princípio da sustentabilidade: proposta de um modelo dogmático

Um modelo dogmático correto, que estabeleça a eficácia da norma da sustentabilidade sobre a contratação pública, enquanto princípio jurídico, exige a sua justificação racional. Para isso, há que observar três níveis: o analítico, o empírico e o normativo.[21] Do ponto de vista analítico, deve-se analisar a construção dos conceitos jurídicos (significado da sustentabilidade social) e a sua fundamentação dentro do sistema jurídico e da moral (intersubjetiva ou segundo uma escala externa de valores – como documentos programáticos); do ponto de vista empírico, analisando o direito legislado (tratados, diretivas, constituição e legislação) além das decisões das Cortes de Justiça e, quiçá, da interpretação doutrinária, se existentes, deve-se justificar o

---

[19] ENTERRÍA, Eduardo Garcia de. *Revolucion Francesa y Administración Contemporanea*. Madrid: Editorial Civitas, 1998.
[20] ROCHA JR, Luís Clóvis Machado da. *A contração pública: entre o dever de sustentabilidade social e as normas da imparcialidade e da igualdade*. Relatório de Doutoramento. ULISBOA, 2015.
[21] ALEXY, Robert. *Teoria dos Direitos Fundamentais*. São Paulo: Malheiros, 2008. p. 33-35.

alcance dos conceitos propostos. Finalmente, na dimensão normativa, exige-se que a construção deste modelo seja capaz de resolver problemas jurídicos concretos, e não apenas constitua um exercício teorético intelectual.

Por conseguinte, propõe-se a análise dos valores subjacentes à "sustentabilidade" – produto de compromissos políticos, construindo conceitos normativos que permitam a fusão de horizontes.[22] Logo em seguida, apresentam-se as proposições de dever-ser possíveis, isto é, o conteúdo prescritivo da norma de sustentabilidade, aplicado à atividade de contratação pública.

2.3.1. Sustentabilidade: regra, princípios ou metanorma?

Ao se afirmar um "princípio" (aqui utilizado sem rigor técnico) de sustentabilidade, está-se a defender a existência de um dever-ser imposto ao Estado, que é o sentido objetivo de um ato de vontade,[23] originário do ordenamento jurídico. Por isso, diz-se que há uma "norma" da sustentabilidade, isto é, um *comando* que obriga o Poder Público – legislador, administrador e juiz, em um certo sentido. A ordem emana de uma fonte formal (no caso, das normas da Constituição), sendo identificada pelo seu *pedigree*, pois o sistema jurídico é institucionalizado[24] de tal forma que normas que não sejam *justificadas* a partir da referência a uma fonte formal – quais sejam, outras regras, princípios e normas, não são normas.[25]

A classificação da sustentabilidade como regra, princípio ou postulado advém da necessidade de antecipar a compreensão da classificação jurídica, para garantir a certeza e correção na utilização da norma, pois a utilização indevida dos termos pode levar a problemas de cognição e de aplicação do Direito, porque geram confusão, violando, assim, a segurança jurídica, na sua dimensão de certeza do Direito. Acaso se trate como regra ou como princípio ou como postulado, haverá, sem dúvidas, problemas de divergência entre operadores e

---

[22] GADAMER, Hans-Georg. *Verdade e Método. Traços fundamentais de uma hermenêutica filosófica.* 7. ed. São Paulo: Vozes, 2005.

[23] KELSEN, Hans. *Allgemeine Theorie der Normen.* Teoria Geral das Normas. Porto Alegre: Sergio Antonio Fabris Editor, 1986. p. 120.

[24] LARENZ, Karl. *Metodologia da Ciência do Direito.* 7. ed. Lisboa: Fundação Calouste Gulbenkian, 2014. p. 349.

[25] De fato, Ronald Dworkin (*Taking Rights Seriously*. São Paulo: Martins Fontes, 2010), defende que os princípios valem pelo seu conteúdo – conteúdo moral, de veracidade, de justiça que eles têm, e não pela sua origem. Mas, em teoria do direito, europeu – e latino-americano, originário do sistema de *civil law*, as normas valem porque emanam de uma fonte formal –, e não apenas pelo seu conteúdo de "justiça" ou "correção moral".

aplicadores. Como ensina CANAS,[26] a motivação das distinções não é meramente conceitual, mas avança sobre a estrutura normativa, a função e o *modus operandi*. Por isso, é indispensável a dissociação.

CANAS[27] observa que o ideal seria que a Constituição conferisse a distinção da nomenclatura, definindo uma norma como regra ou como princípio ou como outro tipo de norma. Contudo, ausente essa clareza nos sistemas constitucionais, cumpre à doutrina fazê-lo – e o faz com distinções *fracas* e *fortes* entre as normas. As distinções fracas utilizam diversos critérios, pouco precisos ou científicos, tais como: a) princípios são normas mais fundamentais e regras menos fundamentais;[28] b) princípios são normas mais gerais do que as regras, que são mais específicas.

Essa distinção – embora insuficiente – é já mais avançada do que a visão clássica – de origem no Direito Civil, que contrapunha *normas* e *princípios*, como o fez ESSER,[29] tendo por base o critério da possibilidade (ou não) de precisão dos casos de aplicação (regras têm as *hipóteses de aplicação*, e princípios não). Entretanto, tanto uma como outra são insuficientes para orientar juízos de aplicação destas normas, porque não se guiam por critérios científicos. Foi DWORKIN que primeiro distinguiu regras e princípios, além de *polices* como espécies normativas, reservando àquelas o caráter de normas derivadas de uma fonte formal (com *pedigree*), de aplicação do modo *tudo ou nada*, isto é, ou elas incidem e resolvem o caso, ou não se aplicam; ao contrário dos princípios, que são aplicáveis por exigências éticas, de Justiça, que valem por seu conteúdo, e não sua origem, tendo uma *dimensão de peso*, na sua aplicação, isto é, peso que deve ser comparado com o de outros princípios, na decisão. Eles emanam, porém, de uma fonte não formal – são a abertura do Direito à Moral. Note-se que, para DWORKIN, princípios defendem posições individuais, não interesses coletivos, reservados a *polices*.[30]

Em território europeu, porém, além do latino-americano, prevaleceu a concepção de ALEXY. Segundo ALEXY, só há dois tipos de normas: princípios e regras, que são espécies do gênero norma-jurídica. A distinção entre princípios e regras *não é uma distinção de grau*,

---

[26] CANAS, Vitalino. *A proibição do excesso como instrumento mediador de ponderação e optimização (com incursão na teoria das regras e dos princípios)*. Estudos em Homenagem ao Professor Dr. Jorge Miranda. Coimbra: Coimbra Editora, 2012. p. 812.

[27] CANAS, Vitalino..., p. 812-813.

[28] No Brasil, Celso Antônio Bandeira de Melo defende essa visão no seu *Curso de Direito Administrativo*. São Paulo: Malheiros, 2010.

[29] ESSER, Josef. *Grundsatz und Norm in der Richterlichen Fortbildung des Privatrechts*. Tumbinguen, 1961.

[30] DWORKIN, Ronald. *Levando os direitos a sério*. São Paulo: Martins Fontes, 2010.

mas uma distinção lógica e qualitativa,³¹ o que ele defende partindo de DWORKIN.

Princípios não estabelecem consequências jurídicas que devem necessariamente ocorrer diante da ocorrência de certas condições fáticas, mas constituem **mandamentos para otimização**. *São normas que ordenam que algo seja realizado na medida tão alta quanto possível, segundo as possibilidades fáticas e jurídicas.*³² As possibilidades fáticas são dadas pelo caso concreto; as jurídicas, pelos princípios em sentido contrário, que possuem alguma relevância para a questão, legitimando um processo de ponderação entre ambos e, eventualmente, o estabelecimento de uma regra de precedência condicionada, válida apenas para o caso específico.³³ Princípios são normas que estabelecem obrigações *prima facie*, portanto, não definitivas e dependentes da ponderação, permitindo-se a complementação do seu conteúdo, que não está pronto no próprio princípio. Por isso, os princípios são razões *prima facie*.

Regras jurídicas, por outro lado, são normas aplicáveis no "modo tudo ou nada", isto é, ocorrida a hipótese normativa na realidade, ou a regra pertinente é aplicada e é válida, junto com sua consequência, ou não tem relevância para o caso. Regras colidem abstratamente e, em caso de colisão, para se estabelecer a regra válida, ou se inclui uma exceção na regra (em razão da promoção de um princípio) ou uma delas será invalidada.³⁴ As regras fixam obrigações definitivas, mandamentos definitivos, depois de todas as razões consideradas no caso concreto, o que indica que também as regras oferecem razões *prima facie* para as normas, mas em um sentido mais forte do que os princípios. Pode haver situações em que as regras instituam apenas razões *prima facie* em sentido estrito, porque como elas possuem a determinação fática e as condições jurídicas preestabelecidas por elas próprias,³⁵ essas circunstâncias podem não se verificar, ou, ainda, outras circunstâncias não consideradas pela regra podem ser invocadas num caso qualquer, autorizando a superação da regra ou a sua restrição teleológica. Como preleciona ALEXY:

> O caso das regras é totalmente diverso (dos princípios). Como regras exigem que seja feito exatamente aquilo que elas ordenam, elas têm uma determinação de extensão de seu conteúdo no âmbito das possibilidades jurídicas e fáticas. Essa determinação

---

³¹ ALEXY, 2008, op. cit., p. 85-120.
³² ALEXY, Robert. *A fórmula peso*. Constitucionalismo discursivo. Porto Alegre: Livraria do Advogado, 2007. p. 55-69 e p. 64-65.
³³ Embora seja possível universalizá-la, no sentido de aplicá-la não apenas ao caso particular, mas a todos os casos de colisões de princípios em que os fatos sejam os mesmos.
³⁴ ALEXY, 2008, op. cit., p. 103-105.
³⁵ ALEXY, 2008, op. cit., p. 104-105.

pode falhar diante das possibilidades jurídicas e fáticas; mas, se isso não ocorrer, então vale definitivamente aquilo que a regra prescreve.[36]

Nessa linha de distinção lógica e estrutural, LARENZ entendia que princípios jurídicos são normas com graus elevados de abstração, delas decorrendo direta ou indiretamente normas de comportamento, porém, sem aplicação imediata como as regras, que detêm estrutura de proposição jurídica (se X, então Y).[37] Para FERREIRA FILHO,[38] há ao menos três sentidos possíveis de "princípios jurídicos".

Finalmente, há uma proposta de classificação tripartite das normas: princípios, regras e metanormas (postulados).[39] Princípios e regras podem ser distinguidos num plano preliminar, *prima facie*, e num plano conclusivo *(all things considered)*. Discorre o autor que os critérios *standards* de distinção (caráter hipotético-condicional, modo de aplicação, conflito normativo, fundamento axiológico) ou são inadequados em qualquer hipótese, porque não diferenciam as normas (caráter hipotético-condicional e fundamento axiológico) ou são insuficientes, porque demandam a consideração de todas as circunstâncias do caso para, só ao final, quando já construída a decisão, poder-se concluir pelo caráter de princípio ou de regra (da norma).[40]

A caracterização da norma, como regra ou como princípio ou, ainda, como postulado normativo (metanorma), depende, em primeiro lugar, da compreensão de que um dispositivo legal pode sustentar quaisquer destas características, embora não ao mesmo tempo e sob a mesma perspectiva: comportamental (regra), finalística (princípio) e metódica (postulado),[41] dependendo das conexões axiológicas e da construção argumentativa do intérprete.

Os critérios pelos quais se podem diferenciar princípios e regras devem ser: a natureza do comportamento prescrito, o modo de justi-

---

[36] ALEXY, 2008, op. cit., p. 104.
[37] LARENZ, Karl. *Metodologia da Ciência Jurídica*. 4. ed. Coimbra: Coimbra, 1990. p. 450 e ss.
[38] FERREIRA FILHO, Manoel Gonçalves. *Direito constitucional do trabalho: estudos em homenagem ao Prof. Amauri Mascaro do Nascimento*. São Paulo: Letras, 1991. v. I, p. 73-74. Num primeiro, seriam "supernormas", ou seja, normas (gerais ou generalíssimas) que exprimem valores e que por isso, são pontos de referência, modelo, para regras que as desdobram. No segundo, seriam standards, que se imporiam para o estabelecimento de normas específicas – ou seja, as disposições que preordenem o conteúdo da regra legal. No último, seriam generalizações, obtidas por indução a partir das normas vigentes sobre determinada ou determinadas matérias. Nos dois primeiros sentidos, pois, o termo tem uma conotação prescritiva; no derradeiro, a conotação é descritiva: trata-se de uma "abstração por indução".
[39] CANAS, Vitalino. *A proibição do excesso como instrumento mediador de ponderação e optimização (com incursão na teoria das regras e dos princípios)*. Estudos em Homenagem ao Professor Dr. Jorge Miranda. Coimbra: Coimbra Editora, 2012.
[40] ÁVILA, Humberto. *Teoria dos Princípios*, p. 65-68.
[41] Idem, p. 68-69.

ficação necessário à sua aplicação e medida de sua contribuição para a decisão.

Segundo o primeiro critério, princípios são normas que prescrevem, imediatamente, um estado ideal de coisas (um fim juridicamente relevante e devidamente especificado) que deve ser realizado ou preservado, exigindo-se, para tanto, a adoção de condutas que promovam ou protegem este estado ideal de coisas.[42] Têm caráter deontológico-teleológico, pois estipulam razões para normas, cujo conteúdo são proibições, permissões ou obrigações que promovam ou protejam certo estado ideal de coisas.[43]

Regras são normas imediatamente descritivas dos comportamentos exigidos (obrigações, permissões e proibições), ao determinarem os elementos normatizados (objeto, sujeito, tempo, etc.) de tal forma que dependem menos da influência de outras normas na determinação do seu conteúdo,[44] isto é, são predeterminadas conteudisticamente, embora possam carecer de complementação. Assim, têm caráter deontológico-deontológico, uma vez que estabelecem razões para as normas, cujo conteúdo são proibições, permissões ou obrigações descritas, definidas e determinadas para a ação exigida (normas do que deve ser feito).[45] Logo, embora tanto regras quanto princípios façam referência à realização de fins e de comportamentos, o que lhes diferencia é a primariedade do aspecto comportamental ou do aspecto finalístico a ser seguido.

De acordo com o critério do modo de justificação da sua aplicação, isto é, a definição preliminar da forma como se argumentará a aplicação da norma, princípios exigem a correlação entre os efeitos da conduta exigida e a promoção ou proteção do estado ideal de coisas, sempre e em todas as ocasiões, sendo, por isso, "estável o ônus argumentativo".[46] Por isso, conquanto sem descrever qual comportamento, admitem a sua necessidade a partir da demonstração da pertinência do comportamento à promoção ou à proteção do estado ideal de coisas.

Já as regras exigem, na sua aplicação, uma argumentação que correlacione a descrição fática da realidade à descrição do enunciado normativo e à finalidade que dá suporte à regra.[47] O ônus argumentativo é fácil se a descrição factual enquadrar-se perfeitamente

---

[42] ÁVILA, Humberto. op. cit., p. 71-73.
[43] AARNIO apud ÁVILA, 2014, p. 72.
[44] ÁVILA, Humberto. op. cit., p. 72.
[45] AARNIO apud ÁVILA, p. 152.
[46] ÁVILA, Humberto. op. cit., p. 74-76.
[47] SUMMERS apud ÁVILA, 2014, p. 73.

na descrição normativa, porque basta demonstrar a correspondência e realizar a subsunção, sem referência à finalidade da regra, pois as razões de autoridade da própria regra bastam para justificá-la. Entretanto, em certos casos, não há essa correspondência direta, sendo necessário, então, buscar na finalidade da regra a possibilidade de sua aplicação a casos não previstos. Ainda, pode ser necessário deixar de aplicar a regra ao caso, pela ponderação entre a razão substancial da regra (que a manda aplicar), junto com a razão de autoridade que a respalda (segurança jurídica, certeza do direito) e outras razões substanciais de outras normas jurídicas que exigem a não aplicação da regra.[48] De qualquer forma, o ônus argumentativo não é estável e predeterminado, variando conforme a aplicação da regra e os influxos dos fatos sobre a realidade normativa.

Mais ainda, é possível distinguir os princípios das regras com base na forma de sua contribuição para a decisão, isto é, de que forma eles influem sobre o intérprete, fixando o conteúdo normativo. Os princípios: "[...] consistem em normas primariamente complementares e preliminarmente parciais, na medida em que, sobre abrangerem apenas parte dos aspectos relevantes para uma tomada de decisão, não têm a pretensão de gerar uma solução específica, mas de contribuir, ao lado de outras razões, para a tomada de decisão".[49]

Assim, princípios possuem uma abertura maior à influência de outras normas na definição do seu conteúdo (interdependência) e são, inicialmente, apenas parciais na solução de um caso, visto que outros tantos princípios e regras podem ser considerados e não são pré-excluídos. Por outro lado, as regras são normas "preliminarmente decisivas e abarcantes, na medida em que, a despeito da pretensão de abranger todos os aspectos relevantes para a tomada de decisão, têm a aspiração de gerar uma solução específica para o conflito entre razões".[50] Apresentam caráter terminativo, predeterminando os aspectos relevantes para a decisão naquelas hipóteses fáticas normativas, e têm menor interdependência para com as demais normas.

Por fim, podem-se apresentar os postulados normativos, os quais são normas sobre a aplicação de outras normas, que não têm por objeto imediato comportamentos humanos, mas um método de aplicação daquelas. Têm-se, no primeiro grau de normas, regras e princípios, e, no segundo grau, como "deveres estruturantes da aplicação de outras

---

[48] ÁVILA, 2014, op. cit., p. 74-75.
[49] ÁVILA, Humberto., op. cit., p. 76-78.
[50] ÁVILA, op. cit., p. 76-78.

normas",[51] os postulados normativos aplicativos, denominados normas de segundo-grau:

> Como os postulados situam-se em um nível diverso do das normas objeto de aplicação, defini-los como princípios ou como regras contribuiria mais para confundir do que para esclarecer. Além disso, o funcionamento dos postulados difere muito do dos princípios e das regras. Com efeito, os princípios são definidos como normas imediatamente finalísticas, isto é, normas que impõem a promoção de um estado ideal de coisas por meio da prescrição indireta de comportamentos cujos efeitos são havidos como necessários àquela promoção. Diversamente, os postulados, de um lado, não impõem a promoção de um fim, mas, em vez disso, estruturam a aplicação do dever de promover um fim, mas, em vez disso, estruturam a aplicação do dever de promover um fim; de outro, não prescrevem indiretamente comportamentos, mas modos de raciocínio e de argumentação relativamente a normas que indiretamente prescrevem comportamentos.

Sendo assim, embora haja comportamentos prescritos isoladamente, que promovam a sustentabilidade, é correto afirmar que ela, antes, estabelece um estado ideal de coisas, para cuja realização se exigem comportamentos pela Administração Pública, por meio da contratação ou qualquer outro meio. O seu conteúdo é dado, sempre, considerando outras normas colidentes e complementares. É nesta perspectiva que o Tratado da União, a Constituição portuguesa ou brasileira e, ainda, o CCP – Código de Contratação Pública – tratam a questão, não a limitando aos textos prescritivos, mas apontando para o dever de respeito ao meio ambiente, às proteções dos mais vulneráveis, à solidariedade social e à sustentabilidade financeira dos empreendimentos.

Por isso, tudo indica o caráter de princípio à sustentabilidade, isto é, uma norma que estabelece um fim como prescrição imediata – um estado ideal de coisas – para cuja concretização são exigidas condutas concretas – fáticas e normativas – mas que exigem, do intérprete-aplicador, a justificação de que a conduta adotada promove o fim. Como norma-princípio, a sustentabilidade apenas oferece uma finalidade parcial para justificar as condutas administrativas (isto é, nunca é possível apenas promovê-la, sem considerar outros princípios).

2.3.2. Conteúdo material do princípio da sustentabilidade: estado ideal de coisas exigido

A sustentabilidade compreende um modelo no qual a premissa essencial é a racionalização do uso de recursos primários, com políticas de eficiência energética, redução do consumo, utilização responsável dos recursos públicos e privados, enfim, políticas que são

---

[51] ÁVILA, Humberto., op. cit., p. 142.

reeducação para cidadania, refundadoras da solidariedade social – voltada para a justiça intergeracional.[52]

Neste cenário, OTERO[53] – aplicando a sustentabilidade ao Direito Administrativo – ensina que a Administração Pública pode adotar uma postura *conservadora, predadora ou sustentável*, consoante a sua relação com os problemas temporais da comunidade dos sujeitos administrados: a) a postura conservadora considera que o presente surge condicionado pelo passado, isto é, a Administração adota um princípio de continuidade do passado, no futuro, preservando e promovendo o futuro a partir do passado – sem inovar ou alterar; b) a postura predadora desconsidera o futuro – o presente consome o futuro – *tendo subjacente uma hipervalorização egoísta dos "direitos adquiridos das gerações presentes"* à custa dos recursos do futuro, em total indiferença quanto a consequências das ações atuais para o futuro; c) finalmente, a Administração Pública pode assumir uma postura sustentável, em que *"o presente seja ditado pelo futuro, numa preocupação crescente com as gerações futuras, interpretando-se o fideicomisso como compromisso ou contrato entre os vivos e os que estão por nascer, sem que a geração presente possa consumir, esgotar ou sacrificar as gerações futuras"*. Em suma, há, essencialmente, preocupações *intergeracionais*, de tal forma que as condutas presentes considerem a experiência do passado, o impacto e os compromissos com o futuro, não apenas a título de *estagnação* ou *congelamento* do modo de vida social, mas principalmente a título de preservação das condições básicas de sobrevivência: eis o *core* (coração, núcleo essencial significativo) do princípio da sustentabilidade.

AMARO leciona que o princípio da sustentabilidade exprime um alcance ético de conformação do Direito, assegurando-lhe permanência temporal e exige postura ativa dos agentes públicos.[54] A sustentabilidade está relacionada com a conservação de um determinado setor da vida humana, que se mantém sem esgotamento ou dependência externa. Exige a continuação de um sistema de valores estabelecido na "constituição material" da sociedade, através da preservação de meios para isso.[55] Conquanto seja imediatamente associada ao meio ambiente, ela adquire conotações mais amplas, devendo ser analisada também sob as óticas social e econômica, condições complementares

---

[52] NABAIS, José Casalta. *Estabilidade Financeira e o Tratado Orçamental*. In Estudos em Memória do Conselheiro Arthur Maurício. Coimbra: Coimbra Editora, 2014. p. 646.

[53] OTERO, Paulo. *Manual de Direito Administrativo*. Vol. 1. Lisboa: Almedina, 2014. p. 139.

[54] AMARO, Antônio Leitão. O princípio constitucional da sustentabilidade. In: *Estudos em Homenagem ao Prof Dr. Jorge Miranda*. Volume I. Coimbra, 2012, p. 405-432. p. 411 e seguintes.

[55] Idem, p. 405-432.

para a manutenção do "modo de vida" constitucionalmente fixado,[56] no que, aliás, concorda OTERO.[57]

Ora, a busca pelo valor da *sustentabilidade* é resultado de uma nova ética pessoal, que incorpora a *alteridade*, e exclui o egoísmo, o imediatismo e toda forma de existencialismo inconsequente. Essa nova ética foi desenvolvida no último quartel do século XX, a partir das reflexões sobre a insustentabilidade da vida humana no modo-de-ser-hoje, descomprometido com o futuro e, portanto, solipsista, tipicamente pós-moderno.[58] É uma *nova* ética que incorpora a natureza às consequências das ações, na reflexão da correção ou incorreção das opções existenciais. Por consequência, são incorporadas ao Direito, pois, como se sabe, os valores morais são incorporados ao mundo jurídico, seja por meio dos princípios,[59] seja por meio de tratados e convenções (*soft law*),[60] impondo sua realização ao Estado-Administração, na maior medida possível, inclusive na área de contratação pública – típico instrumento de atuação estatal.[61]

---

[56] Há quem analise a sustentabilidade sob cinco óticas: sustentabilidade social, cultural, ecológica, política e econômica (COELHO, Saulo de Oliveira Pinto; ARAÚJO, André Fabiano Guimarães. A sustentabilidade como princípio constitucional sistêmico e sua relevância na efetivação interdisciplinar da ordem constitucional econômica e social: para além do ambientalismo e desenvolvimentismo. In: *Revista da Faculdade de Direito de Uberlândia*, n° 261-291. MG, 2011). Entretanto, atentos às diretivas europeias e à necessidade de racionalidade na interpretação da contratação pública sustentável, distinguimos a sustentabilidade em social, econômica e ambiental, incluindo nesta última a dimensão cultural e na primeira, a política).

[57] OTERO, Paulo. *Manual...*, p. 141 e seguintes.

[58] No sentido de uma crítica ética, ver JONAS, Hans. *El princípio de la responsabilidad: ensayo de una ética para la civilización tecnológica*. Barcelona: Editorial Herder, 1995. Princípio moral supremo: "*Atua de tal forma que os efeitos de suas ações sejam compatíveis com a permanência de uma vida humana genuína*". Propõe uma ética de responsabilidade – pela natureza – tal como os pais a têm pelos filhos; defende a inclusão do outro na construção do eu e, também, a necessidade de mudanças na forma de consumo.

[59] Na precisa lição de CANARIS, no sistema jurídico, o princípio ocupa um grau de concretização maior do que o do valor, pois ao contrário deste, aquele já prevê uma proposição do direito de "previsão" e "consequência". Desse modo, pode-se dizer que há por detrás de um princípio, um valor e, após aquele, um conceito. (CANARIS, Claus-Wilhelm. *Pensamento sistemático e conceito de sistema na ciência do direito*. 5. ed. Lisboa: Fundação Calouste Gulbenkian, 2012. p. 86-87.).

[60] A respeito, veja-se a declaração da Conferência das Nações Unidas sobre o Meio Ambiente Humano (1972), no Princípio 8: *o desenvolvimento econômico e social é indispensável para assegurar ao homem um ambiente de vida e trabalho favorável e para criar na terra as condições necessárias de melhoria de qualidade de vida*. Vinte anos mais tarde, o princípio 8 da ECO-92, no Rio de Janeiro, repetia tal missão: "*Para alcançar o desenvolvimento sustentável e uma qualidade de vida mais elevada para todos, os Estados devem reduzir e eliminar os padrões insustentáveis de produção e consumo, e promover políticas demográficas adequadas*".

[61] Como se sabe, a atuação administrativa para a prossecução do interesse público pode dar-se por meio de atos administrativos (portanto no uso do poder de império), com unilateralidade, e por contratos administrativos, a chamada Administração Pública negociada, bilateral ou negocial.

Portanto, por um lado, pode-se afirmar que o princípio da sustentabilidade é um princípio jurídico, que é princípio amplo[62] e que carece de decisão concretizadora. Porém, está vinculado ao Estado de Direito e aglutina diversos subprincípios, realizadores de fins parciais, a partir dos quais se podem compreender os comandos de dever-ser necessários à sua promoção, ou seja, a partir dos quais se podem traçar as obrigações, permissões e proibições que impõe. Em singelas palavras, a sustentabilidade, como um todo, realiza-se pela coordenação das sustentabilidades ambiental, social e econômica.

2.3.3. Subprincípios da sustentabilidade: fins parciais que conformam o fim total.

Assim, coloca-se a necessidade da compreensão do significado dos mandamentos do princípio da sustentabilidade, subdividido no seu "âmbito de aplicação", a fim de ser entendida a sua eficácia sobre o procedimento de contratação pública, desde a decisão de contratar até a adjudicação do contrato ao particular (contratado).

2.3.3.1. O subprincípio da sustentabilidade ambiental na contratação pública

A sustentabilidade ambiental vincula-se à noção de desenvolvimento sustentável, isto é, à incorporação de limites ao aproveitamento e à exploração da matéria-prima, à preservação do potencial da natureza para a produção dos recursos renováveis, à exploração comedida dos recursos não renováveis e ao respeito aos limites de autodepuração dos sistemas naturais.[63] Define-se como o "desenvolvimento que responde às necessidades do presente sem comprometer a capacidade das futuras gerações para responder às suas próprias necessidades – e da necessidade de ter em conta os aspectos ambientais em todas as demais políticas (a par das preocupações económicas e sociais)".[64] Preocupa-se, pois, com o consumo e diminuição do capital natural existente, que implica a redução das prestações ambientais das gerações futuras. Ele exige que as necessidades da geração atual não podem restringir a capacidade das gerações futuras,[65] que nem o passado pode prejudicar a vida presente, nem esta prejudicar o fu-

---

[62] CANOTILHO, José Joaquim Gomes. O princípio da sustentabilidade como princípio estruturante do direito constitucional. *Revista de Estudos Politécnicos*, 2010, vol VIII, nº 13.

[63] SACHS, Ignacy. *Caminhos para o desenvolvimento sustentável*. Tradução de José Lins Albuquerque Filho. Rio de Janeiro, 2000. p. 54.

[64] Disponível em: <www.europa.eu>. Acesso em 10/01/2015.

[65] Disponível em: <www.nachhaltigkeit.info>. Acesso em 31/07/2015.

turo⁶⁶ e que, finalmente, a proteção ao meio ambiente é condição da própria vida humana.⁶⁷

O desenvolvimento sustentável foi incorporado como meta já no preâmbulo do Tratado da União Europeia⁶⁸ (com a modificação pelo Tratado de Lisboa), e, objetivamente, o art. 3º, nº 3º. No Tratado, há o dever de busca do desenvolvimento sustentável, do melhoramento da qualidade do ambiente, com um elevado nível de proteção deste. Assim, no ano de 2002, o Conselho e o Parlamento Europeu adotaram o Sexto Programa Comunitário de Ação em matéria de Ambiente, que estabeleceu o roteiro ambiental da União para os dez anos seguintes, e priorizou quatro áreas em que seriam necessárias medidas urgentes: *alterações climáticas, natureza e biodiversidade, gestão dos recursos* e *ambiente e saúde*.

Igualmente, além das Diretivas 2004/17 e 2004/18, a Diretiva 2014/24, seja nos considerandos,⁶⁹ seja no art. 18, nº 2, ou no art. 43, foi permitida a inclusão de critérios técnicos no objeto, na execução ou na fase de habilitação das contratações, vinculados à proteção do meio ambiente.⁷⁰

---

⁶⁶ NABAIS, José Casalta. *Introdução ao Direito do Patrimônio Cultural*. 2. ed. Coimbra: Coimbra, 2010. p. 24

⁶⁷ PEREIRA DA SILVA, Vasco. *Verde Cor de Direito – Lições de Direito Administrativo Ambiental*. Coimbra: Coimbra, 2002. p. 73

⁶⁸ (...) DETERMINADOS a promover o progresso económico e social dos seus povos, tomando em consideração o princípio do desenvolvimento sustentável (...)

⁶⁹ (37) Tendo em vista a integração adequada dos requisitos ambientais, sociais e laborais nos procedimentos de contratação pública, é particularmente importante que os Estados-Membros e as autoridades adjudicantes tomem as medidas necessárias para assegurar o cumprimento das obrigações em matéria de direito ambiental, social e laboral aplicáveis no local onde as obras são executadas ou os serviços prestados, obrigações essas que decorrem de leis, regulamentos, decretos e decisões tanto a nível nacional como da União, bem como de convenções coletivas, desde que tais regras e a aplicação das mesmas sejam conformes com o direito da União. De igual modo, as obrigações decorrentes de acordos internacionais ratificados por todos os Estados-Membros, constantes do Anexo X, deverão ser aplicáveis durante a execução dos contratos. Todavia, tal não deverá de forma alguma obstar à aplicação de condições de trabalho que sejam mais favoráveis para os trabalhadores. (...) (40) O controlo da observância destas disposições ambientais, sociais e laborais deverá ser efetuado nas fases pertinentes do procedimento de contratação, ou seja, ao aplicar os princípios gerais que regem a escolha dos participantes e a adjudicação de contratos, ao aplicar os critérios de exclusão e ao aplicar as disposições relativas às propostas anormalmente baixas. A verificação necessária para este efeito deverá ser conduzida em conformidade com as disposições pertinentes da presente diretiva, e em especial com as disposições aplicáveis aos meios de prova e às declarações sob compromisso de honra. (41) Nenhuma disposição da presente diretiva deverá impedir a imposição ou a aplicação das medidas necessárias à proteção da ordem, da moralidade e da segurança públicas, da saúde e da vida humana e animal ou à preservação da vida vegetal ou outras medidas ambientais, especialmente do ponto de vista do desenvolvimento sustentável, desde que tais medidas estejam em conformidade com o TFUE.

⁷⁰ (Art. 18, nº 2). Os Estados-Membros tomam as medidas necessárias para assegurar que, ao executarem os contratos públicos, os operadores económicos respeitem as obrigações aplicáveis em matéria ambiental, social e laboral estabelecidas pelo direito da União, por legislação nacional,

Além da previsão no nível *supranacional*, na Constituição portuguesa há enunciados que determinam a busca da sustentabilidade ambiental pelo Poder Público: art. 66, n° 2. Ainda, no art. 81, n° 1, alíneas "a", "m" e "n", trata-se da observância de políticas ambientais em setores de energia, recursos hídricos e, ainda, no art. 90, sobre o equilíbrio ecológico e artigo 93, n°s 1, "d", e 2. Especialmente, o art. 66, n° 1, alínea "d", estabelece o *dever do Estado Português de "promover o aproveitamento racional dos recursos naturais, salvaguardando a sua capacidade de renovação e a estabilidade ecológica, com respeito pelo princípio da solidariedade entre as gerações"*.

Mais especialmente, no Código de Contratação Pública, há requisitos ambientais. Estabeleceu-se no art. 62 a possibilidade de exigir qualidades ambientais nos cadernos de encargos. O art. 164, n° 2, determina que a certificação ambiental exigida no Programa do Concurso, deve atender ao Sistema de Ecogestão e Auditoria europeus, sem prejuízo, nos termos do n° 3, de outros meios de prova de atendimento a tal exigência técnica. Assim também o art. 165, n° 1, item "d", permite a exigência da capacidade técnica de "gestão ambiental" dos candidatos.

---

por convenções coletivas ou pelas disposições de direito internacional em matéria ambiental, social e laboral constantes do Anexo X. (Artigo 43). Rótulos 1. Sempre que pretendam adquirir obras, fornecimentos ou serviços com características específicas do ponto de vista ambiental, social ou outro, as autoridades adjudicantes podem, nas especificações técnicas, nos critérios de adjudicação ou nas condições de execução dos contratos, exigir um rótulo específico para atestar que as obras, fornecimentos ou serviços correspondem às características exigidas, desde que estejam preenchidas todas as seguintes condições: a) Os requisitos de rotulagem dizem exclusivamente respeito a critérios associados ao objeto do contrato e que são apropriados para definir as características das obras, fornecimentos ou serviços a que se refere o contrato; b) Os requisitos de rotulagem baseiam-se em critérios objetivamente verificáveis e não discriminatórios; c) Os rótulos são criados através de um procedimento aberto e transparente em que podem participar todas as partes interessadas, nomeadamente organismos governamentais, consumidores, parceiros sociais, fabricantes, distribuidores e organizações não governamentais; d) Os rótulos estão acessíveis a todas as partes interessadas; e) Os requisitos de rotulagem são definidos por um terceiro sobre o qual o operador económico que solicita o rótulo não possa exercer uma influência decisiva. Caso as autoridades adjudicantes não exijam que as obras, fornecimentos ou serviços obedeçam a todos os requisitos de rotulagem, devem indicar quais os requisitos de rotulagem a cumprir. As autoridades adjudicantes que exijam um determinado rótulo devem aceitar todos os rótulos que confirmem que as obras, fornecimentos ou serviços obedecem a requisitos de rotulagem equivalentes. Caso se possa comprovar que um operador económico não tem possibilidade de obter, dentro do prazo estabelecido, o rótulo específico indicado pela autoridade adjudicante ou um rótulo equivalente por razões que lhe não sejam imputáveis, a autoridade adjudicante deve aceitar outros meios de prova adequados, como um ficheiro técnico do fabricante, desde que o operador económico em causa prove que as obras, fornecimentos ou serviços a serem por ele prestados cumprem os requisitos do rótulo específico ou os requisitos específicos indicados pela autoridade adjudicante. 2. Quando um rótulo cumprir as condições previstas no n° 1, alíneas b), c), d) e e), mas incluir também requisitos que não estejam ligados ao objeto do contrato, as autoridades adjudicantes não podem exigir o rótulo propriamente dito mas sim definir a especificação técnica por referência às especificações pormenorizadas do rótulo em questão ou, se necessário, às partes do mesmo que estejam ligadas ao objeto do contrato e que sejam adequadas para definir as características desse objeto.

No Brasil, para além das normas indicadas, a Constituição da República prescreve no art. 170, inciso VI, que deverá haver um tratamento diferenciado às atividades econômicas segundo o impacto ambiental que causem. Impõe ao Estado analisar o impacto e a degradação ambiental de determinado empreendimento, antes de permiti-lo e, ainda, que haja a educação para o desenvolvimento ambientalmente correto, nas escolas públicas e privadas (art. 225, inciso IV). O Supremo Tribunal Federal, no julgamento da ADI-MC 3.540/DF, por meio do relator Min Celso de Mello, assentou: "O princípio do desenvolvimento sustentável, além de impregnado de caráter eminentemente constitucional, encontra suporte legitimador em compromissos internacionais assumidos pelo Estado brasileiro e representa fator de obtenção do justo equilíbrio entre as exigências da economia e da ecologia (...)".

Desta feita, em face da existência da determinação supranacional, constitucional e legal, reconhecidas em Brasil e Portugal, as entidades adjudicantes, ao celebrarem *contratos públicos* (note-se, aqui, que englobam contratos administrativos e contratos de direito privado celebrados pela Administração), devem: a) procurar reduzir o impacto ambiental das suas próprias atividades; b) incentivar a inovação, no sentido de influenciar o mercado para que ele produza produtos mais ecológicos.[71] E, ainda, desestimular atividades econômicas ambientalmente poluidoras e nocivas à saúde humana e ao meio ambiente.

De fato, a utilização do grande poder de compra/contratação da Administração Pública para a produção limpa, verde e sustentável permitirá a realização de compras/contratações com os maiores benefícios ao ambiente e à sociedade. Tal poder pode e deve ser utilizado como instrumento de regulação, ou seja, utilizar a licitação (o procedimento para compras públicas) de forma a fomentar, restringir ou desestimular algumas atividades econômicas, prestigiando o bem comum.[72] Não se pode olvidar que os agentes econômicos (que são pessoas físicas ou jurídicas), em geral e na média, são autointeressados, isto é, orientam suas escolhas sobre os bens a partir da necessidade de satisfação dos interesses pessoais, imediatamente, visando a obter eficiência (máxima vantagem, com o mínimo de perda), o que não significa agir egoístico ou antissocial.[73] Significa, apenas, que os agentes econômicos pautam suas condutas a partir deles mesmos, e não da preocupação com o interesse dos outros. Portanto, ao realizar exigên-

---

[71] ESTORNINHO, p. 418

[72] BARCESSAT, Lena. *Papel do Estado Brasileiro na Ordem Econômica e na Defesa do Meio Ambiente*: Necessidade de Opção por Contratações Públicas Sustentáveis. p. 76.

[73] KERSTENETZKY, Celia Lessa. Qual o Valor do Auto-Interesse? *Revista de Economia Política*, vol. 25, nº 3 (99), p. 254-276, julho-setembro/2005.

cias para comprar e vender, para contratar serviços, o Estado induz comportamentos econômicos que protejam o meio ambiente, utilizando os mecanismos de mercado. É que, não se olvide, numa Constituição plural e democrática, cumpre ao Estado respeitar as diferenças culturais e pessoais, induzindo os comportamentos constitucionalmente corretos, educando para a aceitação racional das melhores formas de agir – e não impô-las, unilateralmente, com poder de império, à semelhança dos Estados totalitários.

Para ESTORNINHO, as preocupações ambientais devem ser analisadas, inicialmente, no objeto do contrato e nas suas especificações técnicas (produtos ecológicos, ou a proibição de materiais em determinados produtos). Nessa linha, o Livro Verde de Contratação, assim como o *Manual de Compras Ecológicas!* – documento em nível europeu – inovam, ao definirem não apenas a forma de comprar (procedimento), mas também determinando *"o que comprar"*, estabelecendo as características das obras, dos serviços e dos produtos.[74]

Depois, também na fase de seleção do contratante, a sustentabilidade ambiental incide, exigindo-se determinada capacidade técnica, por exemplo; na fase de avaliação da proposta economicamente mais vantajosa, igualmente. De fato, podem ser exigidas *especificações técnicas,* relativas ao material a ser utilizado, o ciclo de vida do produto ou, ainda, a exigência de certificações ou cadastros ambientais. Ainda, as *especificações de desempenho* – quanto à cobrança de determinados resultados ambientais, deixando aos licitantes liberdade quanto aos meios de atingir (consumo máximo de matéria-prima ou de insumos). Com isso, estimula-se a inovação. Finalmente, podem ser exigidas *especificações do modo de produção ou prestação de serviço*, pelo qual o Poder Público impõe ao candidato a contratante uma forma de realizar a produção ou prestação de serviço. A contratação amiga do ambiente integra critérios ambientais em todas as fases do procedimento: desde a deliberação sobre a real necessidade de adquirir, as circunstâncias em que o produto foi produzido, os materiais e as condições de trabalho empregados.[75]

Por outro lado, há críticas à contratação pública sustentável, sob o argumento de que o preço dos produtos com "rótulos verdes" seria maior, inviabilizando-se em tempos de crise econômica e social.

Entretanto, é preciso recordar, em primeiro lugar, que, a longo prazo, os produtos ambientalmente corretos implicarão a redução da necessidade de aquisição de material pela Administração (podendo,

---

[74] ESTORNINHO, Maria João. p. 419.
[75] MENEGUZZI, Rosa Maria. *Conceito de licitação sustentável.* Obra Coletiva. Belo Horizonte, Forum, 2011. p. 25.

assim, reduzir os custos), ou, ao menos, implicarão despesa menor no descarte do material. Em segundo lugar, é preciso aceitar que a contratação pública não é norteada *apenas* por critérios econômicos do "menor gasto".[76] Não é, apenas, a lógica contratual sinalagmática que deve fundar as contratações públicas, ou a lógica da eficiência econômica. Há ainda na atividade contratual um dever de realização de fins constitucionais, custosos ou não, que incluem decisões morais e valorativas, significa dizer, o Estado – para além de agente econômico é, antes, um agente moral/ético por imposição da Constituição. É nessa linha que STROPPA[77] defende que a contratação ambiental é um instrumento de intervenção no mercado econômico, agindo a Administração para que interesses menos financeiros e mais coletivos sejam realizados, incentivando a ressignificação da eficiência econômica, à luz da proteção ao meio ambiente. Em outras palavras, para a autora, a eficiência econômica inclui considerações morais de ordem sustentável, de modo que o "lucro" não seja a única variável. Ainda assim, a inclusão de critérios de consumo ambientalmente amigável não admite que seja pago qualquer preço pelo Poder Público.[78] É de se cogitar que um produto demasiadamente oneroso, sem critérios científicos seguros ou mesmo incapaz de atender à demanda estatal permanente não possa ser objeto de aquisição.

2.3.3.2. O subprincípio da sustentabilidade econômico-financeira nas contratações

As preocupações de sustentabilidade econômico-financeira são contemporâneas à crise do Estado Social, a partir do final da década de 70, e que se agravou, na Europa, na primeira década do século XXI. De fato, a assunção pela Administração Pública de tantos deveres prestacionais – e de tantos serviços públicos, em sentido amplo – fê-la credora de diversas obrigações materiais, com custos monetários. Para esta finalidade, considerando que o Estado-Administrador pouco produz em termos de receitas próprias, mas a retira dos administrados (recei-

---

[76] A eficiência no sentido clássico envolveria apenas o produzir mais, com menos gastos. Em sentido do desenvolvimento sustentável, engloba a produção de mais resultados, com menos dispêndio de recursos, mas sem olvidar a utilização racional da matéria-prima e da mão de obra, a fim de não esgotar os insumos, de garantir resultados duradouros (não apenas imediatos) e integrados ao meio ambiente. Sobre o "novo" conceito de eficiência: <http://www.brasil.gov.br/meio-ambiente/2010/01/eficiencia-economica>.

[77] STROPPA, Christiane de Carvalho. In: *Seminário internacional de compras governamentais.* 9, 2009.

[78] BIM, Eduardo Fortunato. *Considerações sobre a juridicidade e os limites da licitação sustentável.* p. 178. Infelizmente, sequer foi cogitada a rediscussão das prestações sociais realmente importantes, com a escolha de umas e exclusão de outras, em termos de preferências hierárquicas axiológicas.

tas derivadas de tributos), fizeram-se duas alternativas: ou se aprofundava, ainda mais, a redistribuição entre a geração presente – e, com isso, haveria aumento de tributos – ou se buscava o financiamento (endividamento), comprometendo as gerações futuras.[79] O Estado Social, neste cenário, adotou o endividamento como regra, sem atentar para a insustentabilidade econômica de tal empreendimento, isto é, sem considerar o esgotamento da fonte de financiamento. Por isso, salienta NABAIS[80] que a sustentabilidade é combatida, atualmente, "sobretudo porque ... (ela) ... aponta para soluções difíceis de aceitar pelo homem médio ocidental, inspirado por uns séculos de 'conquistas' de bem-estar e movido pela fé inabalável no progresso contínuo, medido quase exclusivamente pelo indicador do PIB e sem atentar nos dados relativos ao endividamento".

Em face disso, o sentido normativo da sustentabilidade financeira vincula-se à justiça intergeracional – pois o desequilíbrio afeta diretamente as gerações futuras, prejudicando a equitativa distribuição dos investimentos entre o presente e o futuro, ou seja, sem considerar o dever de responsabilidade fiscal do Estado-Administração.[81] Por essa razão, aliás, a própria União Europeia adotou o Tratado Orçamental – limitando o endividamento público a 60% do PIB –, e, no Brasil, há a Lei de Responsabilidade Fiscal, com limites às despesas com pagamento de servidores públicos, com a criação de despesas, sem fonte de receitas.[82] Aliás, na República Federativa do Brasil, a Constituição estabeleceu, no art. 163, o dever de legislar sobre finanças públicas, regulando a função financeira, a tomada de empréstimo e outras operações de crédito.

De uma forma mais ampla, o princípio da sustentabilidade econômico-financeira pode ser analisado do ponto de vista interno ou externo à contratação.

Do ponto de vista interno, está vinculado ao sinalagma funcional do contrato, isto é, ao equilíbrio fiscal (despesas e receitas) ou econômico da contratação. Seu fundamento pode ser construído a partir do Código de Contratação Pública – CCP (art. 282) –, que prevê a garantia do equilíbrio econômico-financeiro do contrato público, que pode

---

[79] AMARO, Antônio Leitão. *O princípio constitucional da sustentabilidade*. p. 407.

[80] NABAIS, José Casalta. Estabilidade Financeira e o Tratado Orçamental. In: *Estudos em Memória do Conselheiro Arthur Maurício*. Coimbra: Coimbra Editora, 2014. p. 641

[81] NABAIS, José Casalta. Da sustentabilidade do Estado Fiscal. In: *Estudos em Homenagem ao Prof. Doutor José Joaquim Gomes Canotilho*, IV, Coimbra, 2012. p. 421 e seguintes.

[82] É a Lei Complementar nº 101/2000, editada com base no referido mandamento de legislar, no art. 163. Sobre o tema: OLIVEIRA, Regis Fernandes. *Responsabilidade Fiscal*. São Paulo: RT, 2001.

mantido por diversas formas.[83] Em sentido semelhante, o art. 58, § 2º, ou o art. 65, inciso II, alínea "d", ambos da Lei 8.666/93, ou o art. 4º, inciso VII, da Lei das PPP´s no Brasil. Em Portugal, ainda, o art. 314 do CCP. Fundamentalmente, o nº 6 do art. 282 é decisivo ao estabelecer que a sustentabilidade – pelo equilíbrio financeiro – não pode excluir os riscos, naturais ao contrato (não se trata, assim, de um negócio com ganho *certo*), assim como não pode determinar melhora da posição contratual inicialmente prevista, ao contratante particular.

Assim, do ponto de vista da sustentabilidade *interna*, cuida-se da preservação da equação econômico-financeira, que é a base de sustentação e de preservação do contrato, tutelando tanto os interesses públicos como o interesse privado em questão.

Já do *ponto de vista externo*, o princípio da sustentabilidade financeira vem a exigir duas medidas: a) a tendencial autonomia econômica/financeira dos empreendimentos/atividades – de maneira que se depende, minimamente, de alocações externas de recursos; b) a escolha das prestações que devem ser custeadas pelo Estado-Administrador. Cuida-se, aqui, da verdadeira sustentabilidade *financeira* aplicada aos contratos públicos.[84]

Ora, em termos de "sustentabilidade interna", há amplo desenvolvimento doutrinário e jurisprudencial sobre o tema,[85] razão por que dispensa maiores explicações. Quanto à "sustentabilidade externa", acredita-se que deve o contrato público visar tendencialmente à autonomia financeira, isto é, ser planejado de tal forma que não exija permanentes interferências de recursos externos, isto é, aportes de dinheiro público. Nessa linha, no campo da execução das determinações legais, sempre que possível, e na maior medida, as concessões e obras públicas, tais como os serviços e outras atividades duradouras, devem ser estruturados ou para serem custeados pelos próprios utentes (em tarifas ou contraprestações) ou para não dependerem de *permanente* financiamento público – que implica aumento de impostos, endividamento ou corte de outras despesas.

---

[83] CRP. Art. 282, nº 3, A reposição do equilíbrio financeiro produz os seus efeitos desde a data da ocorrência do facto que alterou os pressupostos referidos no número anterior, sendo efectuada, na falta de estipulação contratual, designadamente, através da prorrogação do prazo de execução das prestações ou de vigência do contrato, da revisão de preços ou da assunção, por parte do contraente público, do dever de prestar à contraparte o valor correspondente ao decréscimo das receitas esperadas ou ao agravamento dos encargos previstos com a execução do contrato.

[84] NABAIS, José Casalta. Estabilidade Financeira e o Tratado Orçamental. In: *Estudos em Memória do Conselheiro Arthur Maurício*. Coimbra: Coimbra Editora, 2014. p. 647 revela que a sustentabilidade financeira, parte integrante da sustentabilidade fiscal e econômica, exige o equilíbrio global de despesas e receitas, gastos e lucros.

[85] Sobre o tema: JUSTEN FILHO, Marçal. *Curso de Direito Administrativo*. 11. ed. São Paulo: Revista dos Tribunais, 2015.

2.3.3.3. O subprincípio da sustentabilidade social

A sustentabilidade social deve ser concebida como a determinação de promoção de justiça social pelo Estado, isto é, um conjunto de tarefas novas, fundamentalmente produto do Estado Social, com o alargamento das suas responsabilidades e do seu campo de atuação,[86] que exige uma Administração pró-ativa e responsável pela preservação dos níveis mínimos de bem-estar social.[87] Dessa forma, também na contratação pública, enquanto atividade estatal concretizadora do interesse público e promotora de direitos fundamentais, é indispensável uma fundamentação moral (política) e jurídica, para justificar a validade deste princípio, como norma de ação da Administração Pública.

2.3.3.3.1. Fundamento moral e político do princípio

A fundamentação moral e política indica razões pelas quais a Administração deve contratar, buscando estes e não outros fins, ou seja, porque deve necessariamente buscar a sustentabilidade social pela correção moral dos fins buscados. Em tempos de "redes de constitucionalidades",[88] e de pós-positivismos, em que os princípios têm força jurídica não apenas derivados da sua fonte estatal – mas principalmente pelo conteúdo moral que apresentam, e em que há um diálogo entre diversas fontes normativas, as primeiras bases para a fundamentação de um princípio são os documentos de *soft law*, ou seja, as declarações e documentos internacionais.

Nessa seara, do ponto de vista político e moral, a sustentabilidade deve ser entendida como a construção de um estado ideal de coisas em que haja benefícios e direitos para todos os integrantes da sociedade, e não apenas para alguns, de modo que a sociedade, segundo os valores que conhecemos e entendemos como corretos, sejam mantidos. É, aliás, neste sentido que o Comunicado da Comissão Europa 2020 – COM (2010) – estabeleceu as bases da sustentabilidade social.[89] Segundo o referido órgão, a sustentabilidade social é alcançada com o

---

[86] Identificando essa expansão da ação administrativa com o Estado Social: RIVERO, Jean. *Droit Administratif*. 13. ed. Paris: Dalloz, 1990. p. 30 e 31 e seguintes.

[87] PASTOR, Juan Afonso Santamaria. *Fundamentos de Derecho Administrativo*. Vol. I. Madrid: Editorial Centro de Estudios Ramon Areces, 1991. p. 31.

[88] CANOTILHO, José Joaquim Gomes. *"Brancosos" e interconstitucionalidade – intinerários dos discursos sobre a historicidade constitucional*. 2º ed. Lisboa: Almedina, 2012. p. 265 e seguintes. Ele entende que há, neste fenômeno, a marca de uma rede de Constituições, que enfrentam turbulências pelos influxos dos órgãos transnacionais, exigindo a necessidade de articulação coerente entre as diversas constituições mundiais.

[89] Vejam-se páginas 23 e seguintes do documento referido.

crescimento econômico inclusivo, que venha a garantir altas taxas de emprego. É indispensável, ainda, promover a coesão social, lutando contra a pobreza e qualificando as pessoas, para fins de enfrentar as mudanças no mercado de trabalho. Além do mais, a Comissão Europeia assinalou que os benefícios do crescimento econômico devem ser repartidos por todas as regiões da União. Finalmente, orientou os Estados-Membros a observarem políticas de igualdade de oportunidades, de igualdade de gênero e de criação de condições materiais de trabalho para mães e idosos.

Da mesma maneira, a Comunicação COM 2011, de novembro de 2001, apresentou dois objetivos complementares:

> (...) aumentar a eficiência da despesa pública para assegurar os melhores resultados neste domínio, em termos de relação qualidade/preço. Isto implica, em particular, uma simplificação e flexibilização das regras existentes em matéria de contratos públicos. A adoção de procedimentos racionalizados, mais eficazes, beneficiará todos os operadores econômicos e facilitará a participação das PME e das empresas concorrentes transfronteiras; permitir que os adquirentes utilizem melhor os contratos públicos para apoiar objetivos sociais comuns, como a proteção do ambiente, a maior eficiência na utilização dos recursos e da energia, a luta contra as alterações climáticas, a promoção da inovação, do emprego e da inclusão social e a criação das melhores condições possíveis para a prestação de serviços públicos de elevada qualidade. Nota-se, aqui, a inclusão da valorização da Pequena e Média Empresa, assim como a busca de objetivos de finalidades sociais, pela contratação pública.

Em suma, os valores morais na base do princípio são a alteridade, no reconhecimento do outro (ser humano) como importante na sociedade, incluindo a noção de solidariedade e repelindo o egoísmo. Além disso, é possível fundar-se moralmente o dever de sustentabilidade social na noção de uma sociedade justa, mais especificamente em uma teoria da justiça de John RAWLS.

2.3.3.3.2. Uma teoria da justiça como base do princípio da sustentabilidade

Valendo-se de RAWLS,[90] é possível compreender que a sociedade se mantém, em termos de duração e de tempo (ideia-base da sustentabilidade), conservando-se coesa, a partir da construção de instituições políticas que a levem à integração por pessoas *livres e iguais*. A sustentabilidade, portanto, deve ser vinculada à justiça das instituições públicas, na divisão dos bens primários mais importantes, geradores de riqueza e de bem-estar (que permitem as escolhas pessoais) e, tal fim, depende da aplicação dos princípios de Justiça, eleitos "hipoteti-

---

[90] RAWLS, John. *Uma teoria da Justiça*. Editorial Presença: Lisboa, 2013.

camente" em uma posição originária.[91] Assim, justa é uma sociedade composta de pessoas que gozem de igual medida de liberdade e de igualdade equitativa de oportunidade.[92]

Logo, deve-se buscar na realização de tais princípios, aplicados à estruturabase da sociedade (Estado, Constituição, Leis, etc.), um conjunto de regras de funcionamento destas estruturas, de forma justa, com resultados finais justos.[93] E, nesta medida, a forma de contratação deve ser vista como instrumento dessa realização da Justiça.

Ora, resumidamente, RAWLS propõe que todos os bens primários mais relevantes (estudo, cargos, posições, trabalho, propriedade, liberdade, etc.) sejam distribuídos de forma equitativa, entre todos. Segundo uma leitura mais recente dos seus princípios: 1) *Cada pessoa deve ter um direito igual ao mais extenso sistema de liberdades básicas que seja compatível com um sistema de liberdades idêntico para as outras*.[94] Este seria o princípio da liberdade, com preferência sobre os demais princípios de justiça. Depois: 2) *O princípio da igualdade na distribuição de rendimentos impõe haja uma igualdade equitativa de oportunidades, de modo que os cargos e funções sejam acessíveis a todos; e, ainda, impõe que haja, por meio das desigualdades, um o maior favorecimento dos menos afortunados, portanto, mais vulneráveis (princípio da diferença).*

Portanto, não se admite desigualdade na distribuição da liberdade, apenas nos aspectos econômicos e sociais.[95] É que a desigualdade econômica e social cria um sistema de incentivos, mas, na liberdade extrema, torna as pessoas desiguais, e portanto, sujeitas ao controle de uma sobre as demais. Porém, se houvesse uma igualdade absoluta nos bens econômicos e sociais, a sociedade, enquanto sistema, também desapareceria e mergulharia na pobreza e na anomia. Logo, mesmo havendo desigualdade, o que é inevitável, ela deve ser orientada em benefícios de todos e deve-se ter acesso de todos aos bens mais valiosos.

---

[91] É a visão de RAWLS, sobre a escolha dos princípios morais básicos.

[92] De fato, para a construção que formula, ele pressupõe uma "posição inicial", na qual os sujeitos, cobertos pelo "véu da ignorância" quanto às posições que irão ocupar na sociedade, decidem quais seriam os princípios de justiça a serem adotados pela instituição. Eles seguem o que RAWLS denomina "posição maximim", relativamente ao princípio da diferença. Eles, também, irão estabelecer que a liberdade terá precedência sobre os demais. Evidentemente, essa noção de contrato social não pode ser aqui repetida ou realizada.

[93] ROSAS, João Cardoso. *Concepções de Justiça*. Lisboa: Edições 70, 2012.p. 25.

[94] RALWS fala em liberdades no sentido amplo, englobando aquela visão do constitucionalismo moderno, ou seja, civis e políticas (primeira geração). Não trata da liberdade dos antigos e dos modernos (Benjamin Constant) ou positiva e negativa (Isaiah Berlim). Na visão de RAWLS, devem-se harmonizar um sistema, de modo ótimo, que todos tenham o melhor possível.

[95] ROSAS, João Cardoso. *Concepções de Justiça*. Lisboa: Edições 70, 2012.p. 26.

A sustentabilidade social, pois, está vinculada à promoção da igualdade de oportunidades e ao princípio da diferença na distribuição dos bens e direitos: os cidadãos devem ter condições efetivas de chegar às diferentes funções e posições, mesmo tendo nascido desprivilegiados e desfavorecidos[96] e, ainda, deve haver um sistema de compensação pelas diferenças, em prol dos mais desfavorecidos.[97] Porém, em nenhum caso se cogita de uma igualdade absoluta ou mesmo de uma desigualdade que não seja em prol dos mais vulneráveis.

Dessa forma, sem sacrifício da liberdade, porque o princípio da liberdade tem prioridade lexicográfica sobre os demais, a justiça social imporá não apenas a criação de condições de acesso aos menos favorecidos aos bens mais básicos (saúde, educação, emprego) desta sociedade, como exige o favorecimento destes até o ponto necessário de os tornar iguais aos demais, ao menos nas oportunidades (princípio da diferença).[98] Não são para todos, o tempo todo, mas, especificamente para alguns, durante um certo tempo (RAWLS é claro, no liberalismo político, em defender que a diferença não autoriza permanente intervenção nas transações sociais). Em boa medida, também, pode-se pensar que as políticas afirmativas não olham para trás, mas apontam para uma sociedade diferente, no futuro, de modo que os seus destinatários não são aqueles que necessariamente sofreram algum tipo de perda.[99] Logo, a teoria da justiça das instituições, rawlsiana, fundamenta a sustentabilidade social, do ponto de vista moral e político.

2.3.3.3.3. Fundamentos normativos do princípio da sustentabilidade social

A Constituição da República brasileira prevê no art. 21, inciso IX, a competência da União para elaborar planos nacionais e regionais de desenvolvimento econômico e social. Da mesma forma, a utilização da tributação diferenciada como mecanismo de desenvolvimento social e econômico no país (art. 151, inciso I, da CF) e, ainda, a utilização do incentivo ao turismo como fator de desenvolvimento social e econômico (art. 180 da Constituição).

Por seu turno, em Portugal, os fundamentos normativos da sustentabilidade social são os mesmos que determinam o desenvolvimento sustentável em sentido amplo. Inicialmente, os arts. 8º, 9º e 10

---

[96] ROSAS, João Cardoso. *Concepções de Justiça*. Lisboa: Edições 70, 2012. p. 28-29.
[97] Idem, p. 32-33.
[98] RALWS, John. *Uma teoria da Justiça*. Lisboa: Presença, 1993. p. 239.
[99] DWORKIN, Ronald. *Sovereign Virtue: the theory and the practice of equality*. Cambridge: Harward Universtity Press, 2000. p. 425.

do Tratado de Funcionamento da União Europeia estabelecem a busca da eliminação das desigualdades entre homens e mulheres, o dever de promoção de um elevado nível de emprego, de proteção social adequada e de luta contra a exclusão social; determinam a busca de níveis elevados de educação, de proteção à saúde. Em especial, destaque-se o art. 10º: *Na definição e execução das suas políticas e acções, a União tem por objectivo combater a discriminação em razão do sexo, raça ou origem étnica, religião ou crença, deficiência, idade ou orientação sexual.*

Ademais, convém referir ainda os artigos 178 e 179 do **Tratado de Funcionamento da União Europeia,** os quais prescrevem que a União e os Estados realizarão políticas no sentido de reforçar a coesão econômica e social, portanto, promovendo o desenvolvimento harmonioso, integrado e não excludente.

A Constituição portuguesa, por sua vez, impõe a construção de uma sociedade justa e solidária. No art. 9º, alínea "d", determina como tarefa fundamental a promoção da igualdade real entre os portugueses, com *qualidade de vida ao povo, com a transformação das estruturas sociais*. Ainda, a alínea "h" impõe a igualdade entre homens e mulheres. Finalmente, art. 13 impõe a mesma dignidade social a todos os portugueses, proscrevendo qualquer benefício, prejuízo ou privilégio em razão de *ascendência, sexo, raça, língua, território de origem, religião, convicções políticas ou ideológicas, instrução, situação econômica, condição social ou orientação sexual.*[100]

Além disso, os direitos fundamentais são também fonte formal do princípio da sustentabilidade social, pois conferem coesão à sociedade, na medida em que sua concretização permitirá o exercício das liberdades fáticas (reais). Não por acaso, discorrendo sobre a dimensão objetiva de tais direitos, HESSE[101] sintetizou que os direitos fundamentais devem ser protegidos não apenas como direitos subjetivos, mas como normas básicas na relação pública e privada em que o indivíduo se apresente – ou seja, em todos os sítios da vida humana. Dessa forma, os direitos fundamentais na dimensão objetiva são *"elementos da base jurídica total da coletividade"* – e determinam conteúdos fundamentais da ordem política e estatal (como a Democracia e o Estado de Direito), através da fixação de limites, objetivos e modos de cumprimento das tarefas estatais e da sua organização estrutural e funcional. Então, o reconhecimento da vinculatividade dos direitos fundamentais decorre da máxima importância do seu objeto para a Constitui-

---

[100] A questão das denominadas "categorias suspeitas", suscitada por ELY, John Hart. *Democracia e Desconfiança. Uma Teoria do Controle Judicial de Constitucionalidade*. São Paulo: Martins Fontes, 2010, será analisada mais a frente.

[101] HESSE, Konrad. *Elementos de Direito Constitucional na República Federal da Alemanha*. Tradução Luís Afonso Heck. Porto Alegre: Sergio Antonio Fabris Editor, 1998. p. 239-244.

ção e para a Sociedade[102] e permite realizar a igualdade entre os seres humanos, na medida em que o direito não privilegia ninguém, mas o torna igual aos demais.[103]

Há, porém, diversas formas de concretizar um direito fundamental, isto é, de adimplir a obrigação que lhe realize a proteção e promovê-los. Para compreender-se as diversas formas de satisfação dos direitos fundamentais, é preciso vê-lo como um todo complexo, isto é, como um conjunto de posições jurídicas jusfundamentais[104] que o titular ocupa em face do Estado, que se somam, não se anulam e não são sucessivas ou excludentes.[105] Essa concepção do direito fundamental "completo" ou total inclui, ao menos, três posições gerais que geram deveres de agir e de não agir: "direitos a algo", "liberdades" e "competência".[106] Serão analisados, apenas, os direitos a algo.

---

[102] ALEXY, Robert. *Derechos Fundamentales y Estado Constitucional Democrático*. In Neoconstitucionalismo. Miguel Carbonell (Org.). Trotta Editorial, 4. ed, 2009. p. 32 e seguintes.

[103] DWORKIN, Ronald. *Sovereign Virtue: the theory and the practice of equality*. Cambridge: Harward Universtity Press, 2000. p. 412 e seguintes.

[104] ALEXY, Robert. *Direitos Fundamentais*, p. 193.

[105] Por isso, há equívoco na distinção de BOBBIO, Norberto. *A Era dos Direitos*. Rio de Janeiro: Campus Elsevier, 2011., por exemplo, que acredita na identificação dos direitos de primeira geração (direitos de liberdade), como satisfazíveis por meio de abstenções, ou os direitos sociais como realizáveis por meio de prestações, sempre. Acerta, porém, NOVAIS (NOVAIS, Jorge Reis. *Direitos Sociais...*) ao estabelecer a unidade dos direitos fundamentais a partir da sua dimensão de prestação positiva ou negativa, isto é, enfocando a espécie de prestação do direito – seja ele de liberdade ou social – e aplicando-lhe a unidade de regime constitucional. Entende-se, neste trabalho, a identificação parcial – ou ao menos a não contradição entre a posição de ALEXY e de NOVAIS, neste ponto.

[106] Além do "direito a algo", todo direito fundamental compreende "liberdades". ALEXY refere-se não a um conceito filosófico de liberdade, mas à liberdade jurídica, ou seja, liberdades protegidas e não protegidas, como integrantes das liberdades jurídicas. A liberdade não protegida é a negação do dever ser, em que há permissão para fazer ou para não fazer algo, possibilitando uma alternativa de ações (agir e não agir), conforme a vontade ou a deliberação do titular do direito. Nesse âmbito inclui-se a faculdade de exercer ou não um direito fundamental, por exemplo, ou de exercê-lo em diversos âmbitos, como a liberdade de religião. Já no sentido de liberdade protegida, a liberdade jurídica permite apenas uma ação, que constitui uma ação permitida e protegida pelo direito fundamental, ou seja, há a garantia de que alguém pode realizar determinada ação e há um direito ao não embaraçamento desta liberdade. Por exemplo, protege-se uma forma de exercício do direito fundamental, porque o seu objeto é justamente esta liberdade, como na hipótese da liberdade de permanecer em silêncio, no caso de acusação criminal (direito à não incriminação), que permite apenas uma forma de exercê-la (ficando em silêncio), que é protegida constitucionalmente. Além da liberdade jurídica, há a liberdade fática. Para ALEXY, a importância da liberdade fática é subjetiva, pois sem ela os direitos fundamentais nada valem para o indivíduo, mas também é objetiva (no sentido de que há uma importância à sociedade que todos tenham essa possibilidade de exercer os direitos sociais). ALEXY fundamenta na liberdade fática a existência dos direitos sociais. Finalmente, os direitos fundamentais incluem *competências*, no seu conteúdo, entendida como a possibilidade de criação de normas jurídicas individuais ou gerais, como o poder jurídico de conformação dos direitos fundamentais Reitere-se: todos os direitos fundamentais incluem internamente um espaço de conformação, configuração ou restrição voluntária. É um poder jurídico para alterar ou criar situações jurídicas, por si próprio. São, ainda, espaços de não competência do Estado.

"Direito a algo" entende-se como a posição que o sujeito tem perante o destinatário (Estado), a exigir uma ação, em sentido amplo.[107] A ação é constituída por permissões para agir, obrigações de agir e proibições de agir. A ação pode ser positiva ou negativa. No âmbito das *ações negativas*, há um direito a exigir a abstenção do Estado, isto é, não fazer. ALEXY classifica essas ações negativas em: a) **direito a não embaraço no conteúdo dos direitos** – significa a pretensão do titular a não ver criados *impedimentos* ou *dificuldades* para o exercício do direito, sejam eles de ordem fática ou jurídica (como proibir juridicamente um ato). Assim, por exemplo, a edição de um ato normativo que impeça a aquisição da propriedade, ou a condicione demasiadamente, pode violar o direito ao não embaraço, como direito à ação negativa perante o Estado, caso seja excessivo ou desarrazoado; b) **direito à não afetação de características ou situações** – são as idiossincrasias do titular, faticamente, protegidas pelos direitos fundamentais, como conteúdo do próprio direito. Tal direito seria afetado, por exemplo, com a proibição de aquisição de motocicletas, inclusive para os atuais titulares de tal direito, sem qualquer razão jurídica; c) **direito à não eliminação de posições jurídicas** – a lei ordinária cria posições (proprietário, credor, etc.) para usufruir do direito fundamental, que não podem ser suprimidas, sem qualquer razão constitucional.

Por outro lado, as ações positivas que compõem os direitos fundamentais são relacionadas às prestações que se podem exigir do Estado. Em sentido amplo, fala-se em direitos a prestações (normativas, fáticas, organizacionais, etc.), no âmbito do qual se incluem leis, atos normativos, políticas públicas.[108] Quando se cogita das prestações materiais apenas, fáticas e monetárias, portanto, cuida-se do *direito à prestação em sentido estrito*. Quando se cogita em direito a prestações, inclui-se também a edição de normas jurídicas, administrativas ou até mesmo de instituições jurídicas que protejam o direito fundamental: assim, o direito de propriedade é protegido pela ação reivindicatória; o direito de liberdade, pelo *habeas corpus*, etc.

Ora, essa compreensão múltipla e completa dos direitos fundamentais demonstra que sua concretização, para além de objetivo do Estado-Administração constitucionalmente vinculado, é fim direto ou indireto de toda contratação pública, que adquire também a qualidade de *sustentável socialmente* ao promover de forma harmoniosa e

---

[107] ALEXY, Robert. *Direitos Fundamentais*. p. 194.

[108] SAMPAIO, Jorge Silva. *O controlo jurisdicional de políticas públicas de direitos sociais*. Coimbra: Coimbra, 2014. p 72. Ele define política pública em sentido amplo como o "conjunto sucessivo de decisões e/ou acções intencionalmente coerentes, tomadas por diferentes actores públicos e, por vezes, com participçação de actores não públicos – cujos recursos, nexos institucionais, e interesses vairiam – para resolver problemas politicamente definidos como colectivo".

ponderada os direitos fundamentais, por ações positivas (compra e venda, prestação de serviço, contratação de servidores, etc.).

2.4. Considerações finais

A contratação pública sustentável é tema hodierno pela imposição normativa da *sustentabilidade na função administrativa* (Constituições, Diretivas – especialmente a 2014/24, Código de Contratação Pública português ou Lei de Licitação e Contratos Públicos, no Brasil, e, ainda, em Tratados). Na relação com a sustentabilidade, a contratação pública – gênero do qual o contrato administrativo é espécie – pode ser analisada como *contratação pública em si mesma sustentável e como instrumento de fins sustentáveis*, como se viu.

O princípio (não regra ou postulado) da sustentabilidade compreendido como fim geral apresenta fins parciais na sua atividade contratual, devendo ser perseguido e preservado, segundo impõem normas-regras legais, ou mandamentos construídos a partir do princípio em si mesmo. Tem-se a sustentabilidade ambiental – que orienta à preservação das condições de vida, que impõe a utilização de produtos ecologicamente corretos (amigos do ambiente), a redução de consumo de recursos não renováveis, as construções ecológicas, dentre outras. Há a sustentabilidade econômico-financeira, que visa ao equilíbrio financeiro dos contratos, interna e externamente, para que não haja permanentes aportes externos (subvenções, endividamento, tributos, etc.) à negociação, comprometendo gerações e receitas. Finalmente, a sustentabilidade social – cujo fundamento moral e político está em RAWLS – e o fundamento normativo tanto nos art. 178 e 179 do TFUE quanto nas constituições – e que determina, em suma, o dever de correção da diferenças sociais, de forma pontual e temporária, re-igualando os cidadãos por meio das contratações públicas (igualdade de oportunidades e distribuição equitativa de bens essenciais), o que inclui a realização dos direitos fundamentais e a coesão social e econômica – base para a integração europeia e mundial.

2.5. Referências bibliográficas

ALEXY, Robert. A fórmula peso. In: *Constitucionalismo discursivo*. Porto Alegre: Livraria do Advogado, 2007a.

——. Derechos Fundamentales y Estado Constitucional Democrático. In: *Neoconstitucionalismo*. Miguel Carbonell (org.). 4. ed. Trotta Editorial, 2009.

——. *Teoria dos Direitos Fundamentais*. São Paulo: Malheiros, 2008.

AMARAL, Diogo Freitas do. *Curso de direito administrativo*. Vol. 2. Coimbra: Almedina, 2009.

AMARO, Antônio Leitão. *O princípio constitucional da sustentabilidade*. In: Estudos em Homenagem ao Prof Dr. Jorge Miranda. Volume I. Coimbra, 2012, p. 405-432.

AVILA, Humberto. *Teoria dos Princípios*. São Paulo: Malheiros, 2014.

——. *Teoria da Igualdade Tributária*. São Paulo: Malheiros, 2008.

BARCESSAT, Lena. Papel do Estado Brasileiro na Ordem Econômica e na Defesa do Meio Ambiente: Necessidade de Opção por Contratações Públicas Sustentáveis. In: *Licitações e Contratação Pública Sustentável*. Belo Horizonte, 2011.

BIM, Eduardo Fortunato. *Considerações sobre a juridicidade e os limites da licitação sustentável*. Belo Horizonte, Forum, 2011.

BOBBIO, Norberto. *A Era dos Direitos*. Rio de Janeiro: Campus Elsevier, 2011.

BRITO, Miguel Nogueira de. Medida e Intensidade no Controle da Igualdade na Jusrisprudência da Crise do Tribunal Constitucional. In: *O Tribunal Constitucional e a A Crise*: Ensaios Críticos. Lisboa: Almedina, 2014.

CAETANO, Marcello. *Manual de direito administrativo*. 10. ed. Coimbra: Almedina, 1984. vol. 1

CANAS, Vitalino. A proibição do excesso como instrumento mediador de ponderação e optimização (com incursão na teoria das regras e dos princípios). In: *Estudos em Homenagem ao Professor Dr. Jorge Miranda*. Coimbra: Coimbra Editora, 2012.

CANOTILHO, José Joaquim Gomes. *Direito Constitucional e Teoria da Constituição*. 7. ed. Coimbra: Almedina, 2007.

——. *"Brancosos" e interconstitucionalidade – itinerários dos discursos sobre a historicidade constitucional*. 2. ed. Lisboa: Almedina, 2012.

——. O princípio da sustentabilidade como princípio estruturante do direito constitucional. *Revista de Estudos Politécnicos*, 2010, vol. VIII, n° 13.

COELHO, Saulo de Oliveira Pinto; ARAÚJO, André Fabiano Guimarães. *A sustentabilidade como princípio constitucional sistêmico e sua relevância na efetivação interdisciplinar da ordem constitucional econômica e social*: para além do ambientalismo e desenvolvimentismo. In Revista da Faculdade de Direito de Uberlândia, n° 261-291. MG, 2011.

CORREIA, José Manuel Sérvulo. *Legalidade e autonomia contratual nos contratos administrativos*. Coimbra: Almedina, 1987.

DI PIETRO, Maria Sylvia Zanella. *Direito Administrativo*. 23. ed. São Paulo: Atlas, 2010. p. 251 e seguintes.

DWORKIN, Ronald. *Sovereign Virtue: the theory and the practice of equality*. Cambridge: Harward Universtity Press, 2000.

ELY, John Hart. *Democracia e Desconfiança*. Uma Teoria do Controle Judicial de Constitucionalidade. São Paulo: Martins Fontes, 2010.

ENTERRÍA, Eduardo Garcia de. *Revolución Francesa y Administración Contemporanea*. Madrid: Editorial Civitas, 1998.

ESSER, Josef. Grundsatz und Norm in der Richterlichen Fortbildung des Privatrechts. Tumbinguen, 1961.

ESTORNINHO, Maria João. *Curso de Direito dos Contratos Públicos*. Lisboa: Almedina, 2014.

——. *Requiem pelo Contrato Administrativo*. Almedina, 2003.

FIGUEIREDO, Lúcia Valle. *Curso de Direito Administrativo*. 9. ed. São Paulo: Malheiros, 2008.

FREITAS, Juarez. *Sustentabilidade e Direito ao Futuro*. Belo Horizonte: Forum, 2011.

GADAMER, Hans-Georg. *Verdade e Método*. Traços Fundamentais de uma hermenêutica filosófica. 7. ed. São Paulo: Vozes, 2005.

GONÇALVES, Pedro. *O Contrato Administrativo. Uma instituição do Direito Administrativo do Nosso Tempo.* Coimbra: Almedina, 2003

HESSE, Konrad. *Elementos de Direito Constitucional na República Federal da Alemanha.* Tradução Luís Afonso Heck. Porto Alegre: Sérgio Antonio Fabris Editor, 1998.

JONAS, Hans. *El princípio de la responsabilidad*: ensayo de una ética para la civilización tecnológica. Barcelona: Editorial Herder, 1995.

JUSTEN FILHO, Marçal. *Curso de Direito Administrativo.* 11ª ed. São Paulo: Ed. Revista dos Tribunais, 2015.

KELSEN, Hans. *Teoria Geral das Normas.* Porto Alegre: Sérgio Antônio Fabris, 1986.

———. Teoria Pura do Direito. Tradução Francesa. Paris: Dalloz, 1962.

KERSTENETZKY, Celia Lessa. Qual o Valor do Auto-Interesse? *Revista de Economia Política*, vol. 25, nº 3 (99), p. 254-276, julho-setembro/2005.

LARENZ, Karl. *Metodologia da Ciência do Direito.* 7. ed. Lisboa: Fundação Calouste Gulbenkian, 2014.

MEDAUAR, Odete. *Direito administrativo moderno.* 9. ed. rev. e atual. São Paulo: Revista dos Tribunais, 2005.

MEIRELLES, Hely Lopes. *Direito Administrativo Brasileiro.* 32. ed. São Paulo, 2004

MELLO, Celso Antonio Bandeira de. *Curso de Direito Administrativo.* São Paulo: Malheiros, 2010.

———. *O conteúdo jurídico do princípio da igualdade.* São Paulo: Malheiros, 2012.

MENEGUZZI, Rosa Maria. *Conceito de licitação sustentável.* Obra Coletiva Licitações e Contratações Públicas Sustentáveis. Belo Horizonte: Fórum, 2011.

MIRANDA, Jorge. *Manual de Direito Constitucional.* Vol. IV. 5. ed. Coimbra: Coimbra Editora, 2013.

MOREIRA NETO, Diogo Figueiredo. *Curso de Direito Administrativo.* São Paulo: Forense, 2014.

NABAIS, José Cassalta. *Introdução ao Direito do Patrimônio Cultural.* 2. ed. Coimbra: Coimbra, 2010.

———. Estabilidade Financeira e o Tratado Orçamental. In: *Estudos em Memória do Conselheiro Arthur Maurício.* Coimbra: Coimbra Editora, 2014.

NETTO, Luisa Cristina Pinto e. *Participação administrativa procedimental*: natureza jurídica, garantias, riscos e disciplina adequada. Belo Horizonte: Fórum, 2011.

NOVAIS, Jorge Reis. *Direitos Sociais.* Coimbra: Coimbra, 2010.

OLIVEIRA, Regis Fernandes. *Responsabilidade Fiscal.* São Paulo: RT, 2001.

ORTIZ DIAS, José. El horizonte de las administraciones públicas en el cambio de siglo: algunas consideraciones de cara al año 2000. In: SOSA WAGNER, Francisco (Coord.). *El derecho administrativo en el umbral del siglo XXI*: homenage al Profesor Dr. D. Ramón Martín Mateo, Valencia: Tirant lo Blanch, 2000. t. 1.

OTERO, Paulo. *Manual de Direito Administrativo.* Vol. 1. Lisboa: Almedina, 2014

PASTOR, Juan Afonso Santamaria. *Fundamentos de Derecho Administrativo.* Vol. I. Madrid: Editorial Centro de Estudios Ramon Areces, 1991

PEREIRA DA SILVA, Vasco. *Verde Cor de Direito – Lições de Direito Administrativo Ambiental.* Coimbra: Coimbra, 2002.

PISARELLO, Gerardo. *Los Derechos Sociales y sus Garantías*: Elementos para una reconstrucción. Madrid: Editorial Trotta, 2007

QUEIRÓ, Afonso Rodrigues. *O poder discricionário da administração.* Coimbra: Coimbra Editora, 1944.

QUEIROZ, Cristina. *Interpretação Constitucional e Poder Judicial. Sobre epistemologia da construção constitucional*. Coimbra: Coimbra Editora, 2000.

RAWLS, John. *Uma teoria da Justiça*. Editorial Presença: Lisboa, 2013.

RIBEIRO, Maria Teresa de Melo. *O princípio da imparcialidade da administração pública*. Coimbra: Almedina, 1996.

RIVERO, Jean. *Droit Administratif*. 13. ed. Paris: Dalloz, 1990.

ROCHA, Joaquim Freitas da. *Sustentabilidade e finanças públicas. Urgência de um Direito Financeiro Equigeracional*. Estudos em Homenagem a Joaquim José Gomes Canotilho. Vol. 1. Coimbra: Coimbra Editora, 2012.

ROSAS, João Cardoso. *Concepções de Justiça*. Lisboa: Edições 70, 2012.

SACHS, Ignacy. *Caminhos para o desenvolvimento sustentável*. Tradução de José Lins Albuquerque Filho. Rio de Janeiro, 2000.

SAMPAIO, Jorge Silva. *O controlo jurisdicional de políticas públicas de direitos sociais*. Coimbra: Coimbra Editora, 2014.

SOUZA, Marcelo Rebelo de; MATOS, André Salgado de. *Direito Administrativo Geral*. Tomo I. 2013.

STROPPA, Christiane de Carvalho. *Seminário internacional de compras governamentais*. Belo Horizonte: Forum, 2011.

Parte III
IMPROBIDADE, JURISDIÇÃO E PROCESSO

— 1 —

A pessoa jurídica interessada na ação de improbidade administrativa

VÂNIA HACK DE ALMEIDA[1]

Sumário: 1.1. Introdução; 1.2. A ação de improbidade administrativa como modalidade de ação coletiva; 1.3. Legitimidade ativa na ação de improbidade administrativa; 1.4. Posições processuais da pessoa jurídica interessada; 1.4.1. A pessoa jurídica interessada abstém-se de qualquer manifestação; 1.4.2. A pessoa jurídica interessada posiciona-se ao lado do autor; 1.4.3. A pessoa jurídica interessada posiciona-se ao lado do réu; 1.4.3. A migração do ente público para o polo ativo; 1.5. Conclusão; 1.6. Referências bibliográficas.

1.1. Introdução

A ação de improbidade administrativa passou a integrar o cotidiano de todos nós que labutamos na atividade jurisdicional. São inúmeras as ações e também condenações, demonstrando que o instituto mostra uma eficácia jurídica bem maior do que a Ação Popular.

Na busca pela efetividade da ação de improbidade administrativa, alguns aspectos processuais característicos exigem uma atenção mais apurada.

Ganha relevo o papel da pessoa jurídica interessada no que respeita às diversas posições processuais que podem ser por ela assumidas, a exemplo do que ocorre na ação popular.

O presente estudo busca um rápido exame pelo tema, com ênfase na jurisprudência desenvolvida pelo Superior Tribunal de Justiça.

1.2. A ação de improbidade administrativa como modalidade de ação coletiva

Em um primeiro momento, parece importante situar a Ação de Improbidade, trazer suas características e princípios informadores, para que possamos saber onde buscar respostas para eventuais lacunas.

---

[1] Desembargadora Federal – Tribunal Regional Federal da 4ª Região.

O primeiro passo, para tanto, é apontar que a lei que disciplina a Ação de Improbidade Administrativa (LIA) é um instrumento de proteção de direitos coletivos (em sentido amplo).

Conforme a lição de Marcelo Abelha Rodrigues (p. 353),

> sendo a ação coletiva aquela em que o ente legitimado ativo é um ente coletivo que intenta a demanda visando à proteção de interesses supra-individuais, resta incontestável que a ação de improbidade é uma ação coletiva, tendo em vista que é proposta por um ente coletivo – Ministério Público ou pessoa jurídica de direito público – objetivando a defesa de um direito coletivo – a probidade administrativa e o patrimônio público.

Caracterizada como uma demanda coletiva constata-se, de imediato, que nem sempre o CPC será a legislação aplicável.

Como afirma Marcelo Abelha Rodrigues (p. 343),

> (...) é que os princípios regentes do processo individual não são adequados para resolver as lides coletivas. Deve haver uma mudança de mentalidade, quase uma releitura dos institutos processuais clássicos, e, por isso mesmo, mister se faz uma enorme cautela por parte do operador do direito quando aplica o CPC e os institutos clássicos às demandas coletivas.

O Superior Tribunal de Justiça acolhe a tese de um microssistema processual da tutela coletiva:

> (...) Conheço e reverencio a orientação desta Corte de que o art. 19 da Lei 4.717/65 (Lei da Ação Popular), embora refira-se imediatamente a outra modalidade ou espécie acional, tem seu âmbito de aplicação estendido às ações civis públicas, diante das funções assemelhadas a que se destinam – proteção do patrimônio público em sentido lato – e do microssistema processual da tutela coletiva, de maneira que as sentenças de improcedência de tais iniciativas devem se sujeitar indistintamente à remessa necessária. (...) (REsp. 1.108.542/SC, Rel. Min. CASTRO MEIRA, DJe 29.05.2009).

Outro exemplo:

> Não há na Lei 8.429/92 regramento específico acerca da competência territorial para processar e julgar as ações de improbidade. Diante de tal omissão, tem-se aplicado, por analogia, o art. 2º da Lei 7.347/85, ante a relação de mútua complementariedade entre os feitos exercitáveis em âmbito coletivo, autorizando-se que a norma de integração seja obtida no âmbito do microssistema processual da tutela coletiva (CC 97.351/SP, Primeira Seção, Rel. Min. CASTRO MEIRA, DJe 10/6/09).

Em outro precedente, o STJ afirma que o CPC tem aplicação apenas subsidiária:

> PROCESSUAL CIVIL E ADMINISTRATIVO. AÇÃO DE RESSARCIMENTO DE DANOS. IMPROBIDADE ADMINISTRATIVA. ACORDO ENTRE AS PARTES. VEDAÇÃO. ART. 17, § 1º, DA LEI 8.429/1992. MICROSSISTEMA DE TUTELA COLETIVA. APLICAÇÃO SUBSIDIÁRIA DO CÓDIGO DE PROCESSO CIVIL. INVIABILIDADE DE EXTINÇÃO COM BASE NO ART. 267, VIII, DO CPC. NOMENCLATURA DA AÇÃO. FUNDAMENTAÇÃO.

1. Tratando-se de ação de improbidade administrativa, cujo interesse público tutelado é de natureza indisponível, o acordo entre a municipalidade (autor) e os particulares (réus) não tem o condão de conduzir à extinção do feito, porque aplicável as disposições da Lei 8.429/1992, normal especial que veda expressamente a possibilidade de transação, acordo ou conciliação nos processos que tramitam sob a sua égide (art. 17, § 1º, da LIA).
2. O Código de Processo Civil deve ser aplicado somente de forma subsidiária à Lei de Improbidade Administrativa. Microssistema de tutela coletiva. Precedente do STJ.
3. Não é a nomenclatura utilizada na exordial que define a natureza da demanda, que é irrelevante, mas sim o exame da causa de pedir e do pedido. 4. Recurso especial não provido.
(REsp 1217554/SP. Relator Ministra ELIANA CALMON, DJe 22/08/2013)

Não é por outro motivo que o art. 17, § 3º, da Lei 8.429/92 faz remissão expressa à Lei 4.717/65 (Lei da Ação Popular).

Não se pode perder de vista que o processo coletivo possui uma finalidade social e política diferente daquela do processo individual e, em consequência, necessita de princípios e regras próprias na busca de uma maior efetividade.

Dentre essas situações específicas, que o diferem do processo individual, é que se aponta o papel e a posição processual ocupada pela pessoa jurídica interessada na Ação de Improbidade Administrativa.

1.3. Legitimidade ativa na ação de improbidade administrativa

A pessoa jurídica interessada poderá, em primeiro lugar, propor a ação de improbidade. A legitimação ativa é a ela atribuída ao lado do Ministério Público. (art. 17 da LIA)

O Ministério Público é o grande propulsor da ação de improbidade, sendo ele, em grande maioria, o proponente da ação, através da ação civil pública.

Sua legitimidade decorre do próprio Texto Constitucional, especificamente o art. 127, *caput*, quando dispõe que: "O Ministério Público é instituição permanente, essencial à função jurisdicional do Estado, incumbindo-lhe a defesa da ordem jurídica, do regime democrático e dos interesses sociais e individuais indisponíveis". Soma-se o art. 129, III, quando explicita:

São funções institucionais do Ministério Público:
(...)
III – promover o inquérito civil e a ação civil pública, para a proteção do patrimônio público e social, do meio ambiente e de outros interesses difusos e coletivos.

Já a pessoa jurídica interessada será a União, os Estados, o Distrito Federal e os Municípios por sua administração pública direta, indireta ou fundacional, desde que diretamente atingidos pelos atos tidos como ímprobos.

Nas duas situações, Ministério Público ou pessoa jurídica interessada, temos uma hipótese de legitimação extraordinária, tendo em vista que os mencionados legitimados agem em nome próprio, na defesa de um interesse difuso, qual seja o patrimônio (e a moralidade) público, interesse que é de toda a sociedade.

Observa Emerson Garcia Rogério Pacheco Alves (p. 860) que em se tratando da pessoa jurídica interessada que também defende interesse próprio na preservação de seu patrimônio há, "nesta hipótese, uma substituição processual *sui generis*, na qual o autor pleiteia em nome próprio um direito próprio e também alheio, ao mesmo tempo".

Cumpre mencionar que as entidades previstas no art. 1º, parágrafo único, da LIA, ou seja, aquelas que recebam subvenção, benefício ou incentivo, fiscal ou creditício, de órgão público bem como daquelas para cuja criação ou custeio o erário haja concorrido ou concorra com mais de cinquenta por cento do patrimônio ou da receita anual, não detém legitimidade para o ajuizamento da ação de improbidade administrativa, tendo em vista que o objetivo legal é a proteção dos recursos públicos que foram investidos nesses entes, não o próprio patrimônio privado.

Saliente-se que antes do ingresso na esfera jurisdicional, tem-se uma fase administrativa que se desenvolverá no Ministério Público, através do Inquérito Civil ou na própria pessoa jurídica interessada, através do processo administrativo.

A pessoa jurídica interessada poderá propor a ação de improbidade administrativa ou deixar a tarefa para o Ministério Público.

1.4. Posições processuais da pessoa jurídica interessada

Se partir da pessoa jurídica interessada o ajuizamento da ação, temos já uma posição clara e definida do ente público. O ente público será o autor, com todos os encargos processuais que esta posição exige, além da participação obrigatória do Ministério Público como fiscal da lei.

A hipótese que interessa a esse estudo é aquela em que o autor da ação é o Ministério Público. Indaga-se, nessa circunstância, qual o papel exercido pela pessoa jurídica interessada.

Nos termos da Lei nº 8.429/92, especialmente o § 3º do art. 17, com a redação dada pela Lei nº 9.366/96, "no caso de a ação principal ter sido proposta pelo Ministério Público, aplica-se, no que couber, o disposto no § 3 do art. 6º da Lei nº 4.717, de 29 de junho de 1965".

O mencionado dispositivo esclarece que "a pessoa jurídica de direito público ou de direito privado, cujo ato seja objeto de impugnação, poderá abster-se de contestar o pedido, ou poderá atuar ao lado do autor, desde que isso se afigure útil ao interesse público, a juízo do respectivo representante ou dirigente".

Constatam-se, dessa maneira, três situações possíveis a partir do regramento citado.

A pessoa jurídica interessada

a) silencia, ou seja, permanece inerte,

b) atua ao lado do autor (MP) ou,

c) atua ao lado do(s) réus(s).

Além dessas três situações, surge uma quarta possibilidade, qual seja,

d) a pessoa jurídica interessada migra de um polo para outro na relação processual.

Denota-se, de imediato, que o ente estatal poderá, ou não, ingressar no feito, ficando ao seu exclusivo critério (dirigido pelo interesse público) a tomada de posição. Pode-se afirmar, dessa forma, que sua participação na relação processual é opcional.

Exemplificativo é o precedente abaixo:

(...) O § 3º do art. 17 da Lei 8.429/92 traz hipótese de litisconsórcio facultativo, estipulando que o ente estatal lesado poderá ingressar no pólo ativo do feito, ficando a seu critério o ingresso (ou não) na lide, de maneira que sua integração na relação processual é opcional, não ocasionando, dest'arte, qualquer nulidade a ausência de citação do Município supostamente lesado. (REsp 1197136 MG, Rel. Ministro NAPOLEÃO NUNES MAIA FILHO, PRIMEIRA TURMA, julgado em 03/09/2013, DJe 10/09/2013)

Repise-se, que quando se fala em participação opcional, não significa ao mero talante de dirigentes governamentais, e sim, visando à preservação do interesse público.

Embora a ausência de citação não gere a nulidade, a não ser que demonstrado o prejuízo, esse ato (citação) deverá ocorrer. Ou seja, a pessoa jurídica interessada deverá ser chamada a participar da relação jurídico-processual que se instaura.

Dessa forma, será exigível, além da citação dos réus, a citação da pessoa jurídica de direito público.

Nesse sentido, é a jurisprudência do Superior Tribunal de Justiça:

PROCESSUAL CIVIL E ADMINISTRATIVO. AÇÃO CIVIL PÚBLICA. IMPROBIDADE ADMINISTRATIVA. MINISTÉRIO PÚBLICO. ART. 17, § 3º, DA LEI 8.429/92, C/C ART. 6º, § 3º, DA LEI 4.717/65. AUSÊNCIA DE CITAÇÃO DO MUNICÍPIO. NULIDADE.

NÃO-OCORRÊNCIA. HIPÓTESE DE LITISCONSÓRCIO FACULTATIVO E NÃO-NE-CESSÁRIO. PROVIMENTO DO RECURSO ESPECIAL.
1. Quando a ação civil pública por ato de improbidade for promovida pelo Ministério Público, o ente público interessado, eventualmente prejudicado pelo suposto ato de improbidade, deverá ser citado para integrar o feito na qualidade de litisconsorte.
2. A pessoa jurídica de direito público intervém, no caso, como litisconsorte facultativo, não sendo hipótese de litisconsórcio necessário.
3. Entendimento pacífico firmado pelas Turmas de Direito Público desta Corte Superior.
4. A ausência da citação do Município não configura a nulidade do processo.
5. Recurso especial provido.
(REsp 526982 / MG – Relator(a) Ministro HERMAN BENJAMIN, Data do Julgamento 06/12/2005, Data da Publicação/Fonte DJ 01/02/2006 p. 433)

No entanto, a falta da citação não gera nulidade, *a priori*, ou seja, a nulidade apenas será reconhecida se algum prejuízo advier da ausência do ato processual:

RECURSO ESPECIAL – AÇÃO CIVIL PÚBLICA – IMPROBIDADE ADMINISTRATIVA – AUSÊNCIA DE CITAÇÃO DO MUNICÍPIO – LITISCONSÓRCIO FACULTATIVO – INEXISTÊNCIA DE NULIDADE.
Na ação civil pública por ato de improbidade administrativa proposta pelo Ministério Público, o Município interessado é litisconsorte facultativo e não necessário, consoante se depreende da leitura conjunta do § 3º do artigo 17 da Lei n. 8.429/92 e do § 3º do artigo 6º da Lei n. 4.717/65 (REsp 329.735/RO, Rel. Min. Castro Meira, DJ 14/6/2004; REsp 319.009/RO, Rel. Min. Eliana Calmon, DJ 4/11/2002; REsp 329.735/RO, Rel. Min. Garcia Vieira, DJ 29/10/2001).
Não há, dessa forma, nulidade pela ausência de citação do Município, sobretudo se ausente qualquer prejuízo para o ente público. Aplicação do princípio da Instrumentalidade das Formas (art. 244 do CPC) (REsp 408.219/SP, Rel. Min. Luiz Fux, DJ 14/10/2002).
Recurso Especial provido, para afastar a preliminar de nulidade do processo por falta de citação do Município e determinar o retorno dos autos ao Tribunal de origem a fim de que analise as demais questões suscitadas na apelação.
(Resp. 593264/MG, Relator Ministro FRANCIULLI NETTO, data do julgamento 21/06/2005)

Pode-se indagar sobre o momento em que a exigida citação deverá ser realizada. Parece mais acertado a citação ocorrer após o recebimento da ação de improbidade. Após a notificação do requerido e apresentada, ou não, a manifestação prévia de que trata o art. 17, § 7º, da Lei 8.429/92, o juiz, em recebendo a petição inicial, determinará a citação do réu para apresentar contestação e a citação da pessoa jurídica lesada, momento em que assumirá uma das posições processuais possíveis.

Retomando o exame das possíveis posturas assumidas pela pessoa jurídica interessada, visando a proteger o interesse público, tem-se que ela poderá omitir-se, atuar no polo ativo ou no polo passivo.

Examina-se, a seguir, cada uma das situações possíveis:

1.4.1. A pessoa jurídica interessada abstém-se de qualquer manifestação

O ente público deixará escoar o prazo legal para defesa sem qualquer manifestação, ou seja, não contesta o pedido, nem atua ao lado do autor. Mantém-se inerte.

O silêncio da pessoa jurídica interessada não gera os efeitos da revelia, qual seja a presunção de veracidade dos fatos alegados pelo autor. Incide aqui o art. 345, II, do CPC/2015, que expressamente afirma que a revelia não produz o efeito mencionado no art. 344 se o litígio versar sobre direitos indisponíveis.

Nesse sentido:

> "TRIBUTÁRIO, PROCESSUAL CIVIL E ADMINISTRATIVO – FAZENDA PÚBLICA – DIREITOS INDISPONÍVEIS – INAPLICABILIDADE DOS EFEITOS DA REVELIA – ART. 320, INCISO II, DO CPC – IPTU – LANÇAMENTO – ATO ADMINISTRATIVO – PRESUNÇÃO DE VERACIDADE – MODIFICAÇÃO POR LAUDO TÉCNICO UNILATERAL – IMPOSSIBILIDADE – PROVA INEQUÍVOCA.
> 1. Não se aplicam os efeitos da revelia contra a Fazenda Pública uma vez que indisponíveis os interesses em jogo.
> 2. O ato administrativo goza da presunção de legalidade que, para ser afastada, requer a produção de prova inequívoca cujo valor probatório não pode ter sido produzido unilateralmente – pelo interessado.
> Agravo regimental improvido.
> (STJ, AgRg no REsp 1137177/SO, Rel. Min. HUMBERTO MARTINS, 18/02/2010)

De qualquer sorte, poderá a atuação ser postergada, ou seja, após o silêncio inicial, o ente público manifesta-se, assumindo posição em um dos polos da relação processual.

1.4.2. A pessoa jurídica interessada posiciona-se ao lado do autor

A pessoa jurídica interessada ingressa no feito também como autora da ação de improbidade, em uma posição processual que a jurisprudência identifica como um litisconsórcio facultativo.

Veja-se, a título ilustrativo, a posição do STJ:

> [...] as duas turmas de direito público desta Corte perfilharam o entendimento de que 'na ação civil por ato de improbidade, quando o autor é o Ministério Público, pode

> o Município figurar, no pólo ativo, como litisconsorte facultativo art. 17, § 3º, da Lei 8.429/92, com a redação da Lei 9.366/96, não sendo hipótese de litisconsórcio necessário' [...]. '[...] O caput do art. 17 enuncia que a ação será proposta pelo Ministério Público ou pela pessoa jurídica interessada, deixando bem clara a alternatividade, 'ou um ou outro', para depois anunciar no § 3º que a Fazenda Pública integrará a lide como litisconsorte para o fim específico de suprir as omissões e falhas da inicial e para reforçar a posição do Ministério Público, autor da demanda, indicando novas provas ou os meios de obtê-las. [...] Só há litisconsórcio necessário quando a lei assim determina ou quando há comunhão de direitos e de obrigações relativamente à lide e o juiz tiver de decidir a lide de modo uniforme para todos. (AgRg nos EREsp 329.735 RO, Rel. Ministro CASTRO MEIRA, PRIMEIRA SEÇÃO, julgado em 10/03/2004, DJ 14/06/2004, p. 154)
>
> [...] O § 3º do art. 17 da Lei 8.429/92 traz hipótese de litisconsórcio facultativo, estipulando que o ente estatal lesado poderá ingressar no pólo ativo do feito, ficando a seu critério o ingresso (ou não) na lide, de maneira que sua integração na relação processual é opcional, não ocasionando, dest'arte, qualquer nulidade a ausência de citação do Município supostamente lesado. (REsp 1197136 MG, Rel. Ministro NAPOLEÃO NUNES MAIA FILHO, PRIMEIRA TURMA, julgado em 03/09/2013, DJe 10/09/2013)

Nessa hipótese, buscará suprir omissões ou outras falhas, apresentar documentos e provas que entender necessários e postular pela procedência da ação.

1.4.3. A pessoa jurídica interessada posiciona-se ao lado do réu

Na terceira hipótese, encontramos a pessoa jurídica interessada ingressando no polo passivo da relação processual instaurada. Tomará posição ao lado do réu, na defesa da legitimidade do ato impugnado.

Nessa situação, o ente público irá apresentar defesa, sustentando que o ato administrativo acusado de ímprobo é legítimo, sem qualquer eiva de ilegalidade.

A tomada de posição deverá ter passado pelo crivo do interesse público, do qual resultou a utilidade da demonstração da natureza proba do ato impugnado.

Assim é a lição de Marino Pazzaglini Filho, Márcio Fernando Elias Rosa e Waldo Fazzio Júnior, para quem

> (...) somente pode a pessoa jurídica assumir qualquer dos pólos da relação jurídica de direito material controvertida se demonstrado o interesse público naquele posicionamento, não sendo admitida a assunção desarrazoada ou desmotivada. Assim, *verbi gratia*, contestar o pedido apenas para a defesa pessoal do agente público jamais será admitido, podendo significar para quem ordenar a indevida postura processual o cometimento de outro ato de improbidade (art. 11, *caput*). (p. 215)

A pessoa jurídica interessada, nesta hipótese, figurará no polo passivo como assistente simples (quando há possibilidade de decisões diversas para os litisconsortes).

Exemplificativamente, veja-se o precedente abaixo:

(...) . A ação de improbidade confere legitimidade ativa ao Ministério Público e faculta à pessoa jurídica de direito público interessada a prerrogativa de abster-se de contestar o pedido ou atuar ao lado do autor da demanda, acaso se afigure útil ao interesse público.
2. A doutrina especializada sobre o tema, todavia, tem esposado o entendimento de que a exegese dos referidos dispositivos legais admite a atuação da pessoa jurídica interessada como litisconsorte passivo em ação civil pública de improbidade. Neste sentido, a lição de CARLOS FREDERICO BRITO DOS SANTOS, litteris: "A interpretação requer cautela quando da sua aplicação à ação de improbidade, posto que, diferentemente do que ocorre na ação popular (art. 6º, *caput*), na ação civil pública de improbidade a pessoa jurídica interessada não pode ser acionada com ré, embora possa optar pelo litisconsórcio passivo na ação, após o seu chamamento, passando o ato praticado pelo agente público por entendê-lo lícito, apesar de reputado ímprobo pelo Ministério Público." (SANTOS, Carlos Frederico dos. "Improbidade Administrativa – Reflexões sobre a Lei nº 8.429/92". Rio de Janeiro: Forense, 2002, p. 137)" (REsp 637597 / SP, Rel. Min. Luiz Fux, 10/10/2006)

1.4.3. A migração do ente público para o polo ativo

Por fim, uma última possibilidade deve ser examinada, qual seja, a possibilidade de mudança de posição do ente público.

Discute-se se é possível, ou não, a alteração de posição pela pessoa jurídica interessada. Por exemplo, o ente público, citado, contesta a ação, assumindo o polo passivo da relação processual e, posteriormente, passa a atuar ao lado do autor.

Tratando da ação popular, afirmam Hely Lopes Meirelles, Arnoldo Wald e Gilmar Ferreira Mendes que

Citada, a pessoa jurídica interessada poderá contestar, abster-se de contestar ou encampar expressamente o pedido na inicial (art. 6º, § 3º). Tomada qualquer dessas posições, define-se a lide, não podendo mais alterar-se a defesa, mesmo que mude o governante ou a direção da entidade. Se assim não fosse, a cada mudança de governo ou substituição de diretoria abrir-se-ia nova oportunidade de defesa, incompatível com a fixação da lide. A Administração Pública é uma e perene, daí por que a mudança de seus agentes não modifica a situação processual assumida por seus antecessores. (p. 168)

Não é este o pensamento do Superior Tribunal de Justiça, para o qual a posição da pessoa jurídica é retratável "(...) quando esta, tendo atuado no feito no polo passivo, se convence da ilegalidade e lesividade do ato de seu preposto, lembrando, inclusive, que o ente pode promover a execução da sentença condenatória (art. 17). (REsp 998592, Ministro CASTRO MEIRA, 27/06/2008)".

Nesse sentido:

[...] O deslocamento de pessoa jurídica de Direito Público do pólo passivo para o ativo na Ação Civil Pública é possível, quando presente o interesse público, a juízo do representante legal ou do dirigente, nos moldes do art. 6º, § 3º, da Lei 4.717/1965, combinado com o art. 17, § 3º, da Lei de Improbidade Administrativa. 3. A suposta ilegalidade do ato administrativo que autorizou o aditamento de contrato de exploração de rodovia, sem licitação, configura tema de inegável utilidade ao interesse público. (AgRg no REsp 1012960 PR, Rel. Ministro HERMAN BENJAMIN, SEGUNDA TURMA, julgado em 06/10/2009, DJe 04/11/2009)

Essa posição, no sentido da possibilidade da migração de polos, teve origem em discussão a respeito da ação popular, em precedente que assim foi ementado:

PROCESSO CIVIL – AÇÃO POPULAR – LEGITIMIDADE – DESISTÊNCIA DA AÇÃO – PÓLO ATIVO ASSUMIDO POR ENTE PÚBLICO – POSSIBILIDADE – SÚMULA 7/STJ.

1. Qualquer cidadão está legitimado para propor ação popular, nos termos e para os fins do art. 1º da Lei 4.717/65.

2. A pessoa jurídica de direito público ou de direito privado, cujo ato seja objeto de impugnação, poderá atuar ao lado do autor, desde que isso se afigure útil ao interesse público, a juízo do respectivo representante legal ou dirigente (art. 6º, § 3º da Lei 4.717/65.

3. Filio-me à corrente que defende a tese da retratabilidade da posição da pessoa jurídica na ação popular, quando esta, tendo atuado no feito no pólo passivo, se convence da ilegalidade e lesividade do ato de seu preposto, lembrando, inclusive, que o ente pode promover a execução da sentença condenatória (art. 17).

4. Tendo sido homologado (indevidamente) o pedido de desistência da ação pelo autor popular, cumpridas os preceitos do art. 9º da Lei 4.717/65, não tendo assumido a demanda o Ministério Público ou outro popular, inexiste óbice em que o ente público assuma o pólo passivo da demanda, em nome do interesse público. Interpretação sistemática da Lei 4.717/65.

5. Manutenção do decisum que aplicou a Súmula 7/STJ, diante da necessidade de reavaliação do contexto fático-probatório.

6. Agravo regimental improvido. (AgRg no REsp 439854/MS, Min. Eliana Calmon, 08/04/2003)

Parece correta a posição jurisprudencial, porquanto se o vetor da posição processual da pessoa jurídica interessada é o interesse público, será ele que indicará qual o polo a ser assumido na relação processual, bem como poderá indicar que uma mudança de posição é o que de mais útil se afigura ao mesmo interesse público.

1.5. Conclusão

A pessoa jurídica interessada na ação de improbidade a exemplo do que ocorre na ação popular, possui uma posição processual móvel e que permite, ainda, o deslocamento.

Ela será citada e poderá silenciar, atuar ao lado do Ministério Público ou posicionar-se no polo passivo, na defesa da legitimidade do ato impugnado.

Escolhida uma posição será possível migrar de um polo para outro na relação processual instaurada.

Para cada uma dessas situações, as consequências jurídicas serão próprias e distintas e, todas elas, devem encontrar justificativa no interesse público.

1.6. Referências bibliográficas

ABELHA, Marcelo. Ação de Improbidade, *Ações Constitucionais*. Organizador: Fredie Didier Jr. 5. ed. Salvador: JusPODIVM, 2011.

MEIRELLES, Hely Lopes; WALD Arnoldo; MENDES, Gilmar Ferreira. *Mandado de Segurança e Ações Constitucionais*. 32. ed., com a colaboração de Rodrigo Garcia da Fonseca. São Paulo: Malheiros Editores, 2009.

PAZZAGLINI FILHO, Marino; ROSA, Márcio Fernando Elias; FAZZIO JÚNIOR, Waldo. *Improbidade Administrativa – aspectos jurídicos da defesa do patrimônio público*. 4. ed. São Paulo: Atlas, 1999, 3ª tiragem.

― 2 ―

A ação de improbidade administrativa como meio de proteção ao patrimônio histórico e cultural

FERNANDA AJNHORN[1]

Sumário: 2.1. Introdução; 2.2. Evolução legislativa do direito à proteção ao patrimônio histórico e cultural; 2.3. Medidas protetivas e punitivas; 2.5. Conclusão; 2.6. Bibliografia citada.

2.1. Introdução

O patrimônio histórico e cultural é um direito fundamental, de natureza coletiva, cuja proteção legal vem merecendo crescente abrangência. Necessário conceituar inicialmente este direito, não muito discutido no meio jurídico, mas garantido na Constituição Federal, e já objeto de proteção nas cartas anteriores e leis infraconstitucionais.

Diante da limitação orçamentária de cada um dos três entes federativos, é natural que outros direitos fundamentais, que repercutem de forma mais imediata à comunidade, como o direito à saúde, à educação e à segurança pública, sejam priorizados, tanto com relação à destinação das finanças existentes, quanto com relação às ações promovidas para a sua efetivação.

No entanto, conforme pretende-se expor, o direito de proteção ao patrimônio histórico e cultural também merece atenção do administrador público, por ser um direito fundamental presente na carta constitucional, e de necessário respeito à existência da memória de nosso passado. A partir desta concepção, vislumbra-se a utilização da ação de improbidade administrativa como ferramenta de punição ao administrador público desrespeitoso deste direito.

2.2. Evolução legislativa do direito à proteção ao patrimônio histórico e cultural

A proteção ao patrimônio histórico e cultural brasileiro é bem coletivo e de natureza difusa prevista no artigo 216 da Constituição

---

[1] Mestre em Direito pela URI – Santo Ângelo; Juíza de Direito no Estado do Rio Grande do Sul.

Federal. Seu caráter de direito fundamental pode ser extraído da própria norma citada, bem como através da sua identificação direta com o art. 5º, inciso XXIII, na garantia de que a propriedade atenderá à sua função social.

A proteção do patrimônio histórico e cultural de uma nação pelo poder estatal nasce da necessidade de preservar a cultura de um povo, que vem representada primordialmente pela arquitetura, através de bens de natureza material, registrando-se, porém, serem passíveis de proteção bens imateriais, ambos representativos da memória de uma comunidade. Os fatos que aconteceram no passado, as pessoas que nele viveram e as suas criações, seja de caráter artístico ou de mera utilidade momentânea, deixaram marcas que podem merecer serem preservadas como forma de registro da história e cultura desse povo.

É necessário que alguns bens, ou conjunto de bens, sejam identificados como alvo de preservação, afastando-se a concepção de que o passado é intocável, de que tudo deve ser preservado em prol da memória da humanidade. Os seres humanos vivem em constante evolução, e, em parte, necessária a destruição do velho, para que o novo tome lugar. Desta forma, é preciso a individualização de bens que sejam representativos de uma determinada época da sociedade, ou que tenham sido palco de importantes fatos históricos. De outro lado, a preservação de bens de particulares pelo Estado passa a ser necessária quando há risco de perecimento dos exemplares mais representativos de determinadas épocas, ou de destruição indiscriminada a fim de atender a especulações imobiliárias.

O caráter político da preservação dos bens de valor histórico e cultural permanece presente através da participação direta de algum dos poderes do Estado. Mas a necessidade de aporte de recursos públicos para tal preservação e os interesses privados sobre a intervenção estatal junto à propriedade particular são outros elementos a serem considerados.

A necessidade de preservação do patrimônio histórico e cultural de uma nação passa por obstáculos que dizem respeito não apenas a questões técnicas de escolha de bens, mas de atenção aos interesses privados, e limitações orçamentárias do Estado, o qual precisa atender a outras demandas sociais.

A ideia da preservação da herança cultural deu-se no século XIX, na França, quando se iniciou a preocupação com a preservação do patrimônio histórico. Durante a Revolução Francesa, depredaram-se e destruiram-se bens arquitetônicos e artísticos relacionados à Igreja e ao Antigo Regime. Tem-se o registro de que em época anterior havia a proteção somente de monumentos e objetos artísticos de valor excepcional, destruindo-se bens relevantes, mas de menor importância, como foi o caso das edificações de origem medieval que circundavam a Catedral de Notre Dame, de Paris, e que se encontra totalmente isolada de seu contexto.[2]

Antes do século XX, poucas foram as manifestações da sociedade brasileira a fim de preservar bens de valor histórico e cultural. A partir da Semana da Arte Moderna de 1922, iniciou-se expressivo movimento de intelectuais e juristas no sentido da preservação dos bens de valor cultural no Brasil. Em 1937, com a Lei 378, foi criado o Serviço do Patrimônio Histórico e Artístico Nacional, o qual existe até hoje sob a denominação de Instituto do Patrimônio Histórico e Artístico Nacional (IPHAN).

No mesmo ano, já na vigência do Estado Novo, e da Constituição de 1937, Getúlio Vargas editou o Decreto-Lei 25, de 30.11.1937, que disciplinou a proteção ao patrimônio histórico e artístico nacional, e em vigor até a presente data. Esta foi a primeira norma infraconstitucional brasileira que normatizou a matéria, em que passavam a ser integrantes do patrimônio histórico e artístico brasileiro aqueles bens inscritos em um dos quatro livros do Tombo. No artigo primeiro, conceituaram-se os bens desta natureza:

> Constitui o patrimônio histórico e artístico nacional o conjunto dos bens móveis e imóveis existentes no país e cuja conservação seja de interesse público, quer por sua vinculação a fatos memoráveis da história do Brasil, quer por seu excepcional valor arqueológico ou etnográfico, bibliográfico ou artístico.

Por muito tempo, a legislação infraconstitucional limitou-se ao Decreto-Lei 25/37, sobrevivendo às diversas Constituições. Acresceram-se a este algumas regulamentações complementares, restando ainda a necessidade de normatização dos novos institutos implementados pela atual Constituição.

O Supremo Tribunal Federal julgou a constitucionalidade do Decreto-Lei nº 25/37 na Apelação nº 7.377, cujo Relator foi o Ministro Castro Nunes, em 17 de junho de 1942. No voto, o relator traça os fundamentos do direito de propriedade, e a noção universal da possibilidade de desapropriação mediante justa e prévia indenização. Na sequência, dá início à explicação sobre a proteção dos valores artísticos ou históricos existentes no país, em que não seria preciso que o Estado transferisse para si o domínio. Contudo, haveria uma limita-

---

[2] RODRIGUES, José Eduardo Ramos. A Evolução da Proteção do Patrimônio Cultural – Crimes Contra o Ordenamento Urbano e o Patrimônio Cultural. In: *Revista de Direito Ambiental*, nº 11. São Paulo: Revista dos Tribunais, 1998, p. 26.

ção ao proprietário do bem em destruir, desnaturar ou transformar a coisa.[3]

Frente à garantia constitucional do direito de propriedade (art. 5º, XXII), deve o legislador ordinário observar a sua função social. Devido a esta, não tem mais o proprietário um direito absoluto, mas relativo e condicionado. Por isto, o novo Código Civil, além de repetir os verbos que conferem ao proprietário a faculdade de usar, gozar e dispor da coisa (art. 1.228), fez ressalvas, consolidando o seu caráter social:[4]

> Art. 1.228 (...)
> § 1º O direito de propriedade deve ser exercido em consonância com as suas finalidades econômicas e sociais e de modo que sejam preservados, de conformidade com o estabelecido em lei especial, a flora, a fauna, as belezas naturais, o equilíbrio ecológico e o patrimônio histórico e artístico, bem como evitada a poluição do ar e das águas.

No Mandado de Segurança nº 2696 – Distrito Federal – o Relator Ministro Orozimbo Nonato, em 1956, entendeu que deveria prevalecer o interesse coletivo sobre o interesse privado, conforme as Constituições anteriores e da época determinavam:

> A propriedade não é mais instituto sacrossanto, sem possibilidade de sofrer a intervenção do Estado. O art. 18 da lei n. 25 é clara, quando dispõe que, sem autorização do Patrimônio Histórico e Artístico não se pode, na vizinhança de coisa tombada, levantar construção que lhe impeça ou reduza a visibilidade, nem colocar cartazes sob pena de destruição. É verdade que a ação do Patrimônio Histórico e Artístico não pode ser irrestringida; ela não pode impedir construções por simples capricho. Se a vedação for arbitrária, o Judiciário pode e deve corrigi-la, mas a audiência desse órgão é obrigatória. Negada a autorização deve o particular provar ser o ato ilegal e abusivo. No caso, a autorização deixou de ser outorgada.

A exemplo de outros países, deve o Brasil, através do Poder Público, também auxiliar para a preservação do patrimônio histórico e cultural, não apenas se limitando ao tombamento do bem. Sugere Edis Milaré que, da mesma forma que outros, crie o Estado leis de incentivos fiscais, fundos especiais para empréstimos subsidiados, e outros estímulos.[5]

Na esteira da atual carta constitucional, foi editada a Lei 9.605/98, que impõe sanções penais e administrativas relativas a condutas e atividades lesivas ao meio ambiente, cujos artigos específicos derrogaram os anteriores 165 e 166 previstos no Código Penal.

---

[3] *Revista de Direito Administrativo*, Vol II – Fasc. I, Julho – 1945, p. 106.
[4] CARVALHO FILHO, José dos Santos. *Manual de Direito Administrativo*. Rio de Janeiro: Freitas Bastos, 1997, p. 734.
[5] MILARÉ, Edis. *Direito do Ambiente*, São Paulo: Revista dos Tribunais, 2002, p. 384.

Somente a Constituição de 1988 voltou a empregar a expressão *patrimônio cultural*, nada sendo referido nas Constituições de 1937, 1946, 1967, e na Emenda de 1969, embora implicitamente pudesse se entender pela continuidade da proteção, bem como pela recepção do Decreto 25/37, ante o emprego de expressões como *bem público* e *bem-estar social*.[6]

A Constituição de 1988 ampliou significativamente a abrangência da proteção à matéria. O *caput* do art. 216 rompeu com a tradição do direito constitucional brasileiro ao inserir os conceitos de patrimônio cultural e de valor histórico, determinando a proteção de bens individualmente ou em conjunto, desde que "portadores de referência à identidade, à nação, à memória dos diferentes grupos formadores da sociedade brasileira". Não mais determinou que fossem de "valor excepcional", e admitiu aqueles de valor sociológico. Também incluiu como passíveis de defesa os bens imateriais ao lado dos materiais tradicionais. Excluiu a necessidade do tombamento prévio já que o seu texto não exige que os bens sejam tombados para integrarem o patrimônio cultural.[7]

Quando se trata de assunto histórico-cultural de *valor estritamente municipal*, ou vinculado à história ou à cultura *municipal*, a competência para promover a sua proteção é privativa do próprio Município, diante do *interesse local*, de forma direta ou imediata. Quando o assunto histórico-cultural for de *interesse comum* de todas as Unidades da Federação, observadas as *normas gerais de cooperação* estabelecidas pela Lei Complementar federal, a competência para a sua proteção é a comum dos Municípios, da União, dos Estados e do Distrito Federal.[8]

Os Municípios podem tombar bens de domínio da União e dos Estados, enquanto os Estados podem tombar bens pertencentes à União; possibilidade também no sentido contrário, em ordem decrescente, da União em relação aos Estados e Municípios, e dos Estados em relação aos Municípios.

Sobre a possibilidade de tombamento por quaisquer dos três poderes, defende-se que

> A Constituição, como uma homenagem aos cem anos de vigência da Lei Áurea, declara tombados todos os documentos e sítios ligados aos antigos quilombos. Esta

---

[6] SOUZA FILHO, Carlos Frederico Marés de. *Bens culturais e sua proteção jurídica*. Curitiba: Juruá, 2011, p. 61.

[7] RODRIGUES, José Eduardo Ramos. A Evolução da Proteção do Patrimônio Cultural – Crimes Contra o Ordenamento Urbano e o Patrimônio Cultural. In: *Revista de Direito Ambiental*, nº 11. São Paulo: Revista dos Tribunais, 1998, p. 31-2.

[8] CUSTÓDIO, Helita Barreira. Normas de Proteção ao Patrimônio Cultural Brasileiro em Face da Constituição Federal e das Normas Ambientais. In: *Revista de Direito Ambiental*. São Paulo: Revista dos Tribunais, 1997, p. 29.

declaração de tombamento é a afirmação de que, como veremos, é possível não só ao Poder Executivo, mas também ao Legislativo e ao Judiciário, declarar tombado um bem, ainda que a inscrição no livro do tombo seja feita por funcionário competente.[9]

Entre as novas formas de proteção ao patrimônio histórico previstas na Constituição atual, além do tombamento, estão os inventários, registros, vigilância, "e outras formas de acautelamento e preservação". Com relação ao inventário, refere Edis Milaré, deve ser realizado como um procedimento administrativo, em prática antes mesmo da Constituição de 1988, "especialmente por prefeituras, com a finalidade de identificar e catalogar bens de valor cultural". No entanto, aponta o autor que o procedimento algumas vezes prejudica a proteção dos bens, pois os proprietários, citando o exemplo do ocorrido no Município de Rio Pardo – RS, teriam procurado demolir os bens o mais rápido possível, antes que o poder público pudesse utilizar-se de meios para impedir tais atos.[10]

A partir do tombamento, a propriedade privada passa a sofrer restrições. O ato de tombar é a inscrição no livro chamado tombo do bem que deve ser protegido, que não pode ser destruído, porque tem valor histórico ou artístico. Pode preceder de inventário, ou de cadastramento, através de grupos de estudos técnicos a fim de averiguar o valor do bem para a finalidade de tombamento.

O livro tombo assim se chama em razão da Torre do Tombo, localizada em Lisboa, que era "a casa em que se conservavam os Livros das Leis, Escrituras Públicas, Contratos, Tratados com as Nações Estrangeiras e outros papéis, autênticos do Reino".[11]

Ainda é o tombamento a principal forma escolhida para a preservação de bens quando reconhecido o seu valor histórico ou cultural. Com a finalidade de verificar os atributos que caracterizam o instituto do tombamento, identifica-se ao ramo do direito administrativo, e, por consequência, do direito público. Trata-se de normas de direito administrativo porque relacionam o administrador público ao particular, o proprietário de um bem, e, por isto, detentor de direitos a ele correspondentes. J. Cretella Júnior explica que *"[a] finalidade do tombamento não é a subtração da propriedade, como ocorre com a desapropriação, mas sim a limitação, a conservação da coisa, para que não sofra a ação deletéria do tempo ou das pessoas"*.[12]

---

[9] SOUZA FILHO, Carlos Frederico Marés. *Bens culturais e sua proteção jurídica*. Curitiba: Juruá, 2011, p. 65.
[10] MILARÉ, Edis. *Direito do Ambiente*. São Paulo: Revista dos Tribunais, 2002, p. 357.
[11] MORAES E SILVA, Antônio. *O Dicionário da Língua Portuguesa*.
[12] CRETELLA JÚNIOR, José. Regime Jurídico do Tombamento. In: *Revista de Direito Administrativo*. Vol. 112. abril/junho 1973. Fund. Getúlio Vargas, p. 68.

No instituto do tombamento, a Administração Pública situa-se como o sujeito ativo, e o particular, o proprietário do bem, como o sujeito passivo. Seguem-se os demais elementos que são o bem a ser tombado, móvel ou imóvel, de valor histórico, estético, etnográfico, paisagístico, arqueológico; o texto de lei, emanado pelo Legislativo, e que deve identificar o bem a ser preservado; o livro de registro ou tombo; a operação material da inscrição; o parecer do órgão competente; o processo ou o rito do tombamento. Assim, no tombamento os bens sofreriam "...uma restrição ao direito de propriedade, localizando-se no início duma escala de limitações em que a desapropriação ocupa o ponto extremo".[13]

Segundo José dos Santos Carvalho Filho, trata-se o tombamento de ato vinculado, pois terá sempre como pressuposto a defesa do patrimônio cultural, não podendo ser praticado por motivo diverso. O ato seria discricionário quanto à valoração da qualificação do bem como natureza histórica, artística, etc., e da necessidade de sua proteção.[14]

Existem duas espécies de tombamento; o voluntário, e o compulsório. No primeiro, a iniciativa é do particular, ou este concorda com a Administração Pública. No segundo, há uma atividade impositiva do Estado.

Há necessidade de o processo de tombamento submeter-se à fase legislativa para que se admita a exceção ao direito de propriedade. No entender de J. Cretella Júnior, o momento seria a valoração do bem quanto à sua relação com a pré-história, história, interesse arqueológico, etnográfico, artístico, bibliográfico. Na sequência, caberia ao Administrador o exercício da sua discricionariedade, decidindo ou não tombá-lo, conforme seu juízo de conveniência e oportunidade. Por fim, restaria o ato material de registro ou inscrição no livro tombo. E assim conclui:

> Não se confunda, pois, a qualificação do bem com o tombamento em si. Qualificar é tipificar, é atribuir ao bem valor histórico, artístico, paisagístico, enquadrando-o de modo preciso em uma das hipóteses legais. Tombar é o momento jurídico concretizado pela edição do ato. Qualificação é a operação de natureza técnica; o tombamento, em si, é ato administrativo discricionário que pode ser editado ou não, porque envolve oportunidade, conveniência, razoabilidade.[15]

Somente a necessidade de proteção dos bens históricos e artísticos justifica as limitações decorrentes do tombamento. Por isto, o fundamento jurídico do tombamento seria o poder de polícia do Estado.

---

[13] CRETELLA JÚNIOR, José. Regime Jurídico do Tombamento. Op. cit., p. 50 e 53.

[14] CARVALHO FILHO, José dos Santos. *Manual de Direito Administrativo*, Rio de Janeiro: Freitas Bastos, 1997, p. 762.

[15] CRETELLA JÚNIOR, José. Regime Jurídico do Tombamento. Op. cit., p. 54.

E, no dizer de Alessio, a incompletude da norma jurídica delega ao Administrador o emprego da discricionariedade técnica para determinar, nos casos particulares, a extensão que se deve dar à limitação ao direito de propriedade.[16]

J. Cretella Júnior já defendia, referindo-se às Constituições anteriores, a possibilidade das três esferas públicas – União, Estados, e Municípios –, tratando-se de poder de polícia, legislarem sobre o tombamento de bens, podendo editar normas específicas sobre o respectivo patrimônio. Somente a restrição total ao bem, correspondente à desapropriação, levaria à competência privativa da União, e, ainda assim, mediante prévia e justa indenização.[17]

Divergem os autores sobre a natureza jurídica do tombamento, especialmente quanto às suas consequências ao dever de indenizar ao proprietário do imóvel tombado. Tem-se que o tombamento advém da flexibilização do direito de propriedade, a partir da introdução dos direitos sociais no rol dos direitos fundamentais. A propriedade deixa de ser intangível, e precisa cumprir a sua função social, seja de forma direta ao bem-estar dos indivíduos, garantindo-lhes o direito à moradia e ao trabalho; seja de forma a preservar o meio ambiente e a história da humanidade. Para Celso Antônio Bandeira de Mello,

> Não há direitos ilimitados. Falar em direito e, pois, em direito de propriedade – é falar em limitações. Assim, é compreensível que dispositivos legais estabeleçam condicionamentos ao exercício da propriedade, traçando deste modo o perfil do direito correspondente. Em suma: as normas atinentes à propriedade, tal como reconhecida em um dado sistema juspositivo. São elas que desenham o que chamamos de direito de propriedade, isto é, o conteúdo juridicamente protegido e aceito como válido, em certa ordenação nacional, para a propriedade.[18]

A proteção ao patrimônio histórico e cultural na forma prevista na Constituição Federal (art. 216) é um direito fundamental de natureza coletiva e transindividual. Reconhecem-se efeitos horizontais, no qual os particulares se obrigam, conforme consta no parágrafo primeiro do art. 216 que haverá a "colaboração da comunidade", ainda que em primeiro plano esteja a incumbência ao Poder Público. Esta é a conclusão de Daniel Sarmento:

> Na verdade, seria praticamente inócua a garantia constitucional destes direitos, que tutelam bens jurídicos que podem ser afetados e comprometidos por todos, se a eles só ficassem diretamente vinculados os poderes públicos. E, para nós, a vinculação direta dos particulares aos direitos constitucionais transindividuais não se restringe a uma obrigação negativa, de não afetar os bens jurídicos por eles protegidos. Ela vai

---

[16] CRETELLA JÚNIOR, José. Regime Jurídico do Tombamento. Op. cit., p. 54.
[17] Idem, p. 60.
[18] MELLO, Celso Antônio Bandeira de. Tombamento e Dever de Indenizar. In: *Revista de Direito Público*, n.81, p. 309.

além, e pode importar, em certos casos, no reconhecimento de obrigações positivas, de caráter prestacional, inferidas diretamente da Constituição, muito embora seja o Estado o responsável primário pela adoção de medidas voltadas para a conservação e recuperação do meio ambiente, bem como para a promoção e proteção do patrimônio histórico, artístico e cultural.[19]

Portanto, as limitações administrativas devem abarcar uma categoria de bens delimitados por uma posição geográfica, cujas características sejam relevantes ao interesse público. Corriqueiramente, os Municípios editam leis de limitações administrativas à propriedade, conforme bairros ou áreas, restringindo índices de construção, ou a destinação do bem (comercial, industrial ou residencial), objetivando melhorar as condições de moradia, e de desenvolvimento industrial e comercial.

O tombamento de bens que possuem valor artístico ou cultural, reconhecendo o Poder Público que merecem ser preservados como patrimônio histórico, restringe ao proprietário os direitos que normalmente ele teria sobre o bem, sobretudo o de modificá-lo, demoli-lo, ou dar-lhe destino diverso.

Na Apelação nº 7.377 – 17.07.1942 – de lavra do relator Ministro Castro Nunes – afirma-se que a conservação de monumentos históricos é importante para a educação e a cultura, e, por isso, não podem ser destruídos ou desfigurados. A desapropriação somente é a opção, em caso de impossibilidade de manter o bem com o proprietário, na hipótese em que haja perigo na sua conservação. Seria o caso de o proprietário não dispor de meios para manter e conservar o bem, quando a Lei nº 25 assim o permite e a mesma hipótese de desapropriação do Decreto-Lei nº 3.365/41.

No mesmo acórdão, defende o Ministro Filadelfo Azevedo que a coletividade deve suportar coletivamente os prejuízos pela preservação, seja de um imóvel em particular, ou de uma cidade inteira, seguindo a teoria da responsabilidade do Estado pelos atos danosos, inclusive os decorrentes de força maior. Afirma que "o deleite estético ou histórico" propiciado à comunidade não poderia ter o prejuízo suportado por alguns.

A Administração Pública possuiria a discricionariedade de, mesmo reconhecendo o valor histórico ou artístico de um bem, ter a liberdade de tombá-lo ou não, e a escolha da ocasião mais apropriada para a edição do ato. Restaria ao Judiciário o exame da legalidade do ato, não podendo se manifestar sobre o tombamento em si, o instante de

---

[19] SARMENTO, Daniel. *Direitos Fundamentais e Relações Privadas*. Rio de Janeiro: Lumen Juris, 2006, p. 320.

concretizá-lo, a oportunidade e a conveniência da medida; matérias que seriam exclusivas ao Administrador.

A partir da edição destas normas, passa ao Executivo a atribuição de identificar os bens que serão alvo da alguma forma de proteção estatal, a princípio de acordo com a sua conveniência, em razão da necessidade e da limitação orçamentária.

A efetivação dos direitos fundamentais também depende de disponibilidade econômica. Hoje já se compreende que não apenas os direitos sociais, ordinariamente de caráter prestacional, demandam recursos, mas, até aqueles de primeira geração, de cunho negativo, precisam destes mesmos recursos. Isto torna-se evidente no caso da garantia à vida, quando é necessário que o Estado aloque recursos para a segurança pública.

Diante da limitação orçamentária do poder público para atender às políticas públicas, questiona-se a quem cabe a escolha das prioridades de gastos a fim de concretizar os direitos fundamentais.[20] Frente ao questionamento da possibilidade de os poderes eleitos agirem discricionariamente e do Judiciário controlar estas decisões, Daniel Sarmento responde:

> Parece-nos, por isso, igualmente equivocadas, tanto a posição que retira toda eficácia jurídica dos direitos sociais, remetendo-os à vontade incerta do legislador orçamentário e da administração, como aquela segundo a qual o Poder Judiciário pode sempre fazer valer o direito social previsto no texto da Constituição, independentemente do seu impacto sobre os gastos públicos e o orçamento.[21]

Verifica-se então que o Estado possui limitada capacidade financeira para atender a todas as demandas à efetivação dos direitos fun-

---

[20] APELAÇÃO CÍVEL. DIREITO PÚBLICO NÃO ESPECIFICADO. AÇÃO CIVIL PÚBLICA. PROTEÇÃO AO PATRIMÔNIO HISTÓRICO E CULTURAL. IGREJA EVANGÉLICA DE CONFISSÃO LUTERANA DO BRASIL. COMPLEXO HOSPITALAR DE ITAPUÃ. IMPOSSIBILIDADE DE INTERVENÇÃO DO PODER JUDICIÁRIO NA ATIVIDADE ADMINISTRATIVA. 1. O art. 219, § 1º da Constituição Federal estabelece que "o Poder Público, com a colaboração da comunidade, promoverá e protegerá o patrimônio cultural brasileiro, por meio de inventários, registros, vigilância, tombamento e desapropriação, e de outras formas de acautelamento e preservação". 2. *Em que pese tal disposição constitucional, há de se observar a impossibilidade de o Poder Judiciário intervir na atividade administrativa estabelecendo prioridades orçamentárias do Estado, definir o prazo para elaboração e execução do projeto, bem como determinar a inclusão das verbas de responsabilidade do Estado no próximo orçamento anual.* 3. Ademais, em observância ao princípio da separação dos poderes previsto no art. 2º da Constituição Federal, é vedada a ingerência do Poder Judiciário na esfera administrativa para determinar a realização de obras atinentes à preservação do patrimônio histórico, que implique na avaliação de prioridades conforme conveniência e oportunidade da administração pública, notadamente porque os orçamentos anuais serão estabelecidos por leis de iniciativa do Poder Executivo. 4. Precedentes desta Corte. 5. Sentença de procedência na origem. APELAÇÃO PROVIDA. (Apelação Cível Nº 70056148745, Quarta Câmara Cível, Tribunal de Justiça do RS, Relator: Antônio Vinícius Amaro da Silveira, Julgado em 29/04/2015)

[21] SARMENTO, Daniel. *Direitos Fundamentais e Relações Privadas*. Rio de Janeiro: Lumen Juris: 2006, p. 22.

damentais. Somando-se às restrições financeiras, está a possibilidade jurídica de dispor de tais recursos, a que se denominou de "reserva do possível", assim explicada por Ingo Wolfang Sarlet:

> Já há algum tempo se averbou que o Estado dispõe apenas de limitada capacidade de dispor sobre o objeto das prestações reconhecidas pelas normas definidoras de direitos fundamentais sociais, de tal sorte que a limitação dos recursos constitui, segundo alguns, em limite fático à efetivação desses direitos. (...) É justamente em virtude destes aspectos que se passou a sustentar a colocação dos direitos sociais a prestações sob o que se denominou de uma "reserva do possível", que, compreendida em sentido amplo, abrange tanto a possibilidade, quanto o poder de disposição por parte do destinatário da norma.[22]

A decisão do administrador público em tombar um bem para preservá-lo como patrimônio histórico ou cultural passa pela viabilidade orçamentária. Ainda que não se desconheçam posicionamentos da impossibilidade de indenização ao proprietário do bem tombado, gastos podem ser necessários para o auxílio na preservação do bem. É preciso, então, que se façam escolhas frente aos limites orçamentários:

> A reserva do possível é, pois, um limitador fático, que atua necessariamente sobre os direitos a prestações materiais, devida sua conotação econômica. A definição dos recursos e sua afetação a umas e outras finalidades são tarefas atribuídas ao legislador e ao administrador, sem embargo de caber ao julgador o exame da adequação de tais decisões às previsões constitucionais. Uma vez estabelecida a partição dos recursos na norma orçamentária, a respectiva utilização vai se dar necessariamente dentro de tal universo, daí falar-se em reserva do possível.[23]

2.3. Medidas protetivas e punitivas

Em busca a julgados sobre o direito ao patrimônio histórico e cultural, a grande maioria refere-se a ações civis públicas propostas pelo Ministério Público, e que visam à proteção de bens, tombados ou não, com relação a um particular, o proprietário do bem ou um terceiro, como um vizinho, que pretenda não respeitar tal direito coletivo. Cumulativamente, o ente público, Estado ou Município, é demandado na condição de litisconsorte passivo.

Como então vincular o direito ao patrimônio histórico e cultural com atos de improbidade administrativa ante à inexistência de casos precedentes jurisdicionalizados? Tenho que a resposta está na Lei 10.257/2001- Estatuto da Cidade. Nela há disposições que obrigam o administrador público a agir em proteção ao patrimônio histórico e

---

[22] SARLET, Ingo Wolfang. *A Eficácia dos Direitos Fundamentais*. Porto Alegre: Livraria do Advogado, 2005, p. 288-9.
[23] FREITAS, Luiz Fernando Calil de. *Direitos Fundamentais* – Limites e Restrições. Porto Alegre: Livraria do Advogado, 2007, p. 173-4.

cultural, e a sua omissão poderá ser responsabilizada. E, neste caso, estabelece-se a relação direta com a Lei de Improbidade Administrativa, ante à abrangência de atos que assim podem ser enquadrados. Neste sentido Calil de Freitas:

> Do Latim *improbitate*. Desonestidade. No âmbito do Direito o termo vem associado à conduta do administrador plenamente considerado. Há sensível dificuldade doutrinária em fixar-se os limites do conceito de "improbidade". Assim, *genericamente*, comete maus-tratos à probidade o agente público ou o particular que infringe a moralidade administrativa. A lei, como veremos, enumera e explicita situações tidas como violadoras da "probidade". Parece ter circunscrito a punição aos atos e condutas lá estabelecidos. Então, associa a figuras do enriquecimento ilícito, do prejuízo ao erário e da infringência aos princípios constitucionais, que enumera, como causas suficientes à tipificação das condutas tidas por atentatórias à probidade.[24]

O Estatuto da Cidade, Lei nº 10.257/2001, contém várias disposições visando à proteção ao patrimônio histórico e cultural. O art. 2º, como norma geral, expõe que *"A política urbana tem por objetivo ordenar o pleno desenvolvimento das funções sociais da cidade e da propriedade urbana"*, sendo uma das diretrizes a *"proteção, preservação e recuperação do meio ambiente natural e construído, do patrimônio cultural, histórico, artístico, paisagístico e arqueológico"* (inciso XII). No art. 4º, há a previsão do uso do tombamento de imóveis ou de mobiliário urbano (inciso V, letra d). Além disso, autoriza o art. 35 que

> lei municipal, baseada no plano diretor, poderá autorizar o proprietário de imóvel urbano, privado ou público, a exercer em outro local, ou alienar, mediante escritura pública, o direito de construir previsto no plano diretor ou em legislação urbanística dele decorrente, quando o referido imóvel for considerado necessário para fins de: (...) II – preservação, quando o imóvel for considerado de interesse histórico, ambiental, paisagístico, social ou cultural;

Posteriormente, foi inserido o art. 42-B, que dispõe que:

> Os Municípios que pretendam ampliar o seu perímetro urbano após a data de publicação desta Lei deverão elaborar projeto específico que contenha, no mínimo: (...) VI – definição de diretrizes e instrumentos específicos para proteção ambiental e do patrimônio histórico e cultural.

Há então margem legislativa para que o administrador público seja compelido a agir para a proteção do patrimônio histórico e cultural, pois a sua omissão poderá ser objeto de ação de improbidade administrativa.

Observo que o administrador poderá não obter uma vantagem financeira direta, mas a sua omissão beneficiará o particular que não deseja a preservação de um bem de valor histórico e cultural. Com isso, não haverá prejuízo financeiro ao ente público, mas prejuízo ao patrimônio histórico e cultural da comunidade.

---

[24] FIGUEIREDO, Marcelo. *Probidade administrativa*. 5. ed. São Paulo: Malheiros, 2004, p. 41.

O patrimônio histórico e cultural não constitui propriamente um conjunto de bens que possam ser convertidos em valor econômico, ainda que venham a ser objeto de avaliação para uma eventual venda, não é neste sentido a sua importância, mas na sua representação pela história ou cultura que o bem possui. Não se pode simplesmente indenizar a comunidade pelo prejuízo de ter um imóvel de valor histórico destruído, pois a perda é imaterial, no sentido de que parte da memória coletiva desaparece. A história e a cultura não se medem objetivamente, mas constituem elemento essencial para a educação da sociedade. Um povo que não mantém preservado parte de seu passado, dele não se lembra. E a falta de um passado impede que o seu conhecimento sirva de base para a sua evolução.

Mas ao administrador público não cabe apenas a proteção do patrimônio de valor econômico, na medida que as próprias normas citadas reconhecem o patrimônio histórico e cultural como bem a ser protegido, e um direito a ser exercido. Enquadra-se então o dever do administrador público de proteger o patrimônio histórico e cultural com o propósito de atender à finalidade estatal de concretização de um direito fundamental. E, neste aspecto, George Sarmento diz que

> (...) a tarefa interpretativa é facilitada pela noção de finalidade pública. Como se sabe, a atividade estatal deve estar sempre direcionada para o bem comum. Isso exige que a atuação administrativa esteja em harmonia com as aspirações populares de concretização dos direitos humanos fundamentais, ou seja, das liberdades públicas, dos direitos políticos, sociais, coletivos, difusos e individuais homogêneos.[25]

É preciso então que os governantes, das três esferas federativas, normatizem leis protetivas do patrimônio histórico e cultural.[26] Deverão identificar os bens alvo de proteção, e escolher aqueles que,

---

[25] SARMENTO, George. *Improbidade administrativa*. Porto Alegre: Síntese, 2002, p. 114.

[26] DIREITO PÚBLICO NÃO ESPECIFICADO. AÇÃO CIVIL PÚBLICA. PROTEÇÃO DO PATRIMÔNIO PÚBLICO HISTÓRICO E CULTURAL. MUNICÍPIO DE MONTENEGRO. DETERMINAÇÃO DE REALIZAÇÃO DE INVENTÁRIO DE BENS CULTURAIS. DECISÃO LIMINAR MANTIDA. 1. A pretensão do Município de Montenegro de ter reformada a decisão liminar que lhe determinou a realização de inventário de bens culturais no prazo de 120 dias não merece guarida. *As provas que instruíram a inicial da ação civil pública apontam para a efetiva urgência da medida e a obrigação de o Município levá-la a efeito, para que haja a preservação do patrimônio histórico e cultural da cidade, evitando com isso o risco de demolição, destruição e uso indiscriminado de bens que possam fazer parte daqueles a ser preservados. Inventário do Município de Montenegro que estava em tramitação desde o ano de 1995 sem conclusão.* 2. Para a concessão do efeito suspensivo ou antecipação de tutela no agravo de instrumento são indispensáveis os requisitos listados na legislação de regência. A ausência de qualquer deles conduz à impossibilidade da providência urgente reclamada. O agravante não demonstrou a presença dos requisitos da verossimilhança e do risco de dano irreparável ou de difícil reparação a ensejar a revogação da decisão agravada. 3. Consulta do processo na origem (018/1.13.0003390-9) que informou ter havido o descumprimento da medida liminar pelo ente público municipal. Manutenção da decisão agravada. AGRAVO DE INSTRUMENTO IMPROVIDO. (Agravo de Instrumento nº 70057398646, Terceira Câmara Cível, Tribunal de Justiça do RS, Relator: Nelson Antônio Monteiro Pacheco, Julgado em 26/03/2015).

dentre as possibilidades orçamentárias, serão preservados. Ocorre que parte desta escolha recairá sobre bens pertencentes a particulares, os quais, se tombados ou de alguma outra forma forem protegidos, onerarão estes com os custos de conservação, os quais normalmente são mais altos que uma simples reforma, pois é necessário manter as mesmas características da versão original. Por outro lado, o valor de mercado para a sua venda é significativamente reduzido, porque a impossibilidade de alteração desestimula o interesse de eventuais compradores.

Assim, partindo-se do pressuposto da necessária indenização ao proprietário do bem, em que pese entendimentos do seu descabimento, deve o poder público que o afetou, compensar o particular. E isto gera despesas as quais nem sempre há orçamento disponível. Diante do limite orçamentário para tal finalidade, serão feitas escolhas do prioritário. O que ocorre, na prática, é estar o administrador público compelido a promover a proteção ao patrimônio histórico e cultural, sem a garantia desta compensação ao particular. Cientes desta situação, percebe-se um esforço político dos proprietários dos bens que serão possíveis alvos de proteção para que o administrador público omita-se em promover esta proteção. Enquanto há inércia do poder público para inventariar quais os bens devem ser preservados, não pode haver óbice para que o proprietário altere as suas características originais ou o destrua por completo.

Convém, portanto, aos donos dos bens de valor histórico e cultural que o poder público permaneça inerte no reconhecimento neste sentido, porque, se o fizer, poucas serão as possibilidades da justa compensação financeira. Não se promovendo a proteção, seja através de leis ou atos administrativos, os bens podem ser alterados. E quanto mais rápido isto aconteça, melhor para o proprietário, antes que tal reconhecimento se dê.[27]

---

[27] APELAÇÃO CÍVEL. AÇÃO CIVIL PÚBLICA. CONDENAÇÃO À OBRIGAÇÃO DE FAZER, RESTAURAÇÃO DA FACHADA DO PRÉDIO. INDENIZAÇÃO EM RAZÃO DE DANO MORAL E MATERIAL. IMÓVEL DE VALOR HISTÓRICO. TOMBAMENTO. INEXISTÊNCIA. O Poder Público, com a colaboração da comunidade, promoverá e protegerá o patrimônio cultural brasileiro, por meio de vigilância, tombamento e desapropriação, e de outras formas de acautelamento e preservação (art. 216, §1º da CF). Conforme entendimento expressado pelo STF, a proteção do patrimônio cultural e histórico se dá mediante o tombamento ou a desapropriação, cabendo à legislação infraconstitucional adotar um desses dois conceitos para determinar a proteção do bem imóvel. No caso, tombamento é a declaração pelo Poder Público do valor histórico, artístico, paisagístico, turístico, cultural ou científico de bens, coisas ou locais, mediante regular procedimento administrativo, sendo inexistente quanto ao prédio pertencente aos demais réus. Desta forma, verifica-se a ausência de obrigação por parte do proprietário, de conservá-los, preservá-los ou recuperá-los. Inexistência de dever de indenizar por danos materiais e morais coletivos. Precedente do STJ. Improcedência da demanda. Apelação provida. Preliminar prejudicada. Apelação Cível nº 70065733834.

Os institutos jurídicos que obrigam o administrador público a agir em defesa do patrimônio histórico e cultural ainda são de tímida utilização. Conforme se verifica nos julgados pesquisados, o Ministério Público utiliza-se largamente da ação civil pública para proteger bens, contra o particular para que o preserve, e contra o poder público, para que promova o tombamento.

A atual Constituição Federal aumentou significativamente as atribuições do Ministério Público na defesa dos interesses coletivos. Entre eles, conforme o inciso III do art. 129, previu que deveria *promover o inquérito civil e a ação civil pública, para a proteção do patrimônio público e social, do meio ambiente e de outros interesses difusos e coletivos;*

A partir desta incumbência constitucional, tem a instituição ministerial o dever de intentar ações protetivas do patrimônio histórico e cultural em razão de ser *patrimônio social* e *interesse difuso e coletivo*. No entanto, tal encargo encontra limitações frente às atribuições da Administração Pública na concretização da proteção dos bens de valor histórico e cultural.

A instituição ministerial precisa observar que as suas funções são de proteção, e não de substituição do administrador público, a quem incumbe o dever de proteger o patrimônio histórico e cultural. Observando-se o caráter discricionário na escolha de bens a serem preservados, levando-se em conta as limitações orçamentárias, não poderá o Ministério Público obrigar o ente governamental a proteger os bens que entender serem merecedores de tombamento ou outras formas previstas na Constituição.

Foi neste sentido que decidiu o Des. Luiz Felipe Silveira Difini na Apelação Cível nº 70019992270 (2007 – TJRS):

> Efetivamente, o ato de tombamento tem natureza de ato discricionário, entretanto, na hipótese, a pretensão do Ministério Público, a quem incumbe inequivocamente a proteção do patrimônio público e social, do meio ambiente e de outros interesses difusos e coletivos, nos termos do art. 129, inciso III da Constituição Federal, bem como a sentença, ora impugnada, restringe-se a determinar apenas que o ente federado instaure o respectivo procedimento e não, obrigatoriamente, decrete o tombamento.

No entanto, com o Estatuto da Cidade, deverão os municípios promover a efetiva proteção dos bens de valor histórico e cultural, através do tombamento e de outras políticas públicas que viabilizem a sua preservação. Se há norma que determina aos municípios o agir efetivo, então a sua omissão deverá ser objeto de responsabilização de seus destinatários pela prática de atos de improbidade administrativa.

A teor do art. 11, inciso II, da Lei nº 8429/92, a omissão do administrador público em editar atos protetivos ao patrimônio histórico e cultural poderá caracterizar-se independentemente da efetiva vantagem financeira ao particular proprietário do bem a ser protegido, bastando a demonstração do dano ao patrimônio que deveria ser preservado. A simples omissão, sem a comprovação do prejuízo, não se caracterizaria como ato de improbidade administrativa.

A prática de atos de improbidade administrativa, ainda que por ato omissivo, deve incorrer em dano ao erário. Usualmente, este dano é traduzido como de caráter econômico, mas, no caso da não preservação do patrimônio histórico e cultural, este dano é imaterial. É parte da história e da cultura do povo que se apaga, é a memória que perde um testemunho vivo do que aconteceu.

Uma casa em que viveu uma importante personagem da história daquele município pode ser objeto de interesse para que as próximas gerações conheçam as características de uma época, proporcionando a ideia de concretude a estudantes ou turistas, por exemplo, com a história do lugar.

No caso hipotético, o administrador público não inventariou os bens a serem preservados, e a casa foi demolida. Poderá então o administrador público responder pelo ato omissivo de improbidade administrativa, porque houve lesão ao patrimônio imaterial do município. A possibilidade de lesão por omissão é prevista no art. 5º da Lei de Improbidade. A omissão do administrador público poderá ser dolosa ou culposa, sendo, neste caso, necessária a demonstração de negligência na situação concreta.

Embora o particular enriqueça com a destruição de um bem de valor histórico ou cultural, não seria o caso de aplicação do artigo 6º, pois não se trata de enriquecimento ilícito. Enquanto o bem não está, de alguma forma protegido, a alteração que lhe traga benefícios financeiros não lhe é vedada.

Poderá, no entanto, aplicar-se o art. 7º, quando o ato de improbidade causar lesão ao patrimônio público, cabendo à autoridade administrativa responsável pelo inquérito representar ao Ministério Público, embora não seja o caso da indisponibilidade de bens, a não ser que seja possível reparar o dano sofrido pelo bem.

A omissão do agente público para proteger o patrimônio histórico e cultural encontra respaldo na Seção III da Lei de Improbidade – Dos atos de improbidade que atentam contra os princípios da administração pública:

> Art. 11. Constitui ato de improbidade administrativa que atenta contra os princípios da administração pública qualquer ação ou omissão que viole os deveres de honestidade, imparcialidade, legalidade, e lealdade às instituições, e notadamente:
> (...)
> II – retardar ou deixar de praticar, indevidamente, ato de ofício;

A norma citada permite punir o administrador público que, ao não promover a proteção ao patrimônio histórico e cultural, pela omissão, resulte na destruição total ou parcial do bem que deveria ser preservado. Ao violar os princípios norteadores da administração pública, nos quais se inclui a defesa de seu patrimônio material e imaterial, adequa-se a proteção ao patrimônio histórico e cultural neste último.

Da doutrina de Pazzaglini, pode-se entender que o conceito de improbidade administrativa compreende a efetiva proteção pretendida:

> *Improbidade* administrativa, pois, é mais que singela atuação desconforme com a fria letra da lei. Em outras palavras, não é sinônimo de mera ilegalidade administrativa, mas de ilegalidade qualificada pela imoralidade, desonestidade, má-fé. Em suma, pela falta de probidade do agente público no desempenho de função pública.[28]

2.5. Conclusão

A proteção ao patrimônio histórico e cultural é um direito da coletividade reconhecido recentemente, e protegido por leis que ainda geram controvérsias sobre a sua forma de interpretação, especialmente no que diz respeito ao conflito com o direito de propriedade. Trata-se de um direito fundamental difuso e coletivo, reconhecido constitucionalmente, mas que encontra dificuldades na sua concretização, diante das limitações orçamentárias do poder público.

Entre as ações constitucionais que o incluem como meio de proteção, destaca-se a ação civil pública como aquela rotineiramente utilizada pelo Ministério Público para a sua efetividade. No entanto, a ação de improbidade administrativa pode ser uma alternativa para punir o administrador público que se omite do seu dever de promover a proteção ao patrimônio histórico e cultural, na medida em que a inércia de ações neste sentido tendem a inibir o cumprimento desta obrigação.

Sendo um direito fundamental coletivo e difuso, cabe primordialmente ao Ministério Público a iniciativa de promover a proteção ao patrimônio histórico e cultural, não identificando os bens que devem integrar o patrimônio de cada comunidade, mas compelindo o administrador público a fazê-lo.

2.6. Bibliografia citada

CARVALHO FILHO, José dos Santos. *Manual de Direito Administrativo*. Rio de Janeiro: Freitas Bastos, 1997.

---

[28] PAZZAGLINI FILHO, Marino. *Lei de improbidade administrativa comentada*. 6. ed. São Paulo: Atlas, 2015 fl. 03.

CRETELLA JÚNIOR, José. Regime Jurídico do Tombamento, In: *Revista de Direito Administrativo*. Vol. 112. abril/junho 1973. Fund. Getúlio Vargas.

CUSTÓDIO, Helita Barreira. Normas de Proteção ao Patrimônio Cultural Brasileiro em Face da Constituição Federal e das Normas Ambientais. In: *Revista de Direito Ambiental*. São Paulo: Revista dos Tribunais, 1997.

FIGUEIREDO, Marcelo. *Probidade administrativa*. 5ª ed. São Paulo: Malheiros, 2004.

FREITAS, Luiz Fernando Calil de. *Direitos Fundamentais – Limites e Restrições*. Porto Alegre: Livraria do Advogado, 2007.

MELLO, Celso Antônio Bandeira de. Tombamento e Dever de Indenizar. In: *Revista de Direito Público*, n.81.

MILARÉS, Edis. *Direito do Ambiente*, São Paulo: Revista dos Tribunais, 2002.

MORAES E SILVA, Antônio. *O Dicionário da Língua Portuguesa*.

PAZZAGLINI FILHO, Marino. *Lei de improbidade administrativa comentada*. 6ª ed. São Paulo: Atlas, 2015.

RODRIGUES, José Eduardo Ramos. A Evolução da Proteção do Patrimônio Cultural – Crimes Contra o Ordenamento Urbano e o Patrimônio Cultural. In: *Revista de Direito Ambiental*, nº 11. São Paulo: Revista dos Tribunais, 1998.

SARLET, Ingo Wolfang. *A Eficácia dos Direitos Fundamentais*. Porto Alegre: Livraria do Advogado, 2005.

SARMENTO, Daniel. *Direitos Fundamentais e Relações Privadas*. Rio de Janeiro: Lumen Juris, 2006.

SARMENTO, George. *Improbidade administrativa*. Porto Alegre: Síntese, 2002.

SOUZA FILHO, Carlos Frederico Marés de. *Bens culturais e sua proteção jurídica*. Curitiba: Juruá, 2011.

— 3 —

Presunção de probidade administrativa – da fundamentalidade às repercussões probatórias

LEONARDO BOFILL VANONI[1]

Sumário: 3.1. Introdução; 3.2. Natureza jurídica das sanções e o regime processual da demanda de improbidade administrativa; 3.3. Direito fundamental à presunção de probidade; 3.4. Repercussões no processo de improbidade administrativa: do ônus à avaliação da prova; 3.5. Conclusão; 3.6. Bibliografia.

3.1. Introdução

O Brasil vive um momento de alta tensão e depuração política. Diariamente, são noticiadas prisões, operações deflagradas pela polícia judiciária e possíveis casos de corrupção envolvendo as mais elevadas funções da República. A síntese desse cenário político é bem representada pelo seguinte fato: o ex-presidente da Câmara dos Deputados, que renunciou à presidência após ter seu mandato suspenso cautelarmente pelo STF,[2] com posterior cassação pela casa legislativa a que pertencia, recebeu denúncia e deu início ao processo de impeachment contra a ex-presidente da República, o qual teve a sua instauração autorizada pela Câmara, culminando com o julgamento de procedência pelo Senado, que é presidido por Senador (não no julgamento do processo de *impeachment*, quando é presidido pelo Presidente do STF), que também é alvo de investigações e já renunciou ao mandato para não perdê-lo no passado. Veja-se que até o mais alto nível da política nacional pode estar sendo contaminado por essa epidemia de corrupção que se alastra no país, o que gera uma grande desconfiança e a impressão social de uma presunção de culpabilidade contra todos que exercem mandatos e funções políticas, impulsionando grande parte dos brasileiros a clamarem nas ruas por punições imediatas, resultando no polêmico Projeto de Lei nº 4.850/16, apelidado de "dez medidas contra a corrupção". Por outro lado, juridicamente,

---

[1] Juiz de Direito do Estado do Rio Grande do Sul.
[2] AC 4070/DF, Tribunal Pleno, rel. Min. Teori Zavascki, Dje 06/05/2016.

agrade ou não, vivemos num estado de presunção de inocência (art. 5º, inc. LVII, da CF/88). Quem quer que seja possui o direito de ser tratado como inocente (até decisão definitiva) no país, ser submetido a um processo conforme o direito e somente ser condenado quando houver provas que afastem a presunção de não culpabilidade.[3] Até lá, salvo alguma medida cautelar cabível (ou condenação confirmada em segundo grau, pelo entendimento atual – e contestado – do STF[4]), deverá manter íntegros todos os seus direitos.

A discussão em torno da improbidade administrativa que se propõe a enfrentar neste ensaio está inserida nesse ambiente turbulento e sensível, já que a Lei nº 8.429/92 se incorpora ao conjunto de mecanismos legais de controle à corrupção. A suspeita da população em relação aos agentes públicos avança também sobre a (im)probidade administrativa, gerando uma ideia de presunção de improbidade tanto no que respeita aos atos colocados em pauta de debate quanto aos seus agentes. A associação entre político e corrupção foi disseminada, e a premissa de que muitos partem, de forma perigosa, é diversa da estabelecida pela Constituição Federal, que garante um tratamento de inocente a todos, até que haja uma decisão definitiva. E aqui já adianto que não busco defender a impunidade, tampouco a criação de barreiras intransponíveis para as sanções. Afinal, não visualizo, debruçado sobre a Constituição Federal, uma norma sequer que institua isso. O que pretendo é simplesmente encontrar a resposta constitucionalmente correta (ou mais adequada[5]) para os problemas a serem abordados neste ensaio. E nesses momentos de crise generalizada de moralidade no comando no país, em que o equilíbrio é difícil de ser alcançado, parece-me tão importante quanto penalizar rigorosamente os infratores, garantir os direitos fundamentais de todos, inclusive daqueles, sob pena de solucionarmos problemas ressuscitando outros. É assim

---

[3] Aproveito, aqui, para destacar meu entendimento de que presunção de inocência e de não culpabilidade são expressões que consagram direitos análogos, como o faz o próprio STF. Não desconheço que parte da doutrina sustenta que aquela (prevista no artigo 8.2 da CADH) estabelece uma tutela mais abrangente que esta (consagrada na Constituição Federal), Todavia, como bem pontua o Desembargador aposentado Nereu Giacomolli "distinguir é reduzir o alcance da regra humanitária do status libertatis, afastando-se do conteúdo da previsão constante nos diplomas internacionais antes mencionados; em suma, diferenciá-las é afastar a presunção de inocência, embora se trate de presunção iuris tantum. (...) Quando não se é presumivelmente culpado, se é presumivelmente inocente (...)" (GIACOMOLLI, Nereu José. Comentário ao artigo 5º, inc. LVII. In: CANOTILHO, J. J. Gomes; MENDES, Gilmar F.; SARLET, Ingo W.; STRECK, Lenio L. (Coords). Comentários à Constituição do Brasil. São Paulo: Saraiva/Almedina, 2013, p. 1065).

[4] HC 126.292, Tribunal Pleno, rel. Min. Teori Zavascki, Dje 17/02/16.

[5] Sobre a questão de haver uma única resposta correta ou não, conferir: ALEXY, Robert. Sistema jurídico, principios jurídicos y razón práctica. DOXA, vol. 5, p. 139-151, 1988; DWORKIN, Ronald. O império do Direito, p. 377-492.

que fortalecemos a Constituição Federal; é assim que levamos a sério os direitos conquistados!

Partindo dessa dicotomia instalada entre a pressão popular por punições, inclusive no âmbito da improbidade administrativa, e a garantia fundamental da presunção de inocência, o que se buscará enfrentar neste artigo é essencialmente o tratamento processual probatório[6] a ser dispensado nas ações de improbidade administrativa.

E aqui ganha um tempero essencial o ensaio: deve-se reconhecer que é dominante o entendimento sobre a natureza cível da ação de improbidade administrativa,[7] com seus efeitos processuais daí decorrentes, inclusive no que respeita ao critério de avaliação da prova. Contrariando tanto a concepção popular de presunção de improbidade (que acaba se aproximando do regime probatório de alguns processos administrativos sancionadores, nos quais se transfere o ônus da prova ao acusado, que deverá demonstrar que não cometeu o ato ilícito) como o paradigma de apreciação da prova processual civil, buscarei demonstrar neste trabalho que o processo de improbidade administrativa, malgrado sua natureza cível, no que respeita ao ônus e à avaliação da prova, está muito mais próximo dum regime processual penal do que propriamente civil ou administrativo.

Para tanto, percorrerei um trajeto em que examinarei: (i) a natureza jurídica das sanções e o regime processual da demanda de improbidade administrativa; (ii) se é possível se extrair da Constituição Federal um direito fundamental à presunção de probidade em relação aos réus; (iii) quais são as suas repercussões no processo de improbidade administrativa, do ônus à avaliação da prova.

3.2. Natureza jurídica das sanções e o regime processual da demanda de improbidade administrativa

Que as sanções de improbidade administrativa derivam do *jus puniendi* monopolizado pelo Estado não parecer haver dúvida. As dis-

---

[6] Como ocorre no *Common Law*, em que não há um vínculo entre não culpabilidade e liberdade, mas somente com o encargo probatório, por força do modelo acusatório estabelecido no processo penal (GIACOMOLLI, Nereu José. Comentário ao artigo 5º, inc. LVII. In: CANOTILHO, J. J. Gomes; MENDES, Gilmar F.; SARLET, Ingo W.; STRECK, Lenio L. (Coords). Comentários à Constituição do Brasil. São Paulo: Saraiva/Almedina, 2013, p. 1739).

[7] STJ, HC 50.545/AL, Quinta Turma, Rel. Min. Gilson Dipp, j. 15.08.2006, DJ 04.09.2006; FERRAZ, Sérgio. Aspectos processuais na lei sobre improbidade administrativa. In: BUENO, Cássio Scarpinella; PORTO FILHO, Pedro Paulo de Rezende (Coord.) Improbidade administrativa – questões polêmicas e atuais. 2. ed. São Paulo: Malheiros, 2003. p. 413; FIGUEIREDO, Lucia Valle. Alguns aspectos tópicos da improbidade administrativa. In: BUENO, Cássio Scarpinella; PORTO FILHO, Pedro Paulo de Rezende (Coord.). Improbidade administrativa – questões polêmicas e atuais. 2. ed. São Paulo: Malheiros, 2003. p. 336.

cussões têm início no momento em que se questiona se esse direito de punir é unitário, isto é, se é o mesmo em relação às sanções penais e às demais (administrativas, cíveis, políticas...), estendendo-se à natureza das sanções de improbidade administrativa. E a solução de tal questão é de vital importância, pois refletirá diretamente no tratamento processual a ser dispensado.

Não desconhecendo os importantes debates travados no continente europeu sobre a unidade do *jus puniendi*,[8] entendo que todas as sanções estatais derivam do mesmo direito de punir. As sanções são respostas do Estado às infrações à ordem jurídica, as quais, ontologicamente, não se distinguem. O critério diferenciador dos ilícitos acaba sendo puramente normativo.[9] A escolha do ramo do Direito que regerá a infração e a sua respectiva punição dependem, essencialmente, da liberdade de conformação do legislador,[10] observada a fronteira constitucional da intervenção mínima do Direito Penal e a sua pauta de bens jurídicos tutelados. E embora a maior gravidade deva ficar reservada ao Direito Penal, algumas sanções administrativas, cíveis ou políticas podem acabar tendo um nível mais elevado de restrição a direitos do que as punições penais, em razão das alternativas à pena (transação penal, suspensão condicional do processo...) e das penas alternativas (penas restritivas de direitos, suspensão condicional da pena...) criadas na seara criminal.

É importante partir dessa premissa para analisar a natureza jurídica das sanções previstas na Lei 8.429/92, mormente as suas consequências processuais (que são objeto do presente ensaio), tendo em mente que, independentemente da sua índole, tratamos de espécie do gênero de sanção estatal aplicada por meio de um processo judicial, que se legitima a partir da ocorrência de infração ao ordenamento jurídico.

A natureza jurídica das sanções de improbidade administrativa, notoriamente, é objeto de grandes controvérsias, havendo plurais entendimentos, dentre eles os que a consideram: (i) penal;[11] (ii) admi-

---

[8] DEL TESO, Ángeles De Palma. *El principio de culpabilidad en el derecho administrativo sancionador*. Madrid: Tecnos, 1996, p. 38.

[9] HUNGRIA, Nelson. Ilícito administrativo e ilícito penal. *Revista de Direito Administrativo*, Seleção Histórica, 1945, p. 15.

[10] OSÓRIO, Fabio Medina. *Direito Administrativo Sancionador*. 2. ed. São Paulo: Revista dos Tribunais, 2005, p. 148.

[11] MARTINS, Ives Gandra da Silva. Aspectos procedimentos do instituto jurídico do "impeachment" e conformação da figura da improbidade administrativa. *Revistas dos Tribunais*. v. 81, n. 685, 1992, p. 286/287.

nistrativa;[12] (iii) híbrida;[13] (iv) cível.[14] O que se revela indispensável fixar aqui é que atualmente a doutrina e a jurisprudência majoritária convergem no sentido de excluir a sua natureza penal,[15] mas não se furtam em admitir a intensidade da restrição a direitos que podem representar, muito próxima do direito penal.[16] Com efeito, seja qual for a natureza atribuída, a vizinhança com as sanções penais é inegável.

Por outro lado, é amplamente aceita, no campo doutrinário, a natureza cível da ação e que esta seja regida por um microssistema processual coletivo, como prefere a doutrina especializada.[17] Agora, não se pode olvidar que tratamos de ação que visa à aplicação de uma sanção pelo Estado, a qual pode representar severa limitação a direitos. Cuida-se, na realidade, de um processo civil sancionador,[18] o que ao mesmo tempo em que flerta com o objeto do processo penal,[19] acaba se afastando da função típica do processo civil.

Isso denota, ao meu juízo, que se trata de uma ação e de um processo *sui generis*, de natureza civil, mas com temperamentos penais. Aliás, a própria lei, embora aponte a adoção do procedimento comum do processo civil, faz concessões processuais penais,[20] como a exigência duma fase preliminar (de forma análoga ao que acontece no procedimento especial dos crimes funcionais – arts. 513 a 515 do CPP) e a demonstração de justa causa ao recebimento da inicial (artigo 17, §§ 7º e 8º, da Lei 8.429/92). E é esse diálogo com o processo penal que passarei a justificar.

---

[12] OSÓRIO, Fabio Medina. *Direito Administrativo Sancionador*. 2 ed. São Paulo: Revista dos Tribunais, 2005, p. 85 e seg.

[13] FAZZIO JUNIOR, Waldo. *Atos de Improbidade Administrativa*: doutrina, legislação e jurisprudência. 2 ed. São Paulo: Atlas, 2008, p. 341.

[14] CARVALHO FILHO, José dos Santos. *Manual de Direito Administrativo*. 27. ed. rev., ampl. e atual. São Paulo: Atlas, 2014, p. 1106.

[15] Entre tantos: MEDAUAR, Odete. *Direito Administrativo Moderno*. 5. ed. São Paulo: Revista dos Tribunais, 2001, p. 52; STF, ADI 2.797, Tribunal Pleno, rel. Min. Sepulveda Pertence, Dje 19.12.06.

[16] O Min. Teori Zavascki, em seu voto, na Pet. 3240/AgR/DF, ressaltou que, "(...) embora as sanções aplicáveis aos atos de improbidade administrativa não tivessem natureza penal, haveria laços de identidade entre as duas espécies, seja quanto às funções (punitiva, pedagógica e intimidatória), seja quanto ao conteúdo (...)".

[17] DIDIER JR., Fredie; ZANETI JR., Hermes. *Curso de Direito Processual Civil*. 4. ed. Salvador: Juspodivm, 2009.

[18] KNIJNIK, Danilo. *A prova nos Juízos Cível, Penal e Tributário*. Rio de Janeiro: Forense, 2007, p. 38.

[19] MENDES, Gilmar; WALD, Arnoldo. Competência para julgar ação de improbidade administrativa. *Revista de Informação Legislativa*, nº 138, pp. 213/216, abr./jun. 1998. Disponível em: <http://www2.senado.gov.br/bdsf/item/id/378>. Acesso em: 28.08.16.

[20] Em sentido contrário: NEVES, Daniel Amorin Assumpção; OLIVEIRA, Rafael Carvalho Oliveira. *Manual de Improbidade Administrativa*. 2. ed. rev. atual. e ampl. Rio de Janeiro: Forense; São Paulo: Método, 2014, p. 113.

3.3. Direito fundamental à presunção de probidade

A leitura da Constituição Federal brasileira deixa clara a consagração, em seu corpo, da presunção de inocência e a sua elevação ao *status* de direito fundamental (art. 5º, inc. LVII, da CF/88). Aliás, enquanto a Constituição Federal de 1988 estiver em vigência, viveremos num estado de inocência, pela qualidade de cláusula pétrea conferida (art. 60, §4º, inc. IV). O que exige reflexão e abre campo para bons debates é a extensão dessa garantia tão cara: se atinge apenas a área criminal ou também outros ramos (administrativo, civil...)? Se atua de forma diferente em cada microssistema, dependendo da intensidade da restrição e da importância do direito afetado? Aqui, essas questões ficarão restritas à improbidade administrativa.

Já no Direito Romano falava-se em *in dubio pro reo* quando uma pessoa era acusada. O tempo foi passando, e o objeto dessa expressão latina, sob várias formas, mas com o mesmo desiderato, foi ganhando as linhas de documentos históricos de conquistas de direitos, até chegar na Constituição Federal de 1988. Nesse longo período, muitos foram injustamente condenados à morte por não terem o direito à presunção de inocência; outros tantos morreram para conquistá-lo; mesmo assim, ainda hoje há uma luta constante em prol da sua importância e da sua observância, especialmente em períodos críticos, de elevada violência ou corrupção, como o que vivenciamos hoje no Brasil.

O direito à presunção de inocência, durante toda a sua trajetória histórica, sempre esteve associado à ideia de liberdade e prova. A sua origem histórica documental e o seu desenvolvimento foram intensamente ligados à proteção da liberdade individual. No sistema *Common Law* é que não havia essa relação com a liberdade, mas com o encargo probatório. Posteriormente, sob a influência do modelo acusatório processual penal vigente no *Common Law*, é que a conexão com o encargo probatório rompeu o seu cordão umbilical e passou a ganhar o mundo[21] e outros sistemas de supremacia do Direito,[22] inclusive o nosso.

A Constituição Federal brasileira seguiu essa tradição, estabelecendo um nítido vínculo da presunção de inocência com a liberdade individual e o ônus probatório. É inegável, também, que detêve sua atenção à esfera penal, pois fala expressamente em sentença penal

---

[21] GIACOMOLLI, Nereu José. Comentário ao artigo 5º, inc. LVII. In: CANOTILHO, J. J. Gomes; MENDES, Gilmar F.; SARLET, Ingo W.; STRECK, Lenio L. (Coords). *Comentários à Constituição do Brasil*. São Paulo: Saraiva/Almedina, 2013, p. 1064-1065.

[22] Cf. SALDANHA, César. *A Supremacia do Direito no Estado Contemporâneo e seu Modelos Básicos*. Porto Alegre, 2002.

condenatória. Então volta-se à pergunta, agora restrita ao objeto do presente estudo: seria esse limite textual um obstáculo intransponível para a aplicação da norma definidora de direito fundamental à improbidade administrativa, que também impõe sanções estatais, aplicadas por meio de um processo judicial, restritivas de direitos e, por conseguinte, da liberdade individual? Entendo que não.

É incontestável a diferença entre texto e norma. Por outro lado, a despeito da dessemelhança, aquela é dependente e limitada por este.[23] No momento em que se admite uma norma divorciada do texto, no nosso sistema de criação democrática do direito, estamos investindo o intérprete de poderes que não detém,[24] além de estarmos reduzindo (ou fulminando) o poder de quem legitimamente o possui, o legislador. Ao julgador cabe precipuamente aplicar o direito, sendo objeto de grandes controvérsias o seu poder criativo.[25] Também incumbe o controle material e formal (de legalidade, supralegalidade e constitucionalidade) da elaboração do direito, mas sempre limitado ao sistema, não à sua visão individual ética ou moral, o que é objeto de constantes ataques, no país, pelo Professor Lenio Streck, que denomina tal fenômeno de solipicismo.[26] E em relação a esta possibilidade, principalmente de revisão material, entendo que é apenas cabível em situações de lesão desproporcional[27] aos direitos fundamentais, que funcionam como um limite corretor,[28] desde que não configurem um desacordo constitucional razoável, o qual, se existente, deve-se resolver pelo princípio majoritário.[29] Em suma, deve o intérprete aprender a conviver com a importância da legalidade e dos direitos fundamentais, autorrestringindo suas convicções morais às respostas dadas pelo sistema.

---

[23] STRECK, Lenio. Os Limites Semânticos e a sua Importância na e para a Democracia. *Revista da Ajuris*, v. 41, nº 135 (2014), p. 173-188.

[24] CAPPELLETTI, Mauro. *Juízes legisladores*. Trad. Carlos Alberto Alvaro de Oliveira. Rio de Janeiro: Sergio Antônio Fabris Ed., 1999, p. 74.

[25] Há divergência na doutrina sobre o poder de criar o direito do juiz. Para a doutrina clássica, ao diferenciar qualitativamente jurisdição e legislação, a função de aplicar o direito caberia ao juiz e de produzir ao legislador. Tal afirmação é contestada por outra parte da doutrina, que faz uma distinção apenas de grau, sob o argumento de que tanto Legislativo como Judiciário produzem a aplicam o direito, mas com espaços de movimentação e destinatários de abrangência diversa.

[26] Aplicar a letra da lei é uma atitude positivista? Disponível em: <http://www.faccg.com.br/img/professor/une/0002452_2308-4897-1-PB.pdf>. Acesso em: 01/08.2016.

[27] E aqui o princípio da proporcionalidade utilizado não como argumento de autoridade ou subterfúgio para ocultar a discricionariedade, mas como forma de conferir uma racionalidade prática ao discurso jurídico, de modo a fulminar ou reduzir substancialmente a tão esgrimada discricionariedade judicial (ALEXY, Robert. *Teoria Discursiva do Direito*. 2. ed. Rio de Janeiro: Forense Universitária, 2015, p. 145-159).

[28] ALEXY, Robert. *Teoria Discursiva do Direito*. 2. ed. Rio de Janeiro: Forense Universitária, 2015, p. 361-362.

[29] WALDRON, Jeremy. *Law and disagreement*. New York: Oxford University Press, 2004. p. 149-150.

Quando se trata de interpretação de norma definidora de direito fundamental, é indispensável frisar, há um mandado constitucional que exige (pela sua dimensão objetiva) uma interpretação que lhe confira máxima eficácia (art. 5º, § 1º, da CF/88), devendo fazer com que este direito tutele o maior cenário de relações jurídicas possíveis. A norma, neste caso, deve estender o texto o máximo possível, sempre dando preferência para uma interpretação que lhe revista da maior elasticidade. A partir de tal mandamento constitucional, o horizonte de um direito fundamental deve ser o mais distante possível, visualizado sob a lente do texto.[30]

Levando em conta tais proposições teóricas, é nítido que o direito fundamental à presunção de inocência se destina precipuamente ao direito penal, conforme definido pelo seu próprio texto. Por outro lado, não há uma proibição para que seja aplicado aos demais microssistemas.[31] Pelo contrário, o Brasil é signatário de plurais tratados internacionais que preveem a presunção de inocência, alguns sem delimitá-la expressamente ao direito penal,[32] os quais, por força dos §§ 2º e 3º do artigo 5º da Constituição Federal,[33] ampliam o alcance do direito fundamental em enfoque. E mais: a alma e a história deste direito se destinam a limitar a imposição de sanções pelo Estado que importem restrições à liberdade dos cidadãos. Assim, pelo princípio da máxima eficácia, entendo perfeitamente possível o seu emprego à improbidade administrativa, pois se trata de hipótese de aplicação de sanção estatal, com alto potencial limitador de parcela da liberdade, através de um processo judicial.[34]

---

[30] ALEXY, Robert. *Teoria Discursiva do Direito*. 2. ed. Rio de Janeiro: Forense Universitária, 2015, p. 129-131.

[31] No âmbito do Direito Administrativo, no qual vigora o atributo da presunção de legitimidade e veracidade dos atos administrativos, a discussão parece mais árida. Já nas hipóteses de os outros Poderes exercerem a função atípica de julgar e aplicar sanções, a conclusão se inclina para o mesmo caminho indicado para a improbidade, mas como não se trata do objeto do presente estudo, tais questões assumem um papel periférico e ficam apenas como sugestão de debate.

[32] Por exemplo, o artigo XXXVI da Declaração Americana de Direitos e Deveres do Homem: "se presume que todo acusado é inocente, até que se prove que é culpado".

[33] E aqui, embora o entendimento do STF seja no sentido da supralegalidade dos direitos humanos previstos em tratados internacionais, quando não aprovados na forma do § 3º do artigo 5º da CF/88, entendo que possuem *status*, formal e material, de normas constitucionais, incorporando-se ao ordenamento jurídico como direitos fundamentais. Nesse sentido: PIOVESAN, Flávia. *Direitos Humanos e o Direito Constitucional Internacional*. 5. ed. rev. ampl. e atual. São Paulo: Max Limonad, 2002, p. 115-120.

[34] Compartilham do mesmo entendimento sobre a extensão do direito fundamental: GIACOMOLLI, Nereu José. Comentário ao artigo 5º, inc. LVII. In: CANOTILHO, J. J. Gomes; MENDES, Gilmar F.; SARLET, Ingo W.; STRECK, Lenio L. (Coords). *Comentários à Constituição do Brasil*. São Paulo: Saraiva/Almedina, 2013, p. 1065; ZAVASCKI, Teori Albino. *Processo coletivo*. São Paulo: RT, 2006, p. 116.

E aqui aproveito para pontuar que essa presunção de probidade é subjetiva, isto é, atinente ao réu no processo de improbidade administrativa. Embora inevitavelmente tenha reflexos, ela não se aplica diretamente a eventual ato administrativo praticado pelo demandado. Primeiro porque o direito fundamental à presunção de inocência, donde sustento a extração da presunção de probidade, é um direito individual do cidadão contra o Estado. E segundo porque o atributo da presunção e legitimidade e veracidade dos atos administrativos é uma prerrogativa do Estado, não do cidadão.[35]

3.4. Repercussões no processo de improbidade administrativa: do ônus à avaliação da prova

Os reflexos das afirmações da existência de um direito fundamental à presunção de probidade, de uma proximidade entre as sanções penais e de improbidade e de um processo civil sancionador são intensos. Há uma substancial alteração do paradigma probatório. Abre-se a porta do cofre processual civil para o ingresso de importantes influências que o aproximam, em alguns aspectos, do processo penal. Objetivamente: (i) impõe-se à acusação um ônus mais pesado de provar seus argumentos fáticos; (ii) prescreve-se ao Juiz um critério de avaliação da prova e de convencimento diferenciado, mais rigoroso que o processual civil e menos severo que o processo penal para a condenação.

É assente que o sistema acusatório processual penal é baseado no princípio da presunção de inocência. Demonstra a história que este sistema, que alcançou o processo penal tupiniquim mais despido (é verdade!), sempre valorizou como consequência da presunção de inocência a estipulação do ônus prova à acusação. Trata-se de uma lógica probatória totalmente diversa da que ocorre em alguns processos sancionadores administrativos, nos quais, em razão da presunção de legitimidade e veracidade dos atos administrativos, o ônus da prova é transferido para o acusado. Também corresponde a um ônus probatório bem mais rigoroso ao do estabelecido para o processo civil, por exemplo, em razão do diferente e mais exigente standard de convencimento judicial.

Mostra-se como corolário inevitável do reconhecimento de um direito fundamental à presunção de probidade, seja pela história do direito donde advém ou pelas suas sequelas jurídicas na ordem

---

[35] Aqui agradeço a contribuição do Des. Leonel Pires Ohlweiler, que, na apresentação do projeto de artigo no Núcleo de Estudos de Direito Constitucional da ESM, bem colocou a necessidade de delimitação da garantia, em razão de o atributo da presunção de legitimidade e veracidade dos atos administrativos ser uma prerrogativa histórica do Estado.

jurídica brasileira, sem a necessidade de uma imersão profunda na questão, a definição do ônus da prova à acusação no processo civil sancionador de improbidade administrativa. O fardo deste ônus depende diretamente do critério de avaliação da prova a ser fixado.

A matéria dos *standards* de convencimento judicial, no país, vem sendo objeto de estudo, entre outros, pelo Professor Danilo Knijnik. Partindo da superação da cisão entre faticidade e direito; da inexistência de distinções ontológicas entre prova indiciária e prova direta e de uma verdade absoluta atingível pelo processo; opondo-se a uma "livre" convicção do Juiz (expressão, inclusive, retirada do original artigo 371 do novo CPC); invocando a necessidade de uma objetivação do discurso jurídico, dirigido à razão prática, lógica do discurso e à teoria da argumentação, para que seja possível também o seu controle; sustenta, com razão, que "o emprego dos modelos de constatação ou standards permite que se traga ao debate, regrado e inteligível, critério decisionais importantes (...) que, até então, não possuíam um código comum e, de certo modo, ficavam à margem de um discussão crítica".[36]

Trata-se, sobretudo, de mais uma forma de reduzir (ou eliminar) a tão combatida discricionariedade judicial, como também pretendem a teoria dos princípios[37] e da argumentação jurídica.[38] Só que neste caso visa-se a desconstituir o álibi jurídico do "livre convencimento motivado" e estabelecer critérios objetivos, a partir dos contornos do sistema, para que o julgador balize seu convencimento, permitindo que as partes tomem conhecimento e possam efetivamente exercer o seu direito ao duplo grau de jurisdição. Sintoniza-se, portanto, perfeitamente com o princípio democrático e os mandamentos constitucionais do dever de fundamentação e do contraditório, ao contrário do moribundo livre convencimento, que ainda sobrevive no Código de Processo Penal e vaga pelo seu projeto de alteração.

A partir de tais argumentos, com base no direito comparado, o processualista apresenta pautas para a formação do convencimento judicial. De maneira geral, afirma que existiriam dois modelos extremos: prova além da dúvida razoável (penal) e preponderância das provas (cível). Agrega um terceiro, de natureza intermediária, que denomina de prova clara e convincente.[39]

---

[36] KNIJNIK, Danilo. *A prova nos Juízos Cível, Penal e Tributário*. Rio de Janeiro: Forense, 2007, p. 37.

[37] Cf. DWORKIN, Ronald. *Levando os direitos a sério*. São Paulo: Martins Fontes, 2002; ALEXY, Robert. *Teoria de los Derechos Fundamentales*. Madrid: Centro de Estúdios Políticos y Constitucionales, 1997.

[38] Cf. ALEXY, Robert. *Teoria da Argumentação Jurídica*. São Paulo: Landy, 2001; MACCORMICK, Neil. *Argumentação Jurídica e Teoria do Direito*. São Paulo: Martins Fontes, 2006.

[39] KNIJNIK, op. cit., p. 38-39.

Na realidade, o que irá estabelecer o grau de certeza necessário e, por consequência, o paradigma de constatação a ser seguido pelo julgado, enquanto questão jurídica preliminar à valoração da prova, é a importância dada pelo sistema jurídico ao direito material a ser afetado. Quanto mais lesivo possa ser o erro judicial, levando em conta o quilate dado pelo sistema ao direito e o grau de interferência, mais rigoroso deve ser o critério de convencimento.[40] Essa acaba sendo a mesma lógica que se apropria a cláusula do devido processo legal, mas sob a perspectiva formal. Aliás, é o traçado definido pelo sistema de direitos fundamentais, que encontra no seu epicentro o princípio da proporcionalidade.[41]

Utilizando dessa linha de pensamento é que volto ao questionamento já feito, agora amoldado ao tema, para respondê-lo: como atua o direito fundamental à presunção probidade e, fundamentalmente, qual modelo de convencimento judicial exige, em razão da intensidade da restrição imposta e da importância do direito afetado?

A história revela que o genitor do direito fundamental à presunção de probidade tem como acompanhante antigo, ao menos na tradição do *Common Law*, o critério de avaliação da prova batizado de *evidence beyond a reasonable doubt*. Todavia, o seu encontro sempre ocorreu no ambiente penal, com uma restrição clara em relação a outros recintos jurídicos. E isso se justifica pelo nível de interferência à liberdade que pode representar eventual sanção penal, o que demanda juridicamente um critério mais rígido para que o Estado possa aplicar a punição.

Então, a utilização do critério da prova além da dúvida razoável deve ficar reservado ao processo penal, pois mesmo que as sanções penais e de improbidade administrativa guardem certa vicinalidade qualitativa, há uma diferença inquestionável de grau de interferência e de importância do direito afetado como regra. Outrossim, deve-se valorar a tradição que acompanha o paradigma de persuasão na sua interpretação. Logo, o direito à presunção de probidade importa na adoção de um modelo de convencimento judicial menos exigente, para a aplicação da sanção, do que reivindica o direito à presunção de inocência na seara criminal.

De outro lado, a sua eficácia distancia o modelo do extremo oposto (civil). Primeiro, porque, como de regra o processo civil tem por objeto questões patrimoniais e não visa a impor sanções, não há

---

[40] KNIJNIK, Danilo. *A prova nos Juízos Cível, Penal e Tributário*. Rio de Janeiro: Forense, 2007, p. 44-45.
[41] ALEXY, Robert. *Teoria Discursiva do Direito*. 2. ed. Rio de Janeiro: Forense Universitária, 2015, p. 149.

um direito análogo em favor do réu. Segundo, porque a união da importância do direito afetado e do grau de interferência que pode sofrer exige um modelo de convencimento mais duro no processo sancionador. Nessa esteira, Knijnik, ao se manifestar sobre o modelo da preponderância das provas (civil), bem afirma que

> (...) pode funcionar para o processo civil tradicional, no qual são discutidas questões meramente patrimoniais. Mas tal modelo não esgota a realidade dos processos civis. Pense-se em determinados processos não-penais, cujos valores transcendem à dimensão meramente patrimonial, o que indica claramente que a utilização do modelo da mera preponderância é inadequado em algumas hipóteses.
>
> São os casos, por exemplo, em que há alegação de fraude – da qual possa redundar reflexos penais – ou cujos interesses sejam de tal envergadura para as partes (destituição de pátrio poder, anulação de casamento) ou, ainda, que tenham até certo caráter penal (vg., improbidade administrativa). Por isso, a doutrina cuidou de formular um terceiro modelo de constatação, intermediário (inferior ao penal, superior ao não-penal). Segundo Reardon, dá-se "o reconhecimento que o grau de prova (aqui) reclamado é mais do que uma 'preponderância de prova' e menos que o 'além da dúvida razoável'". Assim, "a parte tem que convencer o julgador de que a verdade de sua proposição é altamente provável, mais do que simplesmente 'mais provável do não', como normalmente requerido pelo critério da 'preponderância de prova'".[42]

Nessa excelente análise visualizo a solução para a questão colocada: um modelo intermediário de convencimento judicial. Ao mesmo tempo em que não se pode admitir que o Estado aplique uma sanção com alto grau de interferência em direitos tão valorados pela Constituição Federal e num processo em que incida a cláusula da presunção de probidade, sob o argumento da preponderância de provas da acusação, também não é crível que se exija uma prova além da dúvida razoável, já que há uma desigualdade de grau entre as sanções penais e de improbidade, bem como que a tradição deste critério tem cadeira cativa e exclusiva no processo penal. A superação da presunção de probidade requer que a acusação, então, apresente uma prova clara e convincente, com a demonstração de que suas afirmações são altamente prováveis, para que seja possível ao Estado exercer concretamente o seu direito de punir. E isso reflete diretamente tanto carga do ônus probatório da acusação como no rigor do critério de convencimento judicial, saindo do cais processual civil rumo ao porto do processo penal, do qual se aproxima, porém não atraca a embarcação, já que neste a maré é muito revoltosa para o porte do navio da improbidade.

---

[42] KNIJNIK, Danilo. *A prova nos Juízos Cível, Penal e Tributário*. Rio de Janeiro: Forense, 2007, p. 38-39.

3.5. Conclusão

O resultado da investigação objeto deste ensaio aponta no sentido de que a aplicação das sanções previstas no artigo 12 da Lei nº 8.429 é fruto do exercício do *jus puniendi* estatal por meio de um processo judicial. E, a despeito da natureza cível da ação de improbidade administrativa, a sua finalidade é a aplicação de uma punição pelo estado. Cuida-se, portanto, de um processo civil sancionador. Já as penalidades, embora ontologicamente se aproximem das criminais, quanto à opção legislativa, ao grau de interferência e à importância do direito afetado se distinguem.

O réu da acusação embasada na prática de ato de improbidade administrativa, por outro lado, possui o direito fundamental à presunção de probidade, com seu feixe de garantias correspondente, que é extraído da cláusula do artigo 5º, inc. LVII, da CF/88. E sua eficácia repercute diretamente, quando em pauta o tema probatório, no peso do ônus da prova colocado à acusação e no rigor do *standard* de convencimento do juiz.

Dentre os dois polos dos modelos de convencimento judicial, prova além da dúvida razoável (penal) e preponderância das provas (civil), o *standard* aplicável à improbidade se encontra num plano intermediário (mais inclinado para o extremo penal), em razão do nível de restrição e da importância dada pelo sistema jurídico aos direitos que podem ser afetados pelas sanções. Isso significa, no extrato final do meu raciocínio, que o paradigma que permite a aplicação das sanções de improbidade é o de uma prova clara e convincente, que convença o julgador de que a tese acusatória é altamente provável. Esta entendo ser a resposta constitucionalmente (mais) correta, a partir da interpretação do sistema de direitos fundamentais e da máxima da proporcionalidade.

3.6. Bibliografia

ALEXY, Robert. *Sistema jurídico, princípios jurídicos y razón práctica*. DOXA, vol. 5, p. 139-151.

——. *Teoria da Argumentação Jurídica*. São Paulo: Landy Editora, 2001.

——. *Teoria Discursiva do Direito*. 2. Ed. Rio de Janeiro: Forense Universitária, 2015.

——. *Teoria de los Derechos Fundamentales*. . Madrid: Centro de Estúdios Políticos y Constitucionales, 1997.

BUENO, Cássio Scarpinella; PORTO FILHO, Pedro Paulo de Rezende (Coord.) *Improbidade administrativa – questões polêmicas e atuais*. 2. ed. São Paulo: Malheiros, 2003.

CANOTILHO, J. J. Gomes; MENDES, Gilmar F.; SARLET, Ingo W.; STRECK, Lenio L. (Coords). *Comentários à Constituição do Brasil*. São Paulo: Saraiva/Almedina, 2013.

CAPPELLETTI, Mauro. *Juízes legisladores*. Trad. Carlos Alberto Alvaro de Oliveira. Rio de Janeiro: Sérgio Antônio Fabris Ed., 1999.

CARVALHO FILHO, José dos Santos. *Manual de Direito Administrativo*. 27. ed. rev., ampl. e atual. São Paulo: Atlas, 2014.

DEL TESO, Ángeles De Palma. *El principio de culpabilidad en el derecho administrativo sancionador*. Madrid: Tecnos, 1996.

DIDIER JR., Fredie; ZANETI JR., Hermes. *Curso de Direito Processual Civil*. 4. ed. Salvador: Juspodivm, 2009.

DWORKIN, Ronald. *Levando os direitos a sério*. São Paulo: Matins Fontes, 2002.

_____. *O império do Direito*. São Paulo, Martins Fontes, 2003.

FAZZIO JUNIOR, Waldo. *Atos de Improbidade Administrativa*: doutrina, legislação e jurisprudência. 2 ed. São Paulo: Atlas, 2008.

HUNGRIA, Nelson. Ilícito administrativo e ilícito penal. *Revista de Direito Administrativo*, Seleção Histórica, 1945.

KNIJNIK, Danilo. *A prova nos Juízos Cível, Penal e Tributário*. Rio de Janeiro: Forense, 2007.

MACCORMICK, Neil. *Argumentação Jurídica e Teoria do Direito*. São Paulo: Martins Fontes, 2006.

MARTINS, Ives Gandra da Silva. Aspectos procedimentos do instituto jurídico do "impeachment" e conformação da figura da improbidade administrativa. *Revistas dos Tribunais*. v.81, n.685, 1992.

MEDAUAR, Odete. *Direito Administrativo Moderno*. 5. ed. São Paulo: Revista dos Tribunais, 2001.

MENDES, Gilmar; WALD, Arnoldo. Competência para julgar ação de improbidade administrativa. *Revista de Informação Legislativa*, nº 138, p. 213/216, abr./jun. 1998. Disponível em: <http://www2.senado.gov.br/bdsf/item/id/378>. Acesso em: 28.08.16.

NEVES, Daniel Amorin Assumpção; OLIVEIRA, Rafael Carvalho Oliveira. *Manual de Improbidade Administrativa*. 2. ed. rev. atual. e ampl. Rio de Janeiro: Forense; São Paulo: Método, 2014.

OSÓRIO, Fabio Medina. *Direito Administrativo Sancionador*. 2 ed. São Paulo: Revista dos Tribunais, 2005.

PIOVESAN, Flávia. *Direitos Humanos e o Direito Constitucional Internacional*. 5ª ed. rev. ampl. e atual. São Paulo: Max Limonad, 2002.

SALDANHA, César. *A Supremacia do Direito no Estado Contemporâneo e seu Modelos Básicos*. Porto Alegre, 2002.

STRECK, Lenio. Os Limites Semânticos e a sua Importância na e para a Democracia. *Revista da Ajuris*, v. 41, nº 135 (2014).

_____. *Aplicar a letra da lei é uma atitude positivista?* Disponível em: <http://www.faccg.com.br/img/professor/une/0002452_2308-4897-1-PB.pdf>. Acesso em: 01/08.2016.

WALDRON, Jeremy. *Law and disagreement*. New York: Oxford University Press, 2004.

— 4 —

A "decisão fundamentada" do art. 17, § 8º, da Lei de Improbidade Administrativa: um enfoque constitucional

ROBERTO JOSÉ LUDWIG[1]

Sumário: 4.1. Introdução; 4.2. Da colocação do problema; 4.3. Do contexto de criação da norma; 4.4. Do entorno normativo do § 8º do art. 17; 4.5. Da fundamentação exigível; 4.5.1. Considerações gerais; 4.5.2. Especificidade da fundamentação; 4.5.3. Profundidade e extensão da cognição cabível; 4.5.4. Guias da decisão fundamentada; 4.5.4.1. *In dubio pro societate*; 4.5.4.2. Justa causa para ação; 4.5.4.3. Outros critérios; 4.6. Conclusão; 4.7. Bibliografia citada.

4.1. Introdução

A simples leitura dos jornais evidencia a intensidade e a capilaridade do fenômeno da corrupção nas diversas esferas da administração pública brasileira.

Enquanto os órgãos policiais e o Ministério Público prosseguem na detecção e perseguição dessa prática, secundados por uma imprensa que navega no anseio popular por punição e pela reparação ao erário, o Poder Judiciário se vê desafiado a realizar corretamente a sua função, que, por certo, não se confunde com o justiçamento dos ímprobos.

Nesse contexto, emerge a dificuldade de interpretar adequadamente, à luz da Constituição da República, as disposições da Lei Federal nº 8.429, de 2 de junho de 1992 (Lei de Improbidade Administrativa – LIA).

Cuida-se de uma das leis mais severas de que se tem notícia, o que contrasta paradoxalmente com a realidade da imoralidade no trato com a coisa pública.[2]

---

[1] Doutor em direito pela UFRGS; licenciado em filosofia pela mesma universidade; juiz de direito no Estado do Rio Grande do Sul; Coordenador do Núcleo de Estudos de Direito Constitucional da ESM (Escola Superior da Magistratura – AJURIS – RS).

[2] O mesmo paradoxo é observado na nota introdutória de FIGUEIREDO, Marcelo. *Probidade administrativa.* 2. ed. São Paulo: Malheiros, 1997, p. 13.

Em particular, chama a atenção o § 8º do art. 17 da LIA, por exigir "decisão fundamentada", considerando que a Constituição já impõe um dever geral de fundamentação das decisões judiciais.

Este trabalho tem justamente por escopo analisar a peculiaridade da decisão e da fundamentação que se espera do aplicador no momento processual da ação de improbidade a que se refere aquele dispositivo.

Para tanto, o viés escolhido é o constitucional, porquanto permite iluminar apropriadamente o alcance e a finalidade dessa norma, e, consequentemente, estabelecer diretrizes para a atuação jurisdicional.

4.2. Da colocação do problema

O § 8º do art. 17 da LIA, introduzido pela Medida Provisória nº 2.225-45, de 2001, tem a seguinte redação:

> § 8º Recebida a manifestação, o juiz, no prazo de trinta dias, em **decisão fundamentada**, rejeitará a ação, se convencido da inexistência do ato de improbidade, da improcedência da ação ou da inadequação da via eleita.[3]

Cumpre, então, definir o sentido da expressão "decisão fundamentada" que o legislador fez questão de inserir no texto legal.

Não é preciso maior indagação para concluir que, além do inequívoco propósito de alterar o texto da LIA e o procedimento da ação de improbidade, trata-se de uma clara opção do legislador em estabelecer um dever específico de fundamentação, para além do dever geral que dimana do texto constitucional, exigível de qualquer decisão judicial (art. 93, IX, da CF/88).[4]

Qual, porém, é a especificidade dessa exigência de motivação? Quão minudente e profunda se faz a argumentação exigível para sustentar a decisão? Qual é o alcance vertical e horizontal de cognição compatível com tal espécie de decisão nesse peculiar momento processual?

Tem-se, portanto, um problema com diferentes aspectos, que demandam uma contextualização.

---

[3] Destaque não constante do original.

[4] IX – todos os julgamentos dos órgãos do Poder Judiciário serão públicos, e fundamentadas todas as decisões, sob pena de nulidade, podendo a lei limitar a presença, em determinados atos, às próprias partes e a seus advogados, ou somente a estes, em casos nos quais a preservação do direito à intimidade do interessado no sigilo não prejudique o interesse público à informação; (Redação dada pela Emenda Constitucional nº 45, de 2004)

4.3. Do contexto de criação da norma

A Medida Provisória referida, fruto de sucessivas reedições, reformou substancialmente o procedimento da ação de improbidade, inserindo no art. 17 da LIA diversos comandos.[5]

A inovação demarca um novo ambiente jurídico-político, bastante diferente daquele da edição da LIA, que fora lançada como parte instrumental do programa de combate à corrupção e à impunidade de um governo eleito com o bordão da "caça aos marajás".[6] Juridicamente, o projeto tinha por escopo regulamentar o art. 37, § 4º, da CF/88.[7]

A alteração se insere numa nova moldura política, em que, segundo uma interpretação não inteiramente desprezível, representou um intento de impor freio a um Ministério Público altivo e atuante no combate à imoralidade administrativa, enquanto para outros se cogitava de normatizar resultados da reflexão mais ponderada da jurisprudência e a doutrina.

Não custa recordar que, naquela mesma quadra histórica, ocorreu a tentativa de estender à ação de improbidade a prerrogativa de

---

[5] Art. 4º O art. 17 da Lei nº 8.429, de 2 de junho de 1992, passa a vigorar com as seguintes alterações: "Art. 17 (...) § 6º A ação será instruída com documentos ou justificação que contenham indícios suficientes da existência do ato de improbidade ou com razões fundamentadas da impossibilidade de apresentação de qualquer dessas provas, observada a legislação vigente, inclusive as disposições inscritas nos arts. 16 a 18 do Código de Processo Civil. § 7º Estando a inicial em devida forma, o juiz mandará autuá-la e ordenará a notificação do requerido, para oferecer manifestação por escrito, que poderá ser instruída com documentos e justificações, dentro do prazo de quinze dias. § 8º Recebida a manifestação, o juiz, no prazo de trinta dias, em decisão fundamentada, rejeitará a ação, se convencido da inexistência do ato de improbidade, da improcedência da ação ou da inadequação da via eleita. § 9º Recebida a petição inicial, será o réu citado para apresentar contestação. § 10. Da decisão que receber a petição inicial, caberá agravo de instrumento. § 11. Em qualquer fase do processo, reconhecida a inadequação da ação de improbidade, o juiz extinguirá o processo sem julgamento do mérito. § 12. Aplica-se aos depoimentos ou inquirições realizadas nos processos regidos por esta Lei o disposto no art. 221, *caput* e § 1º, do Código de Processo Penal".

[6] <http://www.planalto.gov.br/ccivil_03/Projetos/EXPMOTIV/CGU/2005/10.htm>; <http://www.camara.gov.br/proposicoesWeb/fichadetramitacao?idProposicao=192235>. Veja-se, a propósito, a mensagem do então Min. da Justiça, Jarbas Passarinho, ao justificar o anteprojeto à Presidência: "A medida, a todos os títulos da maior relevância política e administrativa, insere-se no marco do processo de modernização do País, que Vossa Excelência vem perseguindo com obstinação e sem desfalecimentos, em ordem a resgatar, perante a sociedade, os mais gratos compromissos de campanha, que, por decisão majoritária do povo brasileiro, transformaram-se em plano de governo. Sabendo Vossa Excelência que uma das maiores mazelas felizmente, ainda afligem o País, é a prática desenfreada e impune de atos de corrupção, no trato com os dinheiros públicos, e que a sua repressão, legítima, depende de procedimento legal adequado – o devido processo legal – impõe-se criar meios próprios à consecução daquele objetivo sem, no entanto, suprimir as garantias constitucionais pertinentes, caracterizadoras do Estado de Direito".

[7] § 4º Os atos de improbidade administrativa importarão a suspensão dos direitos políticos, a perda da função pública, a indisponibilidade dos bens e o ressarcimento ao erário, na forma e gradação previstas em lei, sem prejuízo da ação penal cabível.

foro existente para autoridades no âmbito penal,[8] posteriormente obstada pelo Supremo Tribunal Federal.[9]

Essa decisão do STF e o julgamento da Reclamação n. 591 pelo STJ[10] cristalizaram o entendimento do caráter civil da ação de improbidade, porém, a evolução doutrinária e jurisprudencial apontava para a necessidade de reflexão sobre a interpretação da LIA à luz dos princípios gerais da Constituição, sobretudo na medida em que atribui ao Poder Judiciário o exercício da limitação do poder estatal, para salvaguardar as garantias individuais fundamentais, especialmente o devido processo legal.

Se, por um lado, não se pode ser ingênuo a ponto de descartar a intenção de integrantes da classe política de buscar um refúgio no privilégio de foro e apostar na vezeira mora processual para escapar de punição legítima de atos de improbidade, por outro lado, também não se pode sonegar o fato de que a inovação legislativa traduziu um progresso na concepção que liga a ação de improbidade com o **direito sancionatório** em geral e, assim, representou um ganho no controle judicial da atuação fiscalizatória e punitiva de agentes estatais contra cidadãos investidos de função pública ou vinculados à mesma.

O preço desse incremento do controle e correspondente poder judicial consiste na complexificação do procedimento e no aumento das

---

[8] Art. 84. A competência pela prerrogativa de função é do Supremo Tribunal Federal, do Superior Tribunal de Justiça, dos Tribunais Regionais Federais e Tribunais de Justiça dos Estados e do Distrito Federal, relativamente às pessoas que devam responder perante eles por crimes comuns e de responsabilidade. (Redação dada pela Lei nº 10.628, de 24.12.2002) § 1º A competência especial por prerrogativa de função, relativa a atos administrativos do agente, prevalece ainda que o inquérito ou a ação judicial sejam iniciados após a cessação do exercício da função pública. (Incluído pela Lei nº 10.628, de 24.12.2002) § 2º A ação de improbidade, de que trata a Lei nº 8.429, de 2 de junho de 1992, será proposta perante o tribunal competente para processar e julgar criminalmente o funcionário ou autoridade na hipótese de prerrogativa de foro em razão do exercício de função pública, observado o disposto no § 1º. (Incluído pela Lei nº 10.628, de 24.12.2002)

[9] O fundamento central da declaração da inconstitucionalidade da previsão consiste em que a lei não poderia instituir competência originária não prevista na própria constituição: "(...) IV. Ação de improbidade administrativa: extensão da competência especial por prerrogativa de função estabelecida para o processo penal condenatório contra o mesmo dignitário (§ 2º do art. 84 do C Pr Penal introduzido pela L. 10.628/2002): declaração, por lei, de competência originária não prevista na Constituição: inconstitucionalidade". (ADI 2797, Relator(a): Min. SEPÚLVEDA PERTENCE, Tribunal Pleno, julgado em 15/09/2005, DJ 19-12-2006 PP-00037 EMENT VOL-02261-02 PP-00250)

[10] "Improbidade administrativa (Constituição, art. 37, § 4º, Cód. Civil, arts. 159 e 1.518, Leis nos 7.347/85 e 8.429/92). Inquérito civil, ação cautelar inominada e ação civil pública. Foro por prerrogativa de função (membro de TRT). Competência. Reclamação. (...) 3. Conquanto caiba ao STJ processar e julgar, nos crimes comuns e nos de responsabilidade, os membros dos Tribunais Regionais do Trabalho (Constituição, art. 105, I, a), não lhe compete, porém, explicitamente, processá-los e julgá-los por atos de *improbidade administrativa*. Implicitamente, sequer, admite-se tal competência, porquanto, aqui, trata-se de ação civil, em virtude de investigação de natureza civil. Competência, portanto, de juiz de primeiro grau. (...)". (Rcl 591/SP, Rel. Ministro NILSON NAVES, CORTE ESPECIAL, julgado em 01/12/1999, DJ 15/05/2000, p. 112)

exigências de fundamentação, o que reclama olhar mais abrangente sobre as demais disposições da LIA.

4.4. Do entorno normativo do § 8º do art. 17

Para bem compreender o §8º do art. 17 da LIA, faz-se imprescindível conectá-lo com as demais inovações do procedimento, que, em caráter convergente, procuraram adequar o procedimento da ação de improbidade à peculiaridade com que se apresenta a incidência do devido processo legal na seara do direito punitivo do estado.

Assim, a "decisão fundamentada" prevista no comando legislativo insere-se na moldura mais ampla do respeito às extraordinárias demandas impostas pela feição eminentemente penalizadora das sanções cominadas à improbidade, naquilo em que ela se descola da categoria das ações ordinárias de ressarcimento ao erário.

Para destacar a relevância dessa compreensão, recordo que a LIA adota a titulação de "penas" para as consequências cominadas aos atos de improbidade (art. 12),[11] as quais, além de cumuláveis com as sanções penais cabíveis, agravam fortemente os **direitos fundamentais** da liberdade (liberdade de exercer função pública, liberdade de contratar com o poder público, entre outros), propriedade (perda de bens, multa e ressarcimento ao erário) e mesmo de cidadania ou participação no processo político (suspensão de direitos políticos por anos).

Machado e Motta apontam, ainda, que o simples fato de responder a uma ação de improbidade administrativa basta para denegrir a

---

[11] Art. 12. Independentemente das sanções penais, civis e administrativas previstas na legislação específica, está o responsável pelo ato de improbidade sujeito às seguintes cominações, que podem ser aplicadas isolada ou cumulativamente, de acordo com a gravidade do fato: I – na hipótese do art. 9º, perda dos bens ou valores acrescidos ilicitamente ao patrimônio, ressarcimento integral do dano, quando houver, perda da função pública, suspensão dos direitos políticos de oito a dez anos, pagamento de multa civil de até três vezes o valor do acréscimo patrimonial e proibição de contratar com o Poder Público ou receber benefícios ou incentivos fiscais ou creditícios, direta ou indiretamente, ainda que por intermédio de pessoa jurídica da qual seja sócio majoritário, pelo prazo de dez anos; II – na hipótese do art. 10, ressarcimento integral do dano, perda dos bens ou valores acrescidos ilicitamente ao patrimônio, se concorrer esta circunstância, perda da função pública, suspensão dos direitos políticos de cinco a oito anos, pagamento de multa civil de até duas vezes o valor do dano e proibição de contratar com o Poder Público ou receber benefícios ou incentivos fiscais ou creditícios, direta ou indiretamente, ainda que por intermédio de pessoa jurídica da qual seja sócio majoritário, pelo prazo de cinco anos; III – na hipótese do art. 11, ressarcimento integral do dano, se houver, perda da função pública, suspensão dos direitos políticos de três a cinco anos, pagamento de multa civil de até cem vezes o valor da remuneração percebida pelo agente e proibição de contratar com o Poder Público ou receber benefícios ou incentivos fiscais ou creditícios, direta ou indiretamente, ainda que por intermédio de pessoa jurídica da qual seja sócio majoritário, pelo prazo de três anos. Parágrafo único. Na fixação das penas previstas nesta lei o juiz levará em conta a extensão do dano causado, assim como o proveito patrimonial obtido pelo agente.

imagem do demandado perante a opinião pública, "patrimônio fundamental da pessoa pública".[12]

Por isso, embora a doutrina e a jurisprudência tenham evoluído no sentido de expurgar a confusão conceitual entre as sanções da improbidade e as penais, impõe-se reconhecer o **caráter híbrido** da própria ação de improbidade, uma vez que não deixa de ser uma ação civil, mas recebe o influxo das garantias próprias às demais ações de exercício do poder punitivo estatal.[13]

Coerentemente com a gravosidade dessa demanda, o legislador instituiu um duplo **exame** da petição inicial: (1) o da **regularidade** da peça incoativa, à semelhança do previsto nos artigos 321 e 330 do CPC-2015,[14] que está contemplado no § 7º do art. 17 da LIA; (2) o da **viabilidade concreta**, previsto no § 8º do mesmo artigo, o qual não se confunde com a análise da mera regularidade formal, nem da simples admissibilidade da demanda na ótica das clássicas condições de ação, mas ingressa no próprio **mérito**,[15] embora com as limitações de

---

[12] MACHADO, F. C. & MOTTA, Otávio L. V. Indeferimento da inicial e rejeição liminar da ação de improbidade administrativa. In: LUCON, Paulo H. dos Santos et alii (coord.). *Improbidade administrativa*. 2. ed. São Paulo: Atlas, 2015, p. 184.

[13] Idem, p. 174.

[14] Tais dispositivos correspondem, com algumas alterações, ao contido nos arts. 284 e 295 do CPC-1973, que já ordenavam ao juiz o controle da regularidade da inicial.

[15] ADMINISTRATIVO E PROCESSUAL CIVIL. ART. 17, §§ 7º E 8º, LEI DE IMPROBIDADE. TEMÁTICA DE MÉRITO. DEFESA PRÉVIA E IMPUGNAÇÕES ESPECIFICADAS. ANEXAÇÃO DE PROVA DOCUMENTAL. NECESSIDADE DE DECISÃO FUNDAMENTADA. SEGUNDA ANULAÇÃO DE DECISÃO DE RECEBIMENTO DA AÇÃO CIVIL PÚBLICA. Tendo os §§ 7º e 8º da Lei nº 8.429/92 introduzido fase cognitiva destinada a apreciar inclusive a temática de mérito, sem o que a ação de improbidade não deve ter curso, cumpre ao juiz pronunciar-se, motivadamente, quanto a impugnações formalizadas de modo preciso, escoradas em documentação trazida com a defesa prévia, observada, claro, a limitação cognitiva, inaceitável genérica remessa a exame após dilação probatória. A ser assim o preceito legal perde toda e qualquer razão de ser transformado em inutilidade normativa. Por certo, apenas havendo satisfatória definição fática é que se justifica a sentença de rejeição liminar. IMPROBIDADE. ART. 10, INCISOS, I, II, V, XI E XII, LEI Nº 8.429/92. ELEMENTO ANÍMICO. CONVÊNIOS. AUTORIZAÇÃO LEGISLATIVA. ALEGAÇÃO DE DESVIRTUAMENTO. HIPÓTESE CONTRARIADA PELA PROVA. CONVERGÊNCIA DE INTERESSES. MÁ EXECUÇÃO. FISCALIZAÇÃO E COBRANÇA PELO MUNICÍPIO. INIMPUTABILIDADE AOS PREFEITOS. A Lei de Improbidade não assenta em responsabilidade objetiva, mas, nitidamente, subjetiva. As infrações administrativas descritas em seu art. 10 reclamam o dolo ou, ao menos, a culpa, inclusive em seus incisos I, II, V, XI e XII, Lei nº 8.429/92, cujo cometimento se imputa aos agentes políticos municipais, a par de, no espectro objetivo, a definição de dano ao erário público. A prática de convênios, nitidamente caracterizados pela convergência de interesses, não resta desfigurada se, na execução, os clubes partícipes vieram a desviar recursos públicos, quanto ao que a fiscalização municipal glosou valores e tomou providências para sua cobrança. Não respondem os Prefeitos Municipais pela execução irregular de convênios quando não tiverem direto controle sobre os atos de adimplemento negocial, o que ocorre nas cidades de maior expressão, como no caso dos autos. (Apelação Cível nº 70058159534, Vigésima Primeira Câmara Cível, Tribunal de Justiça do RS, Relator: Armínio José Abreu Lima da Rosa, Julgado em 12/03/2014)

margem e profundidade de cognição ditadas pelo dispositivo referido, após contraditório prévio.[16]

Consequentemente, como apontam a melhor doutrina[17] e a jurisprudência,[18] incumbe ao juízo, já no primeiro contato com a demanda, tal como nas demais ações civis, analisar a regularidade formal da demanda e mandar intimar o autor para emendá-la, sob pena de indeferimento.

No passo lógico seguinte, estando a inicial em ordem, passa-se ao momento de oportunizar **manifestação do demandado**, à semelhança do que ocorre com o disposto nos arts. 513 e 518 do CPP,[19] concernentes ao processo e ao julgamento dos crimes de responsabilidade dos funcionários públicos,[20] para oportunizar ao demandado, "(...) a

---

[16] BUENO sustentava que o exame da petição inicial ocorreria apenas após a defesa preliminar: "O que é novo nos §§ 7º a 10 da Lei 8.429, entretanto, é que a análise da petição inicial de uma 'ação de improbidade administrativa' deve ser, doravante, *realizada após o prévio estabelecimento do contraditório*, e – mais do que isto – este exame já deve levar em conta o mérito da ação, isto é, a viabilidade concreta (e não meramente provável porque aferida in status assertionis, típica do exame das condições da ação) de procedência da ação, de acolhimento ou de rejeição do pedido... Após a manifestação do réu, o magistrado, no prazo impróprio de 30 dias, proferirá juízo não só de admissibilidade da petição inicial, mas também uma espécie de julgamento prematuro da lide, para parafrasear o que é disciplinado pelo art. 330 do Código de Processo Civil... Não só motivos de ordem formal ou técnica, destarte, podem levar à rejeição da petição inicial – no que não haveria maiores distinções com o procedimento ordinário, salvo pela sua realização em contraditório. Também questões substanciais – a inexistência do ato de improbidade ou a improcedência da ação, com o desacolhimento do pedido – podem levar a um prematuro julgamento de mérito da ação nos moldes do art. 269, I, do Código de Processo Civil. Trata-se de julgamento de mérito, sujeito, portanto, à formação da coisa julgada material". (CASSIO SCARPINELLA BUENO, "O Procedimento Especial da Ação de Improbidade Administrativa (Medida Provisória 2.088) – "Improbidade Administrativa", Malheiros, p. 151-152, citado cfe. AC nº 70058159534, TJRS, Rel. Des. Armínio Rosa, julgada em 12/03/2014.)

[17] Nesse sentido, Machado e Motta levantam, com razão, crítica a Cassio Scarpinella Bueno, quando este sugeria que, na ação de improbidade administrativa, à diferença do procedimento ordinário comum, o momento único de análise da petição inicial estaria protraído para somente após a defesa preliminar. Cfr. MACHADO, F. C. & MOTTA, Otávio L. V. Indeferimento da inicial e rejeição liminar da ação de improbidade administrativa. In: LUCON, Paulo H. dos Santos *et alii* (coord.). *Improbidade administrativa*. 2. ed. São Paulo: Atlas, 2015, p. 177.

[18] IMPROBIDADE ADMINISTRATIVA. NULIDADE. RECEBIMENTO. CITAÇÃO. INÉPCIA DA INICIAL. EMENDA. 1. A inobservância do procedimento previsto no art. 17 da Lei nº 8.429/1992 acarreta a nulidade do processo por violação ao contraditório e ao direito de defesa. Hipótese em que, após a apresentação da manifestação pelos demandados, o processo prosseguiu sem que tenha sido recebida a ação e citados os réus para oferecer contestação. 2. *É inepta a inicial da ação de improbidade administrativa que não descreve suficientemente os atos ímprobos de modo a dificultar a defesa. A par da falta de precisão na descrição, da narrativa dos fatos não decorre logicamente o pedido. Hipótese em que deve ser oportunizada a emenda à inicial por não terem ainda sido citados os demandados. Art. 284 do CPC.* Recurso provido. (Apelação Cível nº 70060294030, Vigésima Segunda Câmara Cível, Tribunal de Justiça do RS, Relator: Maria Isabel de Azevedo Souza, Julgado em 28/08/2014)

[19] Veja-se, ademais, que a nova redação do CPP (arts. 396 e seguintes) reforçou a relevância do contraditório preliminar também dos ritos ordinário e sumário, possibilitando ao juiz a rejeição liminar da queixa/denúncia e, após a defesa preliminar, a absolvição sumária.

[20] Segundo Machado e Motta, nesse tópico, o legislador inspirou-se em tais dispositivos, com "a intenção de preservar os funcionários públicos do constrangimento de responder a processos de

exemplo do que ocorre no processo penal, uma espécie **de defesa preliminar** anterior ao recebimento da petição inicial, para que o juiz verifique se não é o caso de rejeitar de plano a ação (...)".[21]

O legislador entendeu prudente reconhecer ao demandado em ação de improbidade o direito de não residir ou não permanecer residindo no polo passivo dessa gravosa ação quando a inexistência do ato de improbidade ou a improcedência da demanda possam desde logo ser verificadas.

Tal decorre da incidência inequívoca do devido processo legal (*due process of law*), cláusula do direito anglo-saxão que no direito pátrio se reconhece na forma da garantia constitucional, inserida entre os direitos fundamentais expressos (art. 5º da CF/88), do contraditório e da ampla defesa.[22]

Há autores que vão mais longe, a ponto de sustentar a incidência da **presunção da inocência**, reconhecida expressamente no âmbito penal,[23] como derivação daquela mesma cláusula.[24]

Mesmo quem não deseje avançar tanto[25] há de reconhecer que o princípio da segurança jurídica inequivocamente inflete sobre o tema da improbidade,[26] bem como que a garantia do contraditório e da ampla defesa encontra um campo largo e privilegiado de observância nesse tema.

A preocupação do legislador com a severidade da ação de improbidade fez com que reconhecesse expressamente, nos parágrafos seguintes do mesmo artigo, outras cautelas processuais, como a posposição do ato citatório formal ao exame da viabilidade concreta da demanda (§ 9º), o cabimento de recurso de agravo contra a decisão de recebimento (§ 10) e, ainda, a ausência de preclusão para as partes e para o juízo da questão da adequação da demanda (§ 11).

---

responsabilidade funcional claramente infundados, cujos reflexos negativos podem se estender ao próprio serviço público, como de longa data já demonstrou Eduardo Espíndola Filho". Cfr. MACHADO, F. C. & MOTTA, Otávio L. V. Indeferimento da inicial e rejeição liminar da ação de improbidade administrativa. In: LUCON, Paulo H. dos Santos *et alii* (coord.). *Improbidade administrativa*. 2. ed. São Paulo: Atlas, 2015, p. p. 175.

[21] Idem, p. 175.

[22] LV – aos litigantes, em processo judicial ou administrativo, e aos acusados em geral são assegurados o contraditório e ampla defesa, com os meios e recursos a ela inerentes;

[23] LVII – ninguém será considerado culpado até o trânsito em julgado de sentença penal condenatória;

[24] Nesse sentido MACHADO, F. C.; MOTTA, Otávio L. V. Indeferimento da inicial e rejeição liminar da ação de improbidade administrativa. Op. cit., p. 176.

[25] OSORIO, Fábio Medina. *Improbidade administrativa*. Porto Alegre: Síntese, 1997, p. 121.

[26] Veja-se por exemplo PAZZAGLINI FILHO, Marino. *Lei de improbidade administrativa comentada*. 6. ed. São Paulo: Atlas, 2015, p. 32.

O § 12 se destaca por conter uma curiosa, mas explicável, remissão ao art. 221, *caput* e § 1º, do CPP, no tocante à instrução, que assegura a determinadas autoridades públicas[27] a prerrogativa quanto à forma de depoimento enquanto testemunhas ou vítimas, cuja finalidade consiste em preservar a função pública[28] e também evitar o constrangimento da pessoa que a exerce à exposição inerente ao foro (*strepitus fori*).

Conquanto não se aplique à autoridade pública que ostente a condição de acusado[29] e, por extensão, de réu em ação de improbidade, essa prerrogativa reforça a similaridade com a ação penal e abre exceção ao sistema processual civil de coleta da prova em atenção às peculiaridades da ação de improbidade.[30]

4.5. Da fundamentação exigível

4.5.1. Considerações gerais

O imperativo constitucional de fundamentação de qualquer decisão judicial dá-se por assentado, não apenas por estar previsto no texto constitucional pátrio, mas também por ser derivável da própria

---

[27] Art. 221. O Presidente e o Vice-Presidente da República, os senadores e deputados federais, os ministros de Estado, os governadores de Estados e Territórios, os secretários de Estado, os prefeitos do Distrito Federal e dos Municípios, os deputados às Assembleias Legislativas Estaduais, os membros do Poder Judiciário, os ministros e juízes dos Tribunais de Contas da União, dos Estados, do Distrito Federal, bem como os do Tribunal Marítimo serão inquiridos em local, dia e hora previamente ajustados entre eles e o juiz. (Redação dada pela Lei nº 3.653, de 4.11.1959) § 1º O Presidente e o Vice-Presidente da República, os presidentes do Senado Federal, da Câmara dos Deputados e do Supremo Tribunal Federal poderão optar pela prestação de depoimento por escrito, caso em que as perguntas, formuladas pelas partes e deferidas pelo juiz, lhes serão transmitidas por ofício. (Redação dada pela Lei nº 6.416, de 24.5.1977)

[28] O dispositivo tem em vista as "elevadas funções exercidas por essas pessoas", cfe. MIRABETE, Julio F. *Processo penal*. 2. ed., São Paulo: Atlas, 1993, p. 288. A propósito do depoimento escrito, Tourinho Filho questiona a constitucionalidade do art. 221, § 1º, em relação ao princípio do contraditório, pela supressão do direito de repergunta. Cfr. TOURINHO FILHO, Fernando da Costa. *Processo penal*. 17. ed. São Paulo: Saraiva, 1995, v.3, p. 274.

[29] STF, Inq 2.839, rel. min. Celso de Mello, decisão monocrática, julgamento em 11-9-2009, DJE de 17-9-2009; AP 421-QO, rel. min. Joaquim Barbosa, julgamento em 22-10-2009, Plenário, DJE de 4-2-2011; STJ, 5ª Turma, HC 250.970-SP, Rel. Min. Jorge Mussi, julgado em 23/9/2014 (Info 547).

[30] O art. 17, § 2º, da Lei nº 8.429/92, Impõe a aplicação, ao processo por ela regido, da regra contida no art. 221, *caput* e § 1º, do Código de Processo Penal. Isso significa apenas que, com relação às autoridades relacionadas no *caput* do art. 221, Do CPP, sua inquirição, no processo regido pela Lei de Improbidade Administrativa, será feita em local, dia e hora previamente ajustados entre elas e o juiz da causa. Além disso, as autoridades referidas no parágrafo primeiro poderão optar pela prestação de depoimento por escrito, "Caso em que as perguntas, formuladas pelas partes e deferidas pelo juiz, lhes serão transmitidas por ofício" (...) (TJDF, 4ª Turma Cível, Acórdão nº 744571 do Processo nº 20130020153309 agi, 04/12/2013).

da natureza argumentativa do direito[31] e, particularmente, das decisões judiciais enquanto proposições normativas.

A argumentatividade da atividade jurisdicional é apontada de forma notável pela teoria da argumentação jurídica,[32] o que encontra reflexo no caráter argumentativo da atividade interpretativa[33] necessária à aplicação de textos jurídicos, de modo que o aplicador do direito possa operar proposições concretas de dever-ser válidas.[34]

Recentemente, tem-se agudizado a seriedade desse problema, sobretudo pela tomada de consciência de que, no cotidiano do exercício daquela atividade, há inevitavelmente necessidade de ponderações, não somente em relação a argumentos, como também dos próprios princípios envolvidos.[35]

O novo CPC, além de inovar no tratamento da possível colisão de normas, veio consagrar a relevância em geral da fundamentação e a necessidade de suficiência da argumentação nela contida em relação ao objeto da decisão,[36] a ponto de em doutrina se conceber que as

---

[31] ALEXY, Robert. *Ideales Sollen*. In: CLÉRICO, Laura & SIECKMANN, Jan-Reinard (Hrsg.). *Grundrechte, Prinzipien und Argumentation: Studien zur Rechtstheorie Robert Alexys*. Baden-Baden: Nomos, 2009, S. 21-38.

[32] ALEXY, Robert. *Theorie der juristischen Argumentation*. 2. Aufl., Frankfurt: Suhrkamp, 1991, S. 306.

[33] ALEXY, Robert. *Juristische Interpretation*. In: ——. *Recht, Vernunft, Diskurs: Studien zur Rechtsphilosophie*. Frankfurt am Main: Suhrkamp, 1995, S. 78.

[34] Sobre o conceito e critérios de validez, cfr. ALEXY, *Begriff und Geltung des Rechts*. 4. Aufl. Freiburg/München: Karl Alber, 2005. No âmbito específico da norma de direito fundamental e dos conceitos de validez, cfr. ALEXY, *Theorie der Grundrechte*. 2. Aufl. Frankfurt: Suhrkamp, 1994, S. 49 ff. Compare KELSEN, Hans. Reine Rechtslehre. 2. Aufl. Wien: Franz Deuticke, 1960, S. 9; DWORKIN, Ronald. *Law's empire*. Cambridge: Harvard University Press, 1986, p. 31 ss.; HART, Herbert L. A. *The concept of law*. 2. ed. Oxford: Clarendon University Press, 1994, p. 124 ss.; Alexy se aproxima do conceito de ciência do direito enquanto ciência de um campo do deôntico, ou seja, do dever-ser compreendido *lato sensu*, envolvendo as três "funções normativas". Cfr. KELSEN, Hans. *Reine Rechtslehre*. 2. Aufl. Wien: Franz Deuticke, 1960, S. 81.

[35] ALEXY, Robert. *Reflections on how my thinking about law has changed over the years*. Acessível em <http://www.tampereclub.org/wordpress/?p=9, S. 01-17>, acesso em 13.09.2012, p. 6.

[36] LEI Nº 13.105, DE 16 DE MARÇO DE 2015. Art. 489. São elementos essenciais da sentença: I – o relatório, que conterá os nomes das partes, a identificação do caso, com a suma do pedido e da contestação, e o registro das principais ocorrências havidas no andamento do processo; II – *os fundamentos, em que o juiz analisará as questões de fato e de direito*; III – o dispositivo, em que o juiz resolverá as questões principais que as partes lhe submeterem. § 1º *Não se considera fundamentada qualquer decisão judicial, seja ela interlocutória, sentença ou acórdão, que*: I – se limitar à indicação, à reprodução ou à paráfrase de ato normativo, sem explicar sua relação com a causa ou a questão decidida; II – empregar conceitos jurídicos indeterminados, sem explicar o motivo concreto de sua incidência no caso; III – invocar motivos que se prestariam a justificar qualquer outra decisão; IV – não enfrentar todos os argumentos deduzidos no processo capazes de, em tese, infirmar a conclusão adotada pelo julgador; V – se limitar a invocar precedente ou enunciado de súmula, sem identificar seus fundamentos determinantes nem demonstrar que o caso sob julgamento se ajusta àqueles fundamentos; VI – deixar de seguir enunciado de súmula, jurisprudência ou precedente invocado pela parte, sem demonstrar a existência de distinção no caso em julgamento ou a superação do entendimento. § 2º No caso de colisão entre normas, o juiz deve

partes e o Estado-juiz estabelecem no processo uma "comunidade argumentativa de trabalho"[37] e que nele se deve poder exercer o "direito fundamental à fundamentação".[38]

Não há dúvida que a matriz e base de sustentação constitucional do art. 17 da LIA não se resume ao art. 93, IX, da CF/88 e, numa perspectiva mais abrangente, deve corresponder às opções fundamentais do Estado brasileiro, como estado de direito.[39]

Pode-se sustentar, portanto, que a fundamentação exigível nesse momento processual deve atender à insofismável incidência de vetores constitucionais mais exigentes, como as garantias do art. 5º, especialmente as previstas nos incisos LV (contraditório e ampla defesa), XXXVI (segurança jurídica); XXXVII (juiz natural), as quais ingressam obrigatoriamente no exame em benefício da pessoa do demandado.

Entendo, ademais, que, em se tratando de **direito sancionatório**, a argumentação exigível no art. 17, pelo menos quanto à viabilidade da aplicação de sanções, deve levar em consideração a observância, por analogia, das garantias constitucionais previstas nos incisos XXXIX (legalidade, anterioridade e tipicidade das sanções); XL (irretroatividade das normas sancionadoras); XLV (pessoalidade do alcance das punições); XLVI (individualização das sanções); LVII (responsabilidade subjetiva e presunção de não culpabilidade); e XLVII (vedação do caráter perpétuo).

Todavia, para que esse inevitável zelo pelos direitos do demandado não redunde em impunidade dos atos atentatórios à probidade

---

justificar o objeto e os critérios gerais da ponderação efetuada, enunciando as razões que autorizam a interferência na norma afastada e as premissas fáticas que fundamentam a conclusão.

[37] Cfr. MARINONI, Luiz Guilherme *et alii*. *Novo código de processo civil comentado* [livro eletrônico]. São Paulo: RT, 2016. Dizem os autores, em comentário ao art. 6º do CPC-2015: "6. Comunidade Argumentativa de Trabalho. O processo civil é uma comunidade de trabalho e é ainda especificamente uma comunidade argumentativa de trabalho: isso porque as partes têm o ônus de alegar e o juiz tem o dever de decidir invocando razões jurídicas". <https://proview.thomsonreuters.com/title.html?redirect=true&titleKey=rt%2Fcodigos%2F100864097%2Fv2.3&titleStage=F&titleAcct=ia744d779000001527e9f922d5452fdae#sl=e&eid=d1ef165765a037bfc6ec25fab59efe7e&eat=er_mark_6&pg=&psl=&nvgS=true&tmp=68>.

[38] Cfr. WAMBIER, Teresa *et alii*. *Breves comentários ao novo código de processo civil* [livro eletrônico]. São Paulo: RT, 2016. "*A fundamentação da decisão tem de ser racional, o que significa dizer que a atividade interpretativa deve ser justificada (interna e externamente) e o resultado da interpretação deve ser coerente e universalizável* (conforme o nosso Cortes Superiores e Cortes Supremas – do Controle à interpretação da jurisprudência ao precedente. São Paulo: RT). *Fora desse quadro o exercício do poder judicial é incontrolável intersubjetivamente, frustrando-se com isso a razão de ser do direito fundamental à fundamentação das decisões no direito brasileiro: a estruturação de uma democrática administração da Justiça Civil* (Michele Taruffo. A motivação da sentença civil. Marcial Pons)". <https://proview.thomsonreuters.com/title.html?redirect=true&titleKey=rt%2Fmonografias%2F101497668%2Fv2.4&titleStage=F&titleAcct=ia744d779000001527e9f922d5452fdae#sl=e&eid=f7bed150d3e94aaf2ae1ef263fbac98b&eat=er_mark_4&pg=&psl=&nvgS=true&tmp=164> – *destaquei*.

[39] Art. 1º A República Federativa do Brasil (...)_constitui-se em *Estado Democrático de Direito* (...).

administrativa – igualmente alçada a princípio constitucional expresso[40] – no momento processual do art. 17 o exame e a argumentação correspondente devem obedecer aos limites ditados pela oportunidade processual quanto à profundidade e extensão.

O conflito ou a convivência desses princípios opostos resulta na determinação de deveres de fundamentação, assim como limites de cognição na fase do art. 17, § 8º, da LIA, como se verá abaixo.

4.5.2. Especificidade da fundamentação

A especificidade da fundamentação exigida pelo § 8º do art. 17 da LIA está em correlação com o controle da inicial que terá sido ou deveria ter sido realizado de acordo com o § 7º, à luz das determinações formais postas pelo § 6º.

A "devida forma" referida no § 7º remete às particulares exigências formais da peça inicial da ação de improbidade, dentre as quais as expressamente ditadas pelo § 6º, a saber: (1) descrição de indícios suficientes da existência de ato de improbidade; (2) base documental ou justificativa racional da impossibilidade de trazê-la pré-constituída.

Da interpretação desse dispositivo, conjugada com o art. 319 do CPC-2015[41] e com a natureza das sanções vindicadas, infere-se que à petição inicial da ação de improbidade não basta a simples descrição do fato, de acordo com o brocardo latino *jura novit curia*.[42]

A esse propósito, a doutrina acerca do tema no CPC-2015 ainda não se harmonizou, mas não há como negar que o novo código demanda, no mínimo, uma reinterpretação quanto à sua aplicabilidade.[43]

---

[40] Art 14, § 9º; art. 15, inc. V; art. 37, § 4º; e art. 85, inc. V.

[41] Ver art. 282 do CPC-1973.

[42] Segundo Tosi, trata-se de "aforismo medieval, que exprime o pressuposto de que o juiz conheça as normas legais e as aplique, mesmo quando isso não é explicitamente requerido pelas partes interessadas". Cfr. TOSI, Renzo. *Dicionário de sentenças latinas e gregas*. São Paulo: Martins Fontes, 2000, p. 520.

[43] Cfr. MARINONI, Luiz Guilherme et alii. *Novo código de processo civil comentado* [livro eletrônico]. São Paulo: RT, 2016: "Isso quer dizer que a máxima do Iura novit curia continua plenamente vigente no novo Código: apenas a sua aplicação é que está condicionada ao prévio diálogo com as partes". <https://proview.thomsonreuters.com/title.html?redirect=true&titleKey=rt%2Fco digos%2F100864097%2Fv2.3&titleStage=F&titleAcct=ia744d779000001527e9f922d5452fdae#sl= e&eid=d1ef165765a037bfc6ec25fab59efe7e&eat=er_mark_1&pg=&psl=&nvgS=true&tmp=219>. Na mesma direção Cfr. Wambier, Teresa et alii. Breves comentários ao novo código de processo civil [livro eletrônico]. São Paulo: RT, 2016. <https://proview.thomsonreuters.com/title.html?r edirect=true&titleKey=rt%2Fmonografias%2F101497668%2Fv2.4&titleStage=F&titleAcct=ia744 d779000001527e9f922d5452fdae#sl=e&eid=70340ee6c3e377291192d454c90aed69&eat=er_mark_ 2&pg=&psl=&nvgS=true&tmp=202>.

Além do pedido e fundamento fático, é preciso que a inicial contenha o integral esmiuçamento da *causa petendi*, a saber, a descrição fática e também jurídica dos fundamentos da pretensão deduzida, o que implica que o enquadramento jurídico do fato deve estar declarado e justificado na própria inicial.[44] Esta, consequentemente, deve descer à tipificação dos fatos[45] e, mais, formular pedido determinado quanto às sanções cuja aplicação postula.

Pela mesma ordem de razões, à semelhança do direito processual penal, o autor deve declinar com a máxima especificidade possível naquele momento processual as condutas individuais e a forma de contribuição de cada agente no caso de concurso de agentes, de maneira que o demandado possa apresentar defesa e produzir contraprova quanto à conduta específica que lhe foi imputada.

Por fim, é indesviável que a produção probatória prévia e eventualmente aquela ainda pendente de realização seja justificada detalhadamente. A razão é singela: o Ministério Público dispõe dos poderes inquisitórios e requisitórios próprios, a serem exercidos no curso do instrumento processual legalmente previsto, que é o inquérito civil, conduzido por aquele órgão.

Por isso, incumbe-lhe uma carga argumentativa e probatória elevada quanto à base da imputação, seja naquilo que obrigatoriamente produziu em sustento da imputação, seja naquilo em que não pode documentar ainda, o que somente se admite em relação a provas que lhe são inacessíveis por estarem protegidos por alguma espécie de sigilo carente de intervenção judicial, ou por estarem em poder do investigado ou de outro modo inacessíveis.

Nessa perspectiva, a petição inicial da ação de improbidade refoge ao padrão comum das ações cíveis; ela deve conter uma fundamentação mais substancial.

---

[44] Nessa linha, MACHADO, F. C.; MOTTA, Otávio L. V. Indeferimento da inicial e rejeição liminar da ação de improbidade administrativa. In: LUCON, Paulo H. dos Santos *et alii* (coord.). *Improbidade administrativa*. 2. ed. São Paulo: Atlas, 2015, p. 180.

[45] Machado e Motta assim se manifestam: "Ora, se em qualquer causa de pedir o autor deve apontar o fato ocorrido e enquadrá-lo *sub specie iuris*, não há nenhuma dúvida de que na ação de improbidade administrativa é imprescindível que a causa de pedir contenha a mais clara narrativa dos acontecimentos e aponte com precisão o fato estritamente enquadrável numa das hipóteses tipificadas pelos arts. 9º a 11 da Lei n. 8.429/92. Em outras palavras, considerando-se aquelas repercussões 'quase-penais' da ação de improbidade, além da circunstância de que 'diversos dos ilícitos 'civis' previstos na Lei n. 8.429/92 – para não dizer praticamente todos – correspondem a tipos penais bem definidos', temos que a descrição fática constante na petição inicial deve demonstrar precisamente a tipicidade da conduta do agente político". Cfr. MACHADO, F. C. & MOTTA, Otávio L. V. Indeferimento da inicial e rejeição liminar da ação de improbidade administrativa. In: LUCON, Paulo H. dos Santos *et alii* (coord.). *Improbidade administrativa*. 2. ed. São Paulo: Atlas, 2015, p. 180.

Diante disso, secundando importantes vozes doutrinárias e precedentes, pode-se sustentar que a **inicial** da ação de improbidade deve **conter**, de forma detalhada e precisa, de modo a permitir o exercício efetivo da defesa, (1) **descrição** de cada conduta reputada ímproba; (2) **definição** da forma de contribuição individual de cada demandado no caso de pluralidade de agentes; (3) **indicação** do elemento subjetivo de acordo com o tipo de conduta, em relação a cada agente; (4) **demonstração** da norma legal incidente e da tipificação específica de cada conduta; (5) **determinação** das sanções aplicáveis para cada conduta; (6) **indicação** da gravidade específica e concreta de cada conduta; (7) **apontamento** da graduação de cada sanção, individualmente considerada, pelo menos para determinação do valor objeto de requerimento da indisponibilidade de bens;[46] (8) **reunião** dos elementos probatórios que sustentam cada imputação; (9) **aporte** da justificativa das provas ainda não obtidas; (10) **articulação** das razões que ligam os elementos probatórios com os fatos alegados.[47]

4.5.3. Profundidade e extensão da cognição cabível

Como acima afirmado, a ação de improbidade se desenvolve numa arena de conflitos entre bens coletivos relevantes, sustentados por princípios com força constitucional – como a probidade administrativa, a moralidade,[48] entre outros[49] – e os direitos fundamentais individuais do demandado numa ação de carácter sancionatório inequívoco.

Na ambientação em que se aplica o art. 17, § 8º, da LIA, esse conflito moveu o legislador a compatibilizar diretrizes normativas igualmente relevantes: (1) a necessidade de propiciar o desenvolvimento de ação de improbidade, para atingimento da finalidade de proteção daqueles bens coletivos; (2) o resguardo da proteção dos direitos indi-

---

[46] Nessa linha, há quem sustente que a inicial deve especificar inclusive o quantum pretendido a título de multa. Cfr. PAZZAGLINI FILHO, Marino. *Lei de improbidade administrativa comentada*. 6. ed., São Paulo: Atlas, 2015, p. 209.

[47] Em recente Curso de Atualização de Magistrados, patrocinado pela Escola Superior da Magistratura, em parceria com o Tribunal de Justiça do Estado do Rio Grande do Sul, aprovou-se a tese de que "Para fins de recebimento da inicial na ação de improbidade, além dos requisitos exigidos no Código de Processo Civil e na Lei nº 8.429/92, é necessária a descrição do ato ímprobo, da forma de participação e do elemento subjetivo de cada réu".

[48] Figueiredo qualifica a probidade como corolário do princípio da moralidade administrativa. Cfr. FIGUEIREDO, Marcelo. *Probidade administrativa*. 2. ed. São Paulo: Malheiros, 1997, p. 21-22.

[49] Não há condições materiais de desenvolver aqui esse tema, mas não se pode deixar de anotar que outros princípios também ingressam nesse conflito, como o da eficiência administrativa, que com certeza inflete sobre o custo do processo da ação de improbidade para o Judiciário e também para o órgão público afetado pelas decisões, sobretudo quando haja afastamento de agente público.

viduais; (3) proteger a atividade administrativa de injunções judiciais descabidas.

Evidentemente, se for conferido maior peso na proteção do bem coletivo da moralidade administrativa, proporcionalmente mais gravosa será a intervenção nos direitos individuais. Se, ao contrário, a carga nos direitos individuais for extremamente alta, perde-se o objetivo de proteger o interesse da coletividade na boa e honesta administração. Por fim, se a restrição à intervenção judicial na administração através da ação de improbidade for muito forte, a ponto de exigir que somente ações claramente procedentes tenham trânsito, enfraquece-se o combate à corrupção, sem aumentar proporcionalmente a proteção do indivíduo.

Compensando-se os interesses envolvidos, entendo que o legislador utilizou adequadamente o espaço (*Spielraum*)[50] determinado pela Constituição e acertou em inserir uma exigência mais elevada de fundamentação para a decisão que aprecia a viabilidade concreta da inicial da ação de improbidade.

No que tange à extensão desse exame e da correspondente argumentação, não há dúvida de que pelo menos **parte do mérito** da ação pode e deve ser apreciada nesse momento processual, sob pena de esvaziar o comando normativo[51] e ofender o devido processo legal.[52]

---

[50] A dogmática dos espaços, sugerida por Alexy, explica a existência e os limites da liberdade do legislador para configurar direitos e estabelecer uma forma de convívio entre direitos fundamentais colidentes entre si ou com bens coletivos; tal ocorre se a constituição não tenha já decidido o conflito e tenha assegurado ao legislador um espaço (*Spielraum*) estrutural ou epistémico. Nesse caso, no exame da proporcionalidade da medida legislativa e, especificamente, no momento da ponderação, havendo um empate entre os pesos dos principios colidentes, o principio democrático (principio formal) recomenda ao órgão de controle de constitucionalidade que respeite a solução encontrada pelo parlamento. Cfr. ALEXY, Robert. *Verfassungsrecht und einfaches Recht – Verfassungsgerichtsbarkeit und Fachgerichtsbarkeit*, in: VVDStRL 61 (2002), S. 7-33. Ver também, do mesmo: *Epílogo a la teoría de los derechos fundamentales*. Madrid: Centro de Estudios Políticos y Constitucionales. Separata de la *Revista Española de derecho constitucional*, año 22, núm. 66, septiembre-diciembre 2002.

[51] PROCESSUAL CIVIL. PREFEITO MUNICIPAL E AÇÃO DE IMPROBIDADE. CABIMENTO. QUESTÃO PRECLUSA. ARTIGO 473, CPC. Uma vez já apreciada a questão, quando do julgamento de anterior agravo de instrumento, inafastável estar ela coberta pela preclusão, na forma do artigo 473, CPC. ADMINISTRATIVO E PROCESSUAL CIVIL. ARTIGO 17, §§ 7.º E 8.º, LEI DE IMPROBIDADE. *TEMÁTICA DE MÉRITO*. DEFESA PRÉVIA E IMPUGNAÇÕES ESPECIFICADAS. ANEXAÇÃO DE PROVA DOCUMENTAL. NECESSIDADE DE DECISÃO FUNDAMENTADA. SEGUNDA DECISÃO DE RECEBIMENTO DA AÇÃO CIVIL PÚBLICA. Tendo os §§ 7.º e 8.º da Lei nº 8.429/92 introduzido fase cognitiva destinada a apreciar inclusive a temática de mérito, sem o que a ação de improbidade não deve ter curso, cumpre ao juiz pronunciar-se, motivadamente, quanto a impugnações formalizadas de modo preciso, escoradas em documentação trazida com a defesa prévia, observada, claro, a limitação cognitiva, inaceitável genérica remessa a exame após dilação probatória. A não ser assim, o preceito legal perde toda e qualquer razão de ser transformado em inutilidade normativa. Todavia, tal não leva a que se exija exauriente fundamentação, bastando exame de fundamentos fático-jurídicos em si suficientes para o recebimento da ação de improbidade. (Agravo de Instrumento nº 70062332846, Vigésima

Com efeito, a rejeição da ação pela inexistência do ato de improbidade deduzido na inicial ou pela improcedência da ação constitui induvidosamente decisão sobre o mérito.[53]

Pazzaglini Filho qualifica tal sentença como **julgamento de mérito preliminar**, resultante em extinção antes mesmo da citação, enquanto ato que perfaz a formação regular da relação processual,[54] e que produz coisa julgada material.[55]

A extinção por inadequação da via, embora não seja propriamente de mérito, pode ser reconduzida às condições de ação do direito processual comum, e, como tal, também representa uma análise com relação a um aspecto destacado, mas não irrelevante da demanda, que gera a extinção prematura e a qualquer tempo da demanda, como prevê expressamente a lei (§ 11 do art. 17).[56]

Por isso, o legislador, atento às diretivas constitucionais acima indicadas, exigiu do autor maior diligência e substancialidade na fundamentação da inicial; congruentemente, também requereu ao juízo, na apreciação da admissibilidade e viabilidade concreta da demanda, rigor argumentativo e substancialidade na fundamentação proporcionais à gravidade da ação.

A substancialidade e rigorosidade tem por escopo evitar ou extinguir ações mal fundamentadas, "temerárias, desarrazoadas ou infundadas",[57] o que não atende apenas às conveniências ditadas pela economia processual e efetividade do processo, mas sobretudo à cláusula do devido processo legal, que estabelece barreira à atuação desmedida do poder punitivo estatal.[58]

Primeira Câmara Cível, Tribunal de Justiça do RS, Relator: Armínio José Abreu Lima da Rosa, Julgado em 28/10/2014).

[52] PAZZAGLINI FILHO, Marino. *Lei de improbidade administrativa comentada.* 6. ed. São Paulo: Atlas, 2015, p. 215.

[53] Na mesma linha MACHADO, F. C.; MOTTA, Otávio L. V. Indeferimento da inicial e rejeição liminar da ação de improbidade administrativa. In: LUCON, Paulo H. dos Santos *et alii* (coord.). *Improbidade administrativa.* 2. ed. São Paulo: Atlas, 2015, p. 181.

[54] PAZZAGLINI FILHO, Marino. *Lei de improbidade administrativa comentada.* Op. cit., p. 213-214.

[55] NEIVA, J. A. L. apud PAZZAGLINI FILHO, Marino. *Lei de improbidade administrativa comentada.* 6. ed., São Paulo: Atlas, 2015, p. 214.

[56] PAZZAGLINI FILHO, Marino. *Lei de improbidade administrativa comentada.* 6. ed. São Paulo: Atlas, 2015, p. 214

[57] Idem, p. 215.

[58] Nesse sentido, transcrevo: "Resulta desse modelo estabelecido pela Lei de Improbidade Administrativa que deverão ser interrompidas as ações mal fundamentadas, que não sejam baseadas em elementos sérios. Exige-se um rigor maior da petição inicial da ação de improbidade administrativa, que deverá ser *proporcionalmente mais substancial,* como anotou a doutrina". Cfr. MACHADO, F. C.; MOTTA, Otávio L. V. Indeferimento da inicial e rejeição liminar da ação de improbidade administrativa. Op. cit., p. 182.

Além de representar proteção em favor do indivíduo demandado, a exigência de fundamentação mais substancial da petição inicial e da decisão que a aprecia também respeita à regularidade da atividade administrativa, que é perturbada injustificadamente por ações de improbidade temerárias dirigidas contra servidores públicos; reflexamente, interessa à eficiência da atividade administrativa, que não pode ficar à mercê de injunções decorrentes do uso indiscriminado e descuidado, quando não malicioso, de tão poderosa ferramenta.

O administrador público não pode deixar de agir, sob pena de omissão, mas também não pode ser inibido pelo temor de que meras suspeitas, ou levianas denúncias ou ainda interpretações discrepantes sobre a correção de determinada conduta possam fornecer substrato suficiente para a abertura de um processo por improbidade, no curso do qual poderá ser afastado do cargo, perder a disponibilidade ou a propriedade de bens e mesmo ser restringido nas suas faculdades mais ínsitas à cidadania.

No que tange à abrangência da decisão e da respectiva fundamentação do §8º do art. 17, obviamente deve o julgador tomar conhecimento e apreciar, ainda que perfunctoriamente, os argumentos de defesa que possam levar à rejeição da inicial, como por exemplo, impugnação fundada de tese ou documento cruciais à demanda.

Porém, se o julgador não se convencer, de pronto, sobre a necessidade de rejeição, a argumentação tecida nessa fase não pode ser exauriente, sob pena de antecipação indevida de julgamento.

Nesse tópico, ingressam em consideração guias de julgamento que a jurisprudência tem procurado estabelecer para essa fase, que podem ser úteis, se tomados com cautela.

Convém apreciá-los separadamente.

4.5.4. Guias da decisão fundamentada

4.5.4.1. "In dubio pro societate"

A doutrina e jurisprudência têm adotado, com variância e alguma perplexidade, a fórmula *in dubio pro societate* para facilitar o entendimento do complexo juízo que se espera nessa fase processual do art. 17 da LIA.

Certos cuidados, no entanto, merecem registro.

Antes de mais nada, essa fórmula jamais libera o julgador do encargo de apreciar a regularidade formal da peça inicial, como acima sustentado.

Além disso, mesmo quando haja tal exame, ainda há grave risco de que, sobre a viabilidade concreta da demanda, a decisão se limite a empregar mecanicamente aquela fórmula, numa simplificação descabida que, infelizmente, aflora em diversos julgados e traduz contradição ao dever de fundamentação geral, não apenas ao específico do art. 17. É o que ocorre em decisões do tipo despacho de mero expediente, que aplicam um raciocínio redutor de complexidade e forçosamente equivocado, consistente em não decidir de fato e de direito sobre a viabilidade concreta da demanda, mas simplesmente de ordenar o prosseguimento do processo para a próxima fase, mediante remissão abstrata e genérica àquela expressão.

A mera reprodução da expressão *in dubio pro societate* sonega inequivocamente o direito constitucional do réu à audiência, ou seja, de ser ouvido e considerado em seus argumentos, caso tenha apresentado defesa preliminar.

Um segundo risco se dá quando a decisão, embora faça o exame da regularidade formal da peça incoativa e refira nominalmente a(s) tese(s) levantada(s) pelo demandado, ainda assim não realiza, de fato, uma análise pelo menos superficial e provisória dos argumentos que sustentam aquela tese, nem contemple uma atenção mínima aos documentos que as partes trouxeram em apoio de suas teses.

Nessa segunda atitude judicial, falta a definição da própria dúvida que favorece o prosseguimento da ação e, assim, o propósito da sociedade, representada processualmente pelo autor. Não se pode sequer constatar essa dúvida se o juízo não verifica, de fato, a consistência mínima das teses em disputa. O vício de tal decisão se configura quando, por exemplo, o juízo ignora documento que o réu tenha trazido e que fulmine por inteiro a afirmação da existência do fato ou exclua definitivamente a forma de conduta imputada. Nesse caso, a ampla defesa está violada.

Em ambas as espécies de decisão, a menção à máxima *in dubio pro societate* não basta para cumprimento da exigência posta pelo conceito de **decisão fundamentada** e, mais do que isso, não impedem a violação de garantias constitucionais do demandado.

4.5.4.2. Justa causa para ação

Em alguns julgados, inclusive do STJ, vislumbra-se um emprego analógico na ação de improbidade do conceito de **justa causa**, de tradicional uso na ação penal,⁵⁹ mediado pelo conceito de **ação de natureza sancionatória**, que lhes é comum.

Não se cuida apenas de um expediente de identificação de demanda temerária,⁶⁰ caracterizada como aquela desprovida da necessária justa causa à ação sancionatória proposta,⁶¹ mas de um critério positivo de identificação da viabilidade concreta da demanda.

---

⁵⁹ AÇÃO PENAL – JUSTA CAUSA. O trancamento da ação penal por falta de justa causa pressupõe narração de fatos, na denúncia, que não se enquadrem em tipo penal. (STF, HC 91518, Relator(a): Min. MARCO AURÉLIO, Primeira Turma, julgado em 24/06/2008, DJe-152 DIVULG 14-08-2008 PUBLIC 15-08-2008 EMENT VOL-02328-02 PP-00358)

⁶⁰ STJ: CONSTITUCIONAL, ADMINISTRATIVO E PROCESSUAL CIVIL. (...) 3. No caso, os próprios recorrentes transcrevem excertos do processo que evidenciam a presença de *justa causa* para a deflagração daquela investigação, que se reveste, portanto, de absoluta legalidade, razoabilidade e prudência, uma vez que o Promotor de Justiça local procurou colher elementos prévios de informação antes mesmo da instauração do inquérito civil, justamente com o propósito de zelar pelos valores da intimidade e da preservação da imagem em relação aos quais os impetrantes reclamam proteção. (RMS 37.679/RR, Rel. Ministro HERMAN BENJAMIN, SEGUNDA TURMA, julgado em 15/08/2013, DJe 02/02/2015) REsp 1357838/GO, Rel. Ministro HERMAN BENJAMIN, SEGUNDA TURMA, julgado em 12/08/2014, DJe 25/09/2014. Ementa: AGRAVO DE INSTRUMENTO. TJRS: AÇÃO CIVIL PÚBLICA. IMPROBIDADE ADMINISTRATIVA. AGENTE POLÍTICO. RECEBIMENTO DA PETIÇÃO INICIAL. INEXISTÊNCIA DE NULIDADE DA DECISÃO. INDÍCIOS DE *JUSTA CAUSA*. APLICABILIDADE DA LEI N° 8.429/92 AOS AGENTES POLÍTICOS. A Lei de Improbidade Administrativa, em razão do disposto em seus arts. 1° e 2°, aplica-se aos agentes políticos. A Reclamação n° 2.138/DF não gera efeitos erga omnes, na esteira da jurisprudência do STF. Inexistente incompatibilidade com o regime de responsabilidade previsto no Decreto-Lei n° 201/67. Precedentes do STF, STJ e desta Corte. RECEBIMENTO DA INICIAL E NULIDADE DA DECISÃO. O juízo de recebimento da petição inicial na ação civil pública por atos de improbidade administrativa não dispensa fundamentação, ainda que concisa, acerca dos elementos que justificam o seguimento do processo. A decisão está adequadamente fundamentada em relação ao recorrente, não se configurando nulidade. Descabe, neste momento processual inicial, a análise profunda de questões relativas ao mérito, devendo se ater o magistrado *aos indícios de materialidade e autoria de atos de improbidade que justifiquem o prosseguimento da ação*, por se reger a espécie nesta fase pelo princípio "in dubio pro societate". Precedentes do STJ e também desta Corte. Há elementos suficientes nos autos demandando dilação probatória, sendo hipótese de processamento da ação em relação ao agravante. AGRAVO DE INSTRUMENTO DESPROVIDO. (Agravo de Instrumento N° 70051213148, Segunda Câmara Cível, Tribunal de Justiça do RS, Relator: Almir Porto da Rocha Filho, Julgado em 27/03/2013)

⁶¹ ADMINISTRATIVO. RECURSO ESPECIAL. AÇÃO CIVIL PÚBLICA SOB A IMPUTAÇÃO DE ATO DE IMPROBIDADE ADMINISTRATIVA. AS DISPOSIÇÕES DA LEI 8.429/92 SÃO APLICÁVEIS AO PARTICULAR QUE, EM TESE, INDUZA OU CONCORRA PARA A PRÁTICA DO ATO DE IMPROBIDADE OU DELE SE BENEFICIE SOB QUALQUER FORMA DIRETA OU INDIRETA. O MINISTÉRIO PÚBLICO POSSUI LEGITIMIDADE ATIDO PARA A PROPOSITURA DA AÇÃO CIVIL PÚBLICA POR ATO DE IMPROBIDADE. EXIGÊNCIA DA DEMONSTRAÇÃO DA JUSTA CAUSA PARA O RECEBIMENTO DA PETIÇÃO INICIAL. RECURSO ESPECIAL PROVIDO. (...) 3. As ações judiciais fundadas em dispositivos legais insertos no domínio do Direito Sancionador, o ramo do Direito Público que formula os princípios, as normas e as regras de aplicação na atividade estatal punitiva de crimes e de outros ilícitos, devem observar um rito que lhe é peculiar, o qual prevê, tratando-se de ação de imputação de ato de improbidade administrativa, a exigência de que a petição inicial, além das formalidades previstas no art. 282 do CPC, deva ser instruída com documentos ou justificação que contenham indícios suficientes da existência do ato de improbidade (art. 17, § 6°, da Lei 8.429/92), sendo certo que ação temerária, que não convença o Magistrado da existência do ato de improbidade ou da procedência do pedido, deverá ser rejeitada (art. 17, § 8°, da Lei 8.429/92). 4. *As ações sancionatórias, como no caso, exigem, além das condições genéricas da ação (legitimidade das partes, o interesse e a possibilidade jurídica do pedido), a presença da justa causa*. 5. *In casu*, o douto Magistrado a quo, ape-

Essa viabilidade torna justificada a sua tramitação, não obstante gravosa; logo, para a configuração da justa causa, a demanda deve ser sustentável tanto do ponto de vista da fundamentação fática como da jurídica.

Os parâmetros para a justa causa são aqueles desenvolvidos no âmbito do processo penal, ou seja, a existência de "indícios da prática do ato ímprobo e de autoria do ilícito", ou de "elementos sólidos que permitem a constatação da tipicidade da conduta e a viabilidade da acusação" ou de "indícios de materialidade e autoria de atos de improbidade que justifiquem o prosseguimento da ação".

Somente uma análise mínima das provas trazidas pelas partes e das teses levantadas possibilita verificar tal viabilidade.[62]

Porém, tal não significa que apenas as ações comprovadamente procedentes possam tramitar, porquanto isso representaria um corte excessivo, em detrimento do princípio da probidade.

O juízo adequado nessa fase é, para fins de prosseguimento, o indiciário,[63] ainda que ingresse no mérito, porquanto o direito de ação prepondera, sob a parêmia (devidamente observada, conforme acima exposto) *in dubio pro societate*.

Por isso, dificilmente se poderia cogitar da aplicação, pelo menos nesse momento processual, do princípio da insignificância na exclusão da tipicidade.[64]

---

sar de ter analisado e afastado cada uma das preliminares arguidas pelos réus em consonância com a orientação jurisprudencial desta Corte, deixou de demonstrar a *existência de indícios da prática do ato ímprobo e de autoria do ilícito, ou seja, a justa causa* para a propositura da presente ação civil pública por ato de improbidade administrativa. 6. Recurso Especial provido para determinar o retorno dos autos à instância de origem a fim de que o Magistrado a quo *avalie a presença da justa causa ao emitir o juízo de admissibilidade da petição inicial da presente ação civil pública de improbidade administrativa*. (REsp 952.351/RJ, Rel. Ministro NAPOLEÃO NUNES MAIA FILHO, PRIMEIRA TURMA, julgado em 04/10/2012, DJe 22/10/2012)

[62] Veja-se a seguinte conclusão do Curso de Atualização de Magistrados de direito público (jul/2015): "A decisão fundamentada do recebimento da inicial pressupõe a análise da viabilidade jurídica da pretensão e da prova apresentada pelas partes".

[63] PROCESSO CIVIL. IMPROBIDADE ADMINISTRATIVA. PETIÇÃO INICIAL. RECEBIMENTO. PRESENÇA DE INDÍCIOS DE COMETIMENTO DE ATO ÍMPROBO. IN DUBIO PRO SOCIETATE. MATÉRIA FÁTICO-PROBATÓRIA. INCIDÊNCIA DA SÚMULA 7/STJ. AGRAVO REGIMENTAL NÃO PROVIDO.(...) 5. Nos termos do art. 17, § 8º, da Lei 8.429/1992, a presença de indícios de cometimento de atos previstos na referida lei autoriza o recebimento da petição inicial da Ação de Improbidade Administrativa, devendo prevalecer na fase inicial o princípio do *in dubio pro societate*. (AgRg no AREsp 604.949/RS, Rel. Ministro HERMAN BENJAMIN, SEGUNDA TURMA, julgado em 05/05/2015, DJe 21/05/2015)

[64] APELAÇÃO CÍVEL. DIREITO PÚBLICO NÃO ESPECIFICADO. AÇÃO CIVIL PÚBLICA. *IMPROBIDADE ADMINISTRATIVA. INAPLICABILIDADE DO PRINCÍPIO DA INSIGNIFICÂNCIA. EXTINÇÃO PREMATURA DO FEITO. SENTENÇA DESCONSTITUÍDA*. Tendo em vista que no Direito Administrativo vigora o princípio da intolerância a qualquer ato que resulte ofensa à moralidade pública, é inaplicável o princípio da insignificância. Afastada a preliminar arguida pelo réu em sua manifestação prévia, faz-se necessária a desconstituição da sentença,

4.5.4.3. Outros critérios

No desdobramento do quesito da tipicidade da conduta,[65] a decisão fundamentada do § 8º do art. 17 da LIA implica o ingresso, ainda que vestibular, no tema do elemento subjetivo, o que poderá decretar, em casos extremos, inviabilidade concreta da demanda.

Diz-se em casos extremos, porque ordinariamente, basta o dolo genérico na conduta, e não o específico.[66]

Porém, pode ocorrer que a inicial tenha atribuído a um ou a todos os demandados um ato cujo tipo exige elemento subjetivo doloso, o que acontece em todos os tipos da lei de improbidade em que não se preveja tipo culposo; nesse caso, duas hipóteses requerem atenção: (1) algum(ns) dos demandados ou todos eles trouxe(ram) prova documental inequívoca que exclui a participação a qualquer título; (2) algum(ns) dos demandados, ou todos eles, em caso de concurso de agentes de tipo doloso, trouxe(ram) documento que afasta, além de qualquer dúvida razoável, a contribuição dolosa, embora pudesse vir a ser questionada culpa.

Em ambas as hipóteses, se o dolo está excluído e não se tratando de tipo que admita culpa, a demanda naufragaria fatalmente, o que deve ser prontamente atalhado.

Na hipótese de concurso de agentes, descabendo participação culposa em conduta dolosa, há de ser analisada e fundamentada, ainda que em caráter indiciário, se está contemplado o tipo subjetivo em relação a cada um dos agentes.

De qualquer modo, os argumentos de defesa demandam consideração, conquanto vestibular, sob pena de nulidade da decisão por ausência de fundamentação, como assentado pelo STJ[67] e também pela corte local.[68]

---

com o retorno dos autos à origem para que seja dado o regular prosseguimento ao feito. APELAÇÃO PARCIALMENTE PROVIDA, SENTENÇA DESCONSTITUÍDA. (Apelação Cível nº 70062925946, Primeira Câmara Cível, Tribunal de Justiça do RS, Relator: Newton Luís Medeiros Fabrício, Julgado em 15/04/2015)

[65] REsp 952.351/RJ, Rel. Ministro NAPOLEÃO NUNES MAIA FILHO, PRIMEIRA TURMA, julgado em 04/10/2012, DJe 22/10/2012.

[66] "(...) Trata-se do 'dolo genérico' ou simplesmente 'dolo' (desnecessidade de 'dolo específico' ou 'especial fim de agir')". (EDcl no Ag 1.092.100/RS, Rel. Ministro Mauro Campbell Marques, Segunda Turma, DJe 31/5/2010).

[67] ADMINISTRATIVO E PROCESSUAL CIVIL. AGRAVO REGIMENTAL NO RECURSO ESPECIAL. AÇÃO CIVIL PÚBLICA. IMPROBIDADE ADMINISTRATIVA. OMISSÃO NÃO CARACTERIZADA. ARTIGOS 17, §§ 7º, 8º E 9º, DA LEI N.8.429/1992.RECEBIMENTO DA INICIAL. AUSÊNCIA DE FUNDAMENTAÇÃO. NULIDADE. (...) 3. No caso, verifica-se a nulidade da decisão que recebeu a inicial da ação civil pública, tendo em vista a total ausência de fundamentação, na medida em que limitou-se a dizer "de acordo com os documentos, recebo a inicial, cite-se", deixando de apreciar, ainda que sucintamente, os argumentos aduzidos pelo ora recorrente

A rejeição liminar, em contrapartida, supõe suficientemente esclarecidos os fatos atribuídos ao réu e evidenciada a não configuração das faltas de maior expressão no âmbito administrativo".

4.6. Conclusão

A advertência lançada pelo legislador no § 8º do art. 17 da LIA, embora possa parecer inicialmente paradoxal, revela-se justificada, tendo em conta a natureza gravosa da ação de improbidade administrativa e a relevância do peculiar momento processual a que se reporta o dispositivo.

O enfoque constitucional, sobretudo a partir da matriz normativa da cláusula do devido processo legal, demonstra que a preocupação do legislador se faz apropriada e deve ser respeitada pelo Poder Judiciário enquanto exigência de fundamentação específica numa fase importante da ação de improbidade.

Para tanto, alguns critérios oferecidos pela doutrina e jurisprudência, como *in dubio pro societate* e justa causa para a ação sancionatória, comportam um olhar cuidadoso, sob pena de violação ao comando legal e, ainda, ofensa a princípios constitucionais, como o contraditório e ampla defesa, por um lado, e o da probidade administrativa, por outro.

4.7. Bibliografia citada

ALEXY, Robert. *Begriff und Geltung des Rechts*. 4. Aufl. Freiburg/München: Karl Alber, 2005.

——. Ideales Sollen. In: CLÉRICO, Laura; SIECKMANN, Jan-Reinard (Hrsg.). *Grundrechte, Prinzipien und Argumentation*: Studien zur Rechtstheorie Robert Alexys. Baden-Baden: Nomos, 2009, S. 21-38.

——. Juristische Interpretation. In: ——. *Recht, Vernunft, Diskurs*: Studien zur Rechtsphilosophie. Frankfurt am Main: Suhrkamp, 1995, S. 71-92.

——. *Theorie der Grundrechte*. 2. Aufl. Frankfurt: Suhrkamp, 1994.

——. *Theorie der juristischen Argumentation*. 2. Aufl., Frankfurt: Suhrkamp, 1991.

DWORKIN, Ronald. *Law's empire*. Cambridge: Harvard University Press, 1986.

FIGUEIREDO, Marcelo. *Probidade administrativa*. 2. ed. São Paulo: Malheiros, 1997.

HART, Herbert L. A. *The concept of law*. 2. ed. Oxford: Clarendon University Press, 1994.

KELSEN, Hans. *Reine Rechtslehre*. 2. Aufl. Wien: Franz Deuticke, 1960.

---

em sua defesa prévia. 4. Agravo regimental provido. (AgRg no REsp 1423599/RS, Rel. Ministro BENEDITO GONÇALVES, PRIMEIRA TURMA, julgado em 08/05/2014, DJe 16/05/2014)

[68] Apelação Cível nº 70058159534, Vigésima Primeira Câmara Cível, Tribunal de Justiça do RS, Relator: Armínio José Abreu Lima da Rosa, Julgado em 12/03/2014.

LUCON, Paulo H. dos Santos et alii (coord.). *Improbidade administrativa*. 2. ed. São Paulo: Atlas, 2015.

MACHADO, F. C.; MOTTA, Otávio L. V. Indeferimento da inicial e rejeição liminar da ação de improbidade administrativa. In: LUCON, Paulo H. dos Santos et alii (coord.). *Improbidade administrativa*. 2. ed. São Paulo: Atlas, 2015, p. 170-184.

MARINONI, Luiz Guilherme *et al*. *Novo código de processo civil comentado* [livro eletrônico]. São Paulo: RT, 2016.

OSORIO, Fábio Medina. *Improbidade administrativa*. Porto Alegre: Síntese, 1997.

PAZZAGLINI FILHO, Marino. *Lei de improbidade administrativa comentada*. 6. ed. São Paulo: Atlas, 2015.

WAMBIER, Teresa *et al*. *Breves comentários ao novo código de processo civil [livro eletrônico]*. São Paulo: RT, 2016.

Impressão:
Evangraf
Rua Waldomiro Schapke, 77 - POA/RS
Fone: (51) 3336.2466 - (51) 3336.0422
E-mail: evangraf.adm@terra.com.br